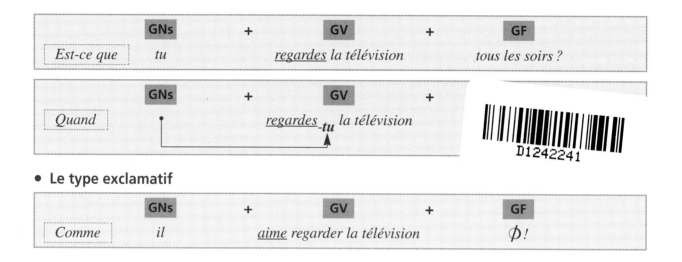

• Le type exclamatif

GNs	+	GV	+	GF
Comme il		*aime regarder la télévision*		∅ !

3 Les jonctions de phrases

La PHRASE DE BASE sert de point de comparaison pour analyser et réviser les phrases contenant plusieurs verbes conjugués.

• La coordination

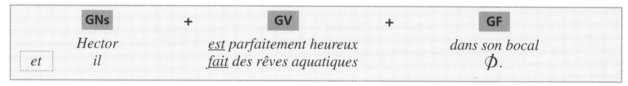

GNs	+	GV	+	GF
et	*Hector* *il*	*est parfaitement heureux* *fait des rêves aquatiques*	*dans son bocal* ∅.

• La juxtaposition

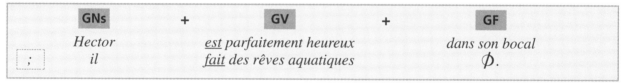

GNs	+	GV	+	GF
;	*Hector* *il*	*est parfaitement heureux* *fait des rêves aquatiques*	*dans son bocal* ∅.

• La subordination

Subordonnée relative

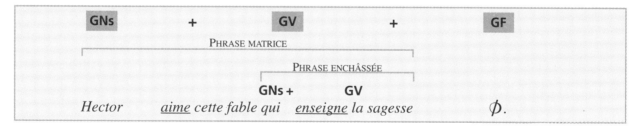

Subordonnée circonstancielle de temps

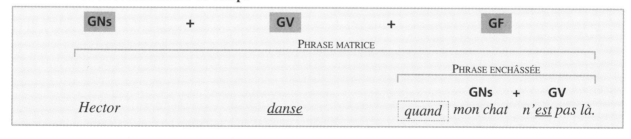

Mes ateliers de grammaire

DOMINIQUE FORTIER • JAMES ROUSSELLE • LOUISE ROY

FRANÇAIS

Première année du secondaire

LES ÉDITIONS CEC INC.

8101, boul. Métropolitain Est, Anjou, Qc, Canada. H1J 1J9
Téléphone: (514) 351-6010   Télécopie: (514) 351-3534

Directrice de l'édition

Emmanuelle Bruno

Directrice de la production

Lucie Plante-Audy

**Chargée de projet et
réviseure linguistique**

Suzanne Berthiaume

**Conception graphique,
réalisation technique
et couverture**

FLEXIDÉE

Illustrations

Pierre Berthiaume
Philippe Germain
Bruno Rouyère

Dans cet ouvrage, la féminisation des titres de fonction et des textes
s'appuie sur les règles d'écriture proposées par l'Office de la langue
française dans le guide *Au féminin*, les Publications du Québec, 1991.

© 1997, Les Éditions CEC inc.
8101, boul. Métropolitain Est
Anjou (Québec) H1J 1J9

Dépôt légal: 3e trimestre 1997
Bibliothèque nationale du Québec
Bibliothèque nationale du Canada

ISBN 2-7617-1344-3

Imprimé au Canada
1 2 3 4 5   00 99 98 97 96

Introduction

De tout temps, les êtres humains ont communiqué. Quelqu'un, un jour, a eu envie d'analyser de façon systématique la langue qu'ils utilisaient pour se parler. Ce besoin de comprendre le fonctionnement de la langue est probablement à l'origine de l'écriture de la première grammaire. Depuis, un nombre incalculable de systèmes d'analyse de la langue ont vu le jour. Toi-même, tu as travaillé avec des grammaires qui présentaient des manières différentes de nommer et d'expliquer les phénomènes de la langue. Est-il possible, aujourd'hui, de concevoir une manière de décrire plus efficacement le fonctionnement de la langue afin de mieux l'utiliser ? Je pense que oui. J'ai décidé de relever ce défi et entrepris l'écriture d'une grammaire pour les élèves du secondaire.

De plus, j'ai mis au point une démarche pour permettre aux élèves de réfléchir sur le fonctionnement de la langue dans le but d'améliorer leur lecture et leur écriture. C'est cette démarche en cinq étapes que tu trouveras dans chacun des 15 ateliers de *Mes ateliers de grammaire*.

Observe et découvre

Cette étape contient des activités que j'ai conçues pour permettre à ton enseignant ou à ton enseignante de te faire découvrir les notions grammaticales étudiées dans chaque atelier.

Ma grammaire

Sous cette rubrique se trouvent des extraits de la grammaire que je suis en train d'écrire pour les élèves du secondaire. Tu y trouveras donc les explications et les exemples nécessaires à ta compréhension des notions grammaticales à l'étude en première secondaire.

Exerce-toi

Dans cette étape, des exercices te sont proposés afin de te permettre de mieux comprendre les notions grammaticales et de les appliquer dans différents contextes.

Applique tes connaissances lorsque tu lis

Les activités de cette étape te prouveront qu'apprendre la grammaire peut être utile pour mieux comprendre les textes que tu lis et développer ainsi ta compétence à lire.

Applique tes connaissances lorsque tu écris

Enfin, dans cette dernière étape, tu mettras tes nouvelles connaissances en pratique dans des activités d'écriture. De plus, tu y feras l'apprentissage de stratégies de révision de texte qui t'aideront à réviser et à corriger les mots et les phrases des textes que tu écris.

Je suis convaincue que cette démarche te permettra de faire des apprentissages durables.

L'auteure

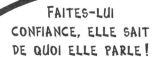

FAITES-LUI CONFIANCE, ELLE SAIT DE QUOI ELLE PARLE !

Table des matières

Une façon facile de définir une phrase est de dire qu'il s'agit d'un ensemble de mots qui, à l'écrit, commence par une majuscule et se termine le plus souvent par un point. Mais cette définition est-elle utile?

LA PREMIÈRE PHRASE D'UN LIVRE DE GRAMMAIRE EST AUSSI IMPORTANTE QUE LA PREMIÈRE PHRASE D'UN ROMAN. ELLE DOIT IMPRESSIONNER.

MOI, J'AURAIS ÉCRIT: « IL ÉTAIT UNE FOIS UNE PHRASE... »

ATELIER 1

GÉNÉRALITÉS

- **La phrase**
- **Les manipulations syntaxiques**
- **Les groupes de mots**
- **Les classes de mots**
- **Les fonctions syntaxiques des groupes de mots**
- **Symboles et abréviations**

1 LA PHRASE

Une façon facile de définir une phrase est de dire qu'il s'agit d'un ensemble de mots qui, à l'écrit, commence par une majuscule et se termine le plus souvent par un point. Mais cette définition est-elle utile ?

1. a) Si tu t'en tenais à la définition ci-dessus, parmi les énoncés suivants, lesquels considérerais-tu comme des phrases ?

RELÈVE seulement le numéro qui précède les phrases.

---

① *Hector veut faire une sieste cet après-midi.* ② *il veut faire une sieste cet après-midi*
③ *Lui vouloir faire sieste après-midi.* ④ *Il veut mordre une sieste cet après-midi.*
⑤ *Hector veut faire une sieste.* ⑥ *Hector faire une sieste cet après-midi.* ⑦ *Cet après-midi, Hector veut faire une sieste.* ⑧ *Veut faire Hector cet une après-midi sieste.* ⑨ *C'est cet après-midi qu'Hector veut faire une sieste.* ⑩ *Hector ne veut plus faire une sieste cet après-midi.*

---

b) En te basant sur ce que tu as appris à l'école primaire, RELÈVE maintenant les énoncés qui, selon toi, constituent des phrases correctes à l'écrit.

RELÈVE seulement le numéro qui précède les phrases.

On peut définir la **phrase** ainsi :

Une phrase est un énoncé qui, à l'écrit, est limité par une majuscule et le plus souvent par un point. Dans cet énoncé, les mots sont organisés dans un certain ordre, il ne manque aucun mot ou groupe de mots essentiel et tous les mots s'accordent entre eux comme ils doivent s'accorder.

Lorsqu'une phrase répond à cette définition, on dit qu'elle est **grammaticale**, sinon, on dit qu'elle est agrammaticale (ou non grammaticale).

Dans ce manuel, chaque fois qu'on te demandera d'analyser une phrase, on précisera si tu dois tenir compte du sens de la phrase ou te limiter à l'aspect grammatical.

---

c) Parmi les énoncés du numéro 1 a), seuls ceux précédés des numéros ①, ④, ⑤, ⑦, ⑨ et ⑩ correspondent à la définition de la phrase donnée ci-dessus : ce sont donc des phrases grammaticales. Que constates-tu à propos de la phrase ④ ?

d) RELÈVE maintenant les énoncés du numéro 1 a) qui :
- sont des phrases grammaticales qui ont du sens ;
- sont des phrases grammaticales qui n'ont pas de sens ;
- sont des phrases non grammaticales qui ont du sens ;
- sont des phrases non grammaticales qui n'ont pas de sens.

2 LES MANIPULATIONS SYNTAXIQUES

Pour comprendre le fonctionnement d'une phrase, on manipule les différents éléments qui la constituent. Une fois qu'on a saisi ce fonctionnement, on peut mieux comprendre le sens de la phrase ou la corriger, s'il y a lieu.

Cette année, tu auras recours aux quatre types de **manipulations syntaxiques** suivantes.

- **L'effacement**: cette manipulation consiste à enlever, à supprimer, dans une phrase ou dans un groupe de mots, un ou plusieurs éléments.

  ➤ Tu procéderas à cette manipulation chaque fois que tu rencontreras le verbe SUPPRIME.

- **Le déplacement**: cette manipulation consiste à changer la place d'un ou de plusieurs éléments à l'intérieur d'une phrase ou d'un groupe de mots.

  ➤ Tu procéderas à cette manipulation chaque fois que tu rencontreras le verbe DÉPLACE.

- **Le remplacement**: cette manipulation consiste à changer un ou plusieurs éléments pour d'autres, dans une phrase ou dans un groupe de mots.

  ➤ Tu procéderas à cette manipulation chaque fois que tu rencontreras le verbe REMPLACE.

- **L'addition**: cette manipulation consiste à ajouter un ou plusieurs éléments à l'intérieur d'une phrase ou d'un groupe de mots.

  ➤ Tu procéderas à cette manipulation chaque fois que tu rencontreras le verbe AJOUTE.

2. **COMPARE** les quatre phrases ci-après à la phrase *Mon poisson fera une sieste cet après-midi*, puis **INDIQUE** la manipulation qui a été effectuée dans chacune d'elles.

① *Il fera une sieste cet après-midi.* ② *Cet après-midi, mon poisson fera une sieste.* ③ *Mon poisson rouge, Hector, fera une petite sieste cet après-midi dans son nouveau bocal.* ④ *Mon poisson fera une sieste.*

3 LES GROUPES DE MOTS

3. **OBSERVE** la construction des éléments qui ont été supprimés, déplacés, remplacés ou ajoutés dans les phrases du numéro 2. S'agit-il dans tous les cas d'un seul mot?

Dans les bandes dessinées ou encore dans les films, lorsqu'un personnage ne connaît pas bien le français, il parle souvent en employant des mots isolés. Par exemple, il dira: «*Poisson veut nourriture*» à la place de «*Ce petit poisson rouge veut un peu de nourriture*» ou de «*Ce gros poisson vorace veut davantage de nourriture*».

Lorsqu'on construit des phrases grammaticales, on ne fait pas qu'aligner des mots les uns à la suite des autres comme dans *Poisson veut nourriture*. On forme des **groupes de mots**; et c'est avec ces groupes de mots que l'on réussit à exprimer de façon précise et nuancée ce que l'on veut dire.

On peut nommer les groupes de mots dont on se sert en français selon la classe de mots à laquelle appartient l'élément essentiel qui les constitue (appelé *noyau* dans la plupart des groupes). Voici ces groupes de mots:

- le **groupe du nom** (abrégé ainsi: **GN**), dont le noyau est un **nom** ou un **pronom**;

  EXEMPLES:
  $\overbrace{\textit{Hector}}^{\text{GN}}$ *nage.* — $\overbrace{\textit{Il}}^{\text{GN}}$ *nage.*

  Parmi $\overbrace{\textit{les } \textbf{poissons}}^{\text{GN}}$*,* $\overbrace{\textit{le } \textbf{poisson} \textit{ rouge}}^{\text{GN}}$ *est le plus beau.*

- le **groupe du verbe** (abrégé ainsi: **GV**), dont le noyau est un **verbe**;

  EXEMPLES:
  Hector $\overbrace{\textbf{nage}}^{\text{GV}}$*.*

  Parmi les poissons, le poisson rouge $\overbrace{\textbf{est} \textit{ le plus beau}}^{\text{GV}}$*.*

- le **groupe de l'adjectif** (abrégé ainsi: **GAdj.**), dont le noyau est un **adjectif**;

  EXEMPLES:
  Le poisson $\overbrace{\textbf{rouge}}^{\text{GAdj.}}$ *est* $\overbrace{\textit{très } \textbf{joli}}^{\text{GAdj.}}$*.*

- le **groupe de l'adverbe** (abrégé ainsi: **GAdv.**), dont le noyau est un **adverbe**;

  EXEMPLE:
  Le poisson rouge est $\overbrace{\textbf{très}}^{\text{GAdv.}}$ *joli.*

- le **groupe prépositionnel** (abrégé ainsi: **GPrép.**), qui commence par une **préposition**, élément essentiel dans ce groupe.

  EXEMPLES:
  Hector nage $\overbrace{\textbf{avec} \textit{ grâce}}^{\text{GPrép.}}$*.*

  Le poisson rouge est un joli poisson $\overbrace{\textbf{d'}\textit{aquarium}}^{\text{GPrép.}}$*.*

Pour nommer un groupe de mots, il faut d'abord être en mesure de nommer la classe à laquelle appartient son noyau ou son élément essentiel.

4 LES CLASSES DE MOTS

Pouvoir identifier la **classe de mots** à laquelle appartient un mot permet d'abord de le nommer, mais surtout de bien l'employer.

> On peut définir une **classe de mots** ainsi :
>
> *Une classe de mots regroupe un certain nombre de mots ayant plusieurs caractéristiques en commun.*
>
> Tous les mots appartiennent nécessairement à une classe de mots. Quelques mots peuvent changer de classe selon le contexte dans lequel ils sont employés.

Voici la liste des principales classes de mots que tu observeras cette année.

CLASSES DE MOTS
NOM
*Mon **poisson** rouge est très spécial.*
DÉTERMINANT
***Mon** poisson rouge est très spécial.*
ADJECTIF
*Mon poisson **rouge** est très **spécial**.*
PRONOM
***Il** est très spécial.*
VERBE
*Il **est** très spécial.*
ADVERBE
*Il est **très** spécial.*
PRÉPOSITION
*Je suis fière **de** mon poisson.*
CONJONCTION
*Mon poisson émet des sons **et** frétille dans son bocal **quand** il a faim.*

Puisqu'on ne peut pas apprendre par coeur à quelle classe appartient chacun des mots de la langue, et qu'en outre, certains mots peuvent changer de classe, il faut se donner un moyen pour identifier la classe à laquelle appartient un mot. Le moyen le plus efficace consiste à observer le mot dans son contexte selon un ou plusieurs des points de vue suivants:

- le point de vue du **fonctionnement syntaxique** (Comment le mot fonctionne-t-il dans la phrase? Quelles sont les relations qu'il peut avoir avec les autres mots ou groupes de mots de la phrase? Etc.);

- le point de vue de la **forme** (Le mot a-t-il une forme variable ou invariable? Si elle est variable, de quelle façon varie-t-elle? Etc.);

- le point de vue du **sens** (Que signifie le mot? Qu'exprime-t-il ou que désigne-t-il?).

Ce sont les points de vue du fonctionnement syntaxique et de la forme qui sont les plus utiles pour dégager les caractéristiques d'un mot dans son contexte et ainsi identifier l'appartenance de ce mot à une classe de mots.

Tu trouveras, à la page 9, un tableau des **principales caractéristiques** des huit classes de mots énumérées plus haut.

5 LES FONCTIONS SYNTAXIQUES DES GROUPES DE MOTS

Dans une phrase, un mot ou un groupe de mots est nécessairement en **relation** avec un mot ou avec un ensemble de mots. C'est en observant cette relation qu'on peut identifier la **fonction syntaxique** d'un mot ou d'un groupe de mots.

Il ne faut pas confondre **classes de mots** et **fonctions syntaxiques**. Pour t'aider à distinguer classes et fonctions, fais l'activité qui suit.

4. a) IMAGINE que l'on veuille, à partir des caractéristiques qui te sont propres, identifier à laquelle des quatre classes ci-dessous tu appartiens (comme on identifie la **classe** à laquelle les mots appartiennent à partir de leurs caractéristiques).

CHOISIS la classe qui comprend tes caractéristiques:
- un nourrisson;
- un ou une enfant;
- un adolescent ou une adolescente;
- un ou une adulte.

b) Imagine maintenant que l'on veuille identifier ta fonction. Pour cela, il faut te placer dans un contexte (comme on identifie la fonction d'un mot ou d'un groupe de mots à partir du contexte dans lequel il est placé).

À chacun des contextes décrits dans la colonne de gauche, ASSOCIE la **fonction** de la colonne de droite qui y correspond.

RELÈVE seulement le numéro qui précède les phrases.

CONTEXTE	FONCTION
① *Dans le cadre d'un échange international, tu écris à un garçon du Chili pour faire connaissance.*	④ **gardien** ou **gardienne**
② *Tu es en classe et tu travailles avec une camarade.*	⑤ **élève**
③ *Tu prends soin du chien d'une voisine qui est partie en vacances.*	⑥ **correspondant** ou **correspondante**

c) La classe que tu as choisie en a) pour t'identifier reste-t-elle la même pour chaque fonction que tu pourrais avoir ?

Le noyau *(poisson)* du groupe de mots en gras dans les phrases ci-dessous appartient à la classe des noms; ce groupe de mots est donc un groupe du nom (GN). Comme il est placé dans trois contextes différents, ce groupe est susceptible d'avoir une fonction différente dans chacune des phrases.

> ① **Mon poisson rouge** *est très spécial.* ② *Bientôt, vous connaîtrez* **mon poisson rouge**.
> ③ *J'adore Hector,* **mon poisson rouge**.

En observant la relation que le groupe du nom (GN) en gras a avec un mot ou un groupe de mots dans chacun des contextes, on découvre que :

- dans la phrase ①, le groupe du nom (GN) *mon poisson rouge* est le groupe de mots qui fait varier le verbe *être*; il a la fonction de **sujet du verbe**;

- dans la phrase ②, le groupe du nom (GN) *mon poisson rouge* dépend du verbe *connaîtrez*; il a la fonction de **complément direct du verbe**;

- dans la phrase ③, le groupe du nom (GN) *mon poisson rouge* dépend du nom *Hector*; il a la fonction de **complément du nom**.

Voici la liste des différentes **fonctions syntaxiques** que tu observeras cette année.

FONCTIONS SYNTAXIQUES

SUJET DU VERBE

Mon poisson rouge est très spécial. *Il* s'appelle Hector.

ATTRIBUT DU SUJET

*Mon poisson rouge est **très spécial**.*   *les flèches partent du nom ou du pronom*

COMPLÉMENT DIRECT DU VERBE

*Bientôt, vous connaîtrez **Hector**.*

COMPLÉMENT INDIRECT DU VERBE

*Je **vous** parlerai **d'Hector**.*

*Vous irez **à l'animalerie** pour chercher un poisson comme lui.*

COMPLÉMENT DE PHRASE

***Bientôt**, vous irez à l'animalerie **pour chercher un poisson comme lui**.*

COMPLÉMENT DU NOM

*Mon **petit** poisson est un cyprin **d'aquarium**.*

COMPLÉMENT DU PRONOM

*Mon poisson vit dans l'eau douce, celui **de mon voisin** vit dans l'eau salée.*

COMPLÉMENT DE L'ADJECTIF

*Comme je suis fière **de mon poisson**!*

MODIFICATEUR DE L'ADJECTIF, DU VERBE, DE L'ADVERBE

*Je suis **extrêmement** fière de mon poisson!*

*Il nage **vite**.*

*Il nage **très** vite.*

COORDONNANT

*Mon poisson émet des sons **et** excelle en acrobatie aquatique.*

SUBORDONNANT

*Mon poisson émet des sons **quand** il a faim.*

Voici maintenant un tableau des principales caractéristiques des huit classes de mots présentées à la page 5. Tu pourras t'y référer, au besoin, au cours de l'année.

CLASSES DE MOTS	Principales caractéristiques		
	fonctionnement	forme	sens
NOM			
*Un **poisson*** *Des **arrière-pensées***	• est le noyau du **GN**, qui a la **fonction** de sujet, d'attribut, de complément direct du verbe, de complément de phrase ou de complément du nom; • peut le plus souvent être précédé d'un déterminant; • peut avoir des compléments.	• a une forme simple ou composée[1]; • a un genre; • a une forme variable en nombre.	• désigne une réalité, concrète ou abstraite.
DÉTERMINANT			
***Mon** poisson* ***Beaucoup de** poissons*	• est un constituant du GN; • se place avant le nom.	• a une forme simple ou complexe; • peut avoir une forme variable en genre et en nombre.	• indique une quantité, de façon vague ou précise; • indique si le nom désigne une réalité: – qu'on peut identifier (**DÉTERMINANT** <u>RÉFÉRENT</u>) ou – qu'on ne peut pas identifier (**DÉTERMINANT** <u>NON RÉFÉRENT</u>).

→

---

1. On dit d'un mot qu'il a une forme composée ou complexe s'il est formé de plus d'un mot, liés ou non par un trait d'union; si le mot n'est formé que d'un mot, on dit qu'il a une forme simple.

CLASSES DE MOTS	Principales caractéristiques		
	fonctionnement	forme	sens
ADJECTIF			
QUALIFIANT *De jolies nageoires diaphanes*	• est le noyau d'un **GAdj.** qui a la **fonction** de complément du nom ou du pronom, ou d'attribut; • se place avant ou après le nom dans le GN; • peut être précédé d'un adverbe comme *très*; • peut avoir des compléments.	• a une forme simple ou composée; • a une forme variable en genre et en nombre.	• qualifie la réalité désignée par le nom ou le pronom; • a une valeur expressive ou neutre.
CLASSIFIANT *Une nageoire dorsale*	• est le noyau d'un **GAdj.** qui a la **fonction** de complément du nom; • se place après le nom.	• a une forme simple ou composée; • a une forme variable en genre et en nombre.	• classe la réalité désignée par le nom; • a une valeur neutre.
PRONOM			
AVEC ANTÉCÉDENT *Tu as vu son poisson: il est bleu. **Le mien** est rouge et **celui** du voisin est jaune.*	• peut être le noyau du **GN**; • peut remplacer un GN, un GAdj., un GPrép., etc. • a la **fonction** du groupe de mots qu'il remplace (sujet, attribut, complément direct ou indirect du verbe, complément du nom, complément de l'adjectif, complément de phrase).	• a une forme simple ou complexe; • peut avoir une forme variable en genre, en nombre ou en personne.	• reprend un élément énoncé dans le texte (son antécédent).
SANS ANTÉCÉDENT *Son poisson est beau, mais **tu** n'as encore **rien** vu: regarde le mien!*	• est le noyau du **GN**; • a la **fonction** de sujet, d'attribut ou de complément direct ou indirect du verbe.	• a une forme simple; • a une forme invariable.	• désigne: – directement un élément présent dans le contexte ou – une réalité non définie.

CLASSES DE MOTS	Principales caractéristiques		
	fonctionnement	forme	sens
VERBE			
*Tu **as vu** mon poisson : ne **trouves**-tu pas qu'il **a** l'air heureux ?*	• est le noyau du **GV** ; • peut avoir des compléments.	• a une forme simple ou complexe ; • a une forme variable en mode, en temps, en personne et en nombre.	• exprime un état, ou un processus qui progresse dans le temps (action ou fait).
ADVERBE			
*Mon poisson a mangé **goulûment**, **puis** il s'est endormi.*	• est le noyau du **GAdv.**, qui a la **fonction** de modificateur, d'attribut, de complément de phrase ou de coordonnant.	• a une forme simple ou complexe ; • a une forme invariable (sauf *tout, seul…*).	• exprime différentes valeurs de degré, de comparaison, ou de temps, de lieu, de but, de manière...
PRÉPOSITION			
*J'ai placé le bocal **de** mon poisson **à côté de** mon ordinateur **pour** mieux le voir.*	• est un élément essentiel du **GPrép.**, qui a la **fonction** de complément indirect du verbe, de complément du nom, de complément de l'adjectif, de complément de phrase, d'attribut… ; • introduit un GN ou un GV à l'infinitif ou au participe.	• a une forme simple ou complexe ; • a une forme invariable.	• est vide de sens ou exprime différentes valeurs de lieu, de mouvement, de temps…
CONJONCTION			
*Ne trouves-tu pas **que** mon poisson a l'air heureux **lorsqu'**il se réveille le matin ?*	• a la **fonction** de coordonnant ou de subordonnant.	• a une forme simple ou complexe ; • a une forme invariable.	• est vide de sens ou exprime différentes valeurs de temps, de but, de manière…

6 SYMBOLES ET ABRÉVIATIONS

Les manipulations syntaxiques, les groupes et les classes de mots ainsi que les fonctions syntaxiques des mots ou groupes de mots peuvent être désignés à l'aide de **symboles** et d'**abréviations**. L'emploi de symboles et d'abréviations est utile, entre autres, quand on veut réduire la longueur d'un texte ou quand on veut représenter clairement et brièvement un élément.

Voici la liste des symboles et abréviations utilisés dans le présent ouvrage et que tu pourras aussi utiliser tout au long de l'année.

*	phrase agrammaticale (non grammaticale)
→	phrase transformée
ϕ	absence ou effacement d'un élément
Adj.	adjectif
Adv.	adverbe
Attr.	attribut
compl.	complément
Dét.	déterminant
F	féminin
GAdj.	groupe de l'adjectif
GAdv.	groupe de l'adverbe
Gcompl. P	groupe complément de phrase
GF	groupe facultatif
GN	groupe du nom
GNs	groupe du nom sujet
GPrép.	groupe prépositionnel
GV	groupe du verbe
M	masculin
P	pluriel
1P, 2P, 3P	première, deuxième, troisième personne du pluriel
P	Ponctuation
Pron.	Pronom
s	sujet
S	singulier
1S, 2S, 3S	première, deuxième, troisième personne du singulier
Sub. rel.	subordonnée relative
Sub. circ.	subordonnée circonstancielle
V	verbe

Hector dort.

Il ronfle et de minuscules bulles s'échappent de sa bouche. Il doit faire des rêves aquatiques.

Mon poisson rouge de cinq sous rêve à la mer des Caraïbes. Il admire les coraux. Il affronte les vagues mouvementées. Mon charmant petit poisson a oublié ma présence.

IL EST TELLEMENT FACILE D'ÉCRIRE À PROPOS DE QUELQU'UN QU'ON AIME.

ZZZZZZZzzzz
Zzzzzzzzzzz

LA PHRASE DE BASE

- Les groupes constituants de la PHRASE DE BASE
- Des procédures pour repérer les groupes constituants de la phrase

ATELIER 2

Hector dort.

Il ronfle et de minuscules bulles s'échappent de sa bouche.

Il doit faire des rêves aquatiques.

① Mon poisson rouge de cinq sous rêve à la mer des Caraïbes.

② Il admire les coraux. ③ Il affronte les vagues mouvementées.

④ Mon charmant petit poisson a oublié ma présence.

Hector remue ses délicates nageoires. Comme il semble heureux!

Observe *et découvre*

J'observe...

Le fonctionnement des groupes constituants de la PHRASE DE BASE

1. a) La première phrase du texte est constituée de deux éléments :

Hector		dort.

Chacun de ces éléments constitue un *groupe*.

SÉPARE les phrases ① à ④ en deux parties : la première doit pouvoir être remplacée par *Hector* et la deuxième par *dort*. Pour y arriver :

- TRANSCRIS la phrase *Hector dort*, puis ENCADRE chacun des groupes qui la constituent;
- TRANSCRIS ensuite sous le cadre *Hector* ou *dort* la partie des phrases ① à ④ remplaçable par *Hector* ou *dort*.

> EXEMPLE : | Hector | | dort | . |
> | Il | | *doit faire des rêves aquatiques.* | |

b) **SUPPRIME** l'un ou l'autre des groupes qui constituent les phrases ① à ④ et **INDIQUE** si les phrases demeurent grammaticales ou non.

c) Les deux groupes constituant chaque phrase sont-ils obligatoires ou facultatifs ?

d) **DÉPLACE** l'un ou l'autre des groupes qui constituent les phrases ① à ④ et **INDIQUE** si les phrases demeurent grammaticales.

e) Ces groupes sont-ils déplaçables ou non déplaçables ?

2. a) **REMPLACE** les groupes que tu as transcrits sous le cadre *Hector* par le pronom *nous*, puis **RELÈVE** les mots qui doivent changer d'orthographe pour que les phrases demeurent grammaticales.

b) À quelle classe appartiennent les mots que tu as relevés en a)?

c) Quelle est la fonction du groupe qui fait varier le verbe dans la phrase ?

d) **ÉNUMÈRE** les groupes qui ont cette fonction dans les phrases ① à ④.

3. a) À la suite des phrases que tu as transcrites sous les cadres *Hector* et *dort*, **AJOUTE** l'un ou l'autre des groupes de mots suivants :
    - *pendant son sommeil*
    - *pour la première fois*
    - *avec ses amis imaginaires*
    - *durant des heures*

b) **DÉPLACE** au début des phrases les groupes que tu viens d'ajouter et **INDIQUE** si les phrases demeurent grammaticales.

c) Ces groupes sont-ils déplaçables ou non déplaçables ?

d) Ces groupes sont-ils obligatoires ou facultatifs ?

e) Dans les phrases que tu as obtenues en ajoutant les groupes énumérés en a), **BARRE** ce qui peut être remplacé par l'un des pronoms suivants et **INSÈRE** le pronom à l'endroit qui convient dans la phrase :
    le — la — l' — les — lui — leur — en — y

EXEMPLE : *Il doit faire des rêves aquatiques pendant son sommeil.* (en ~~des rêves aquatiques~~)

---

f) Les groupes que tu as ajoutés en a) peuvent-ils être remplacés par l'un des mots énumérés en e)?

g) À la suite des groupes que tu as transcrits sous les cadres *Hector* et *dort*, peut-on ajouter plus d'un des groupes énumérés en 3 a)? Si oui, **DONNE** un exemple.

LE FONCTIONNEMENT
DES GROUPES CONSTITUANTS DE LA PHRASE DE BASE

La PHRASE DE BASE est constituée de ✎ **groupes obligatoires**. L'un de ces groupes contient un ✎ ; c'est pourquoi nous appelons ce groupe le groupe du verbe. L'autre groupe obligatoire fait varier le ✎ . On l'appelle le groupe du nom sujet.

On peut ajouter aux groupes obligatoires un ou plusieurs groupes qu'il est possible de ✎ . Contrairement au groupe du nom sujet et au groupe du verbe, ces groupes peuvent être ✎ ; ce sont donc des **groupes facultatifs** dans la phrase.

J'observe...

La construction GROUPES OBLIGATOIRES + GROUPE(S) FACULTATIF(S)

4. a) **TRANSCRIS** la phrase ci-dessous, **SOULIGNE** le verbe conjugué qu'elle contient, puis **EXPLIQUE** comment tu as procédé pour repérer ce verbe.

    Le médecin vétérinaire viendra examiner mon petit poisson rouge cette semaine.

   b) **ENCERCLE** le groupe du nom sujet, puis **EXPLIQUE** comment tu as procédé pour le repérer.

   c) **METS** entre parenthèses le groupe facultatif de la phrase, puis **EXPLIQUE** comment tu as procédé pour le repérer.

   d) **SURLIGNE** le groupe du verbe.

   e) Le groupe que tu as encerclé et celui que tu as surligné sont-ils obligatoires ou facultatifs ? Pourquoi ?

   f) **COMPARE** les deux phrases ci-dessous à celle en a).

    Cette semaine, le médecin vétérinaire viendra examiner mon petit poisson rouge.
    Le médecin vétérinaire, cette semaine, viendra examiner mon petit poisson rouge.

   Quel groupe a été déplacé dans chacune de ces phrases : un des groupes obligatoires ou le groupe facultatif ?

   g) Que remarques-tu à propos de la ponctuation à l'intérieur des phrases en f)?

5. a) **Transcris** la phrase ci-dessous, puis **souligne** les verbes conjugués qu'elle contient.

> *Hector s'intéresse à Jacques Cousteau depuis quelque temps : il a vu tous ses films sous-marins et il se passionne pour ses ouvrages océanographiques.*

b) **Encercle** le groupe du nom sujet commandant l'accord de chacun des verbes.

c) **Mets** entre parenthèses le ou les groupes facultatifs.

d) **Surligne** les groupes du verbe.

e) **Encadre** les deux groupes obligatoires que complète le groupe facultatif.

f) **Encadre** la ponctuation à l'intérieur de la phrase et le mot qui ne fait partie d'aucun groupe obligatoire ou facultatif.

g) Combien de fois trouve-t-on dans la phrase la construction suivante ?

> Attention ! Le ou les groupes facultatifs peuvent apparaître ou non puisqu'ils sont facultatifs.

GROUPE DU NOM SUJET + GROUPE DU VERBE + GROUPE(S) FACULTATIF(S)

h) À quoi servent la ponctuation à l'intérieur de la phrase et le mot qui ne fait partie d'aucun groupe obligatoire ou facultatif ?

6. a) Dans le texte de l'encadré de la page 14, **trouve** la phrase qui contient plus d'une fois la construction :

GROUPE DU NOM SUJET + GROUPE DU VERBE + GROUPE(S) FACULTATIF(S)

b) **Relève** le mot qui rattache ces constructions entre elles.

J'ai découvert...

LA CONSTRUCTION
GROUPES OBLIGATOIRES + GROUPE(S) FACULTATIF(S)

On peut composer des phrases dont la construction correspond à celle de la PHRASE DE BASE :

GROUPE DU NOM SUJET + GROUPE DU VERBE + GROUPE(S) FACULTATIF(S).

On peut aussi composer des phrases dont la construction ne correspond pas à celle de la PHRASE DE BASE, par exemple en déplaçant un groupe ✎ , puis en marquant ce déplacement par ✎ .

Entre une majuscule et un point, on peut utiliser plusieurs fois la construction de la PHRASE DE BASE. On rattache ces constructions les unes aux autres à l'aide de ✎ ou de mots comme ✎ .

---

1 LES **GROUPES CONSTITUANTS** DE LA PHRASE DE BASE

Lorsqu'on veut analyser ou comprendre les phrases qu'on lit ou qu'on écrit, on peut les comparer à une structure de référence qui illustre la construction de phrase la plus simple et la plus courante en français : la PHRASE DE BASE.

1.1 LES DEUX **GROUPES OBLIGATOIRES** DE LA PHRASE DE BASE

Malgré leurs différences, les phrases :

> *Hector dort.*

et *Mon petit poisson rouge est de joyeuse humeur.*

sont toutes deux constituées de deux groupes de mots :

- l'un de ces groupes contient un <u>verbe conjugué</u> ; nous l'appelons le **groupe du verbe** (abrégé ainsi : **GV**) ;
- l'autre groupe fait varier le verbe ; nous l'appelons le **groupe du nom sujet** (abrégé ainsi : **GNs**).

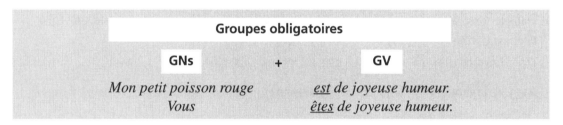

Groupes obligatoires		
GNs	**+**	**GV**
Mon petit poisson rouge		<u>*est*</u> *de joyeuse humeur.*
Vous		<u>*êtes*</u> *de joyeuse humeur.*

La PHRASE DE BASE est constituée d'un groupe du nom sujet (GNs) et d'un groupe du verbe (GV) qui <u>ne peuvent pas être supprimés</u> : ce sont les **groupes obligatoires** de la PHRASE DE BASE.

Ces deux **groupes obligatoires** apparaissent dans l'ordre GNs + GV et sont <u>non déplaçables</u>.

1.2 LE OU LES **GROUPES FACULTATIFS** DE LA PHRASE DE BASE

Aux deux groupes obligatoires de la PHRASE DE BASE (GNs + GV), on peut ajouter un ou plusieurs groupes de mots <u>déplaçables</u>. Ces groupes de mots déplaçables ne sont pas obligatoires, car ils sont <u>supprimables</u> ; ce sont donc des **groupes facultatifs** (abrégés ainsi : **GF**).

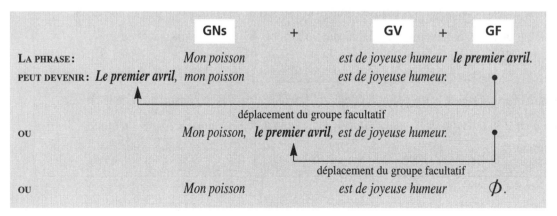

	GNs	**+**	**GV**	**+**	**GF**
LA PHRASE :	*Mon poisson*		*est de joyeuse humeur*		*le premier avril.*
PEUT DEVENIR :	*Le premier avril, mon poisson*		*est de joyeuse humeur.*		

déplacement du groupe facultatif

OU	*Mon poisson, **le premier avril**, est de joyeuse humeur.*				

déplacement du groupe facultatif

OU	*Mon poisson*		*est de joyeuse humeur*		*Ø.*

En plus d'être déplaçables et supprimables, le ou les groupes facultatifs de la phrase <u>ne peuvent être remplacés par un pronom</u> *(le, la, l', les, lui, leur, en…)*, sauf si le groupe indique un lieu.

➤ Un groupe facultatif indiquant un lieu peut parfois être remplacé par le pronom *y* :

*Hector est parfaitement heureux **dans son bocal**.* ➔ *Hector **y** est parfaitement heureux.*

Le groupe facultatif est déplaçable et supprimable, car il ne dépend d'aucun mot de la phrase : il complète la phrase. Le **groupe facultatif** remplit toujours la fonction de **complément de phrase**. Dans les schémas des phrases qu'on analyse, on représente le groupe facultatif ainsi : **Gcompl. P.**

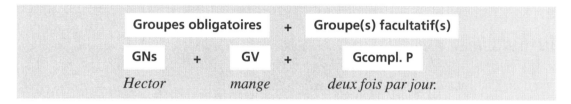

Groupes obligatoires		+	Groupe(s) facultatif(s)
GNs	+ GV	+	Gcompl. P
Hector	*mange*		*deux fois par jour.*

1.3 LA PHRASE DE BASE : UNE STRUCTURE DE RÉFÉRENCE

Les phrases :

> *Hector dort dans son bocal.*

et   *Mon petit poisson rouge regarde la télévision chaque soir à travers la vitre de l'aquarium.*

contiennent chacune <u>deux groupes obligatoires</u> et <u>un ou des groupe(s) facultatif(s)</u> qui se succèdent dans le même <u>ordre</u> :

PHRASE DE BASE = **GNs** + **GV** + **GF**

Placés dans cet ordre, le groupe du nom sujet (GNs), le groupe du verbe (GV) et le ou les groupes facultatifs (GF) correspondent à la structure de référence qu'est la PHRASE DE BASE.

Une PHRASE DE BASE a les caractéristiques d'une phrase de type déclaratif (et non impératif, interrogatif ou exclamatif), de forme active (et non passive), positive (et non négative) et neutre (et non emphatique).

Par exemple, par comparaison, on peut constater :

• que la construction de la phrase ci-dessous correspond à la PHRASE DE BASE ;

GNs	+	GV	+	GF
Hector		*est parfaitement heureux*		*dans son bocal.*

- que l'ordre des groupes constituants a été modifié dans les phrases ci-dessous;

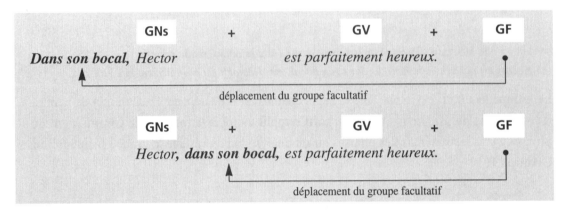

P Dans une phrase, le déplacement d'un groupe facultatif (GF) est généralement marqué par la virgule.

- qu'un élément a été ajouté dans la phrase ci-dessous;

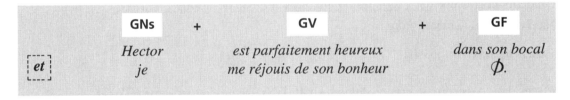

- que, dans la phrase ci-dessous, deux constructions correspondant à la PHRASE DE BASE ont été utilisées.

➤ Entre une majuscule et un point, lorsqu'on utilise plusieurs constructions correspondant ou non à la PHRASE DE BASE, on rattache ces constructions à l'aide de **signes de ponctuation** (la virgule, le deux-points, le point-virgule) ou de mots comme *et, mais, car, quand*, etc., qu'on appelle **marqueurs de relation**.

2 DES **PROCÉDURES** POUR REPÉRER LES GROUPES CONSTITUANTS DE LA PHRASE

Lorsqu'on veut analyser une phrase, soit pour mieux la comprendre, soit pour la réviser, on doit **repérer les groupes obligatoires ou facultatifs** qui la constituent. Pour ce faire, on peut suivre les étapes suivantes:

1. **REPÉRER** le ou les <u>verbes conjugués</u> dans la phrase.
2. **REPÉRER** le <u>groupe du nom sujet</u> (GNs) de chaque verbe.
3. **REPÉRER**, s'il y a lieu, le ou les <u>groupes compléments de phrase</u> (Gcompl. P).
4. **DÉLIMITER** le ou les <u>groupes du verbe</u> (GV).

Les procédures qui suivent peuvent être utiles pour effectuer ces différents repérages.

2.1 REPÉRER UN **VERBE CONJUGUÉ**

Pour s'assurer qu'un mot est un verbe, on observe son fonctionnement dans la phrase. La procédure ci-après te rappelle trois des caractéristiques du fonctionnement des verbes.

___
PROCÉDURE POUR REPÉRER UN **VERBE CONJUGUÉ**

Dans la phrase, **RELÈVE** un mot que tu crois être un verbe, puis **VÉRIFIE** s'il possède les trois caractéristiques suivantes :

❶ Le mot varie selon les personnes et le nombre de ces personnes.

Il changera donc de forme si on place des pronoms de conjugaison devant (*je, tu, il / elle / on, nous, vous, ils / elles*).

❷ Le mot varie selon le temps.

Il changera donc de forme si on place devant les mots *hier, aujourd'hui, demain*.

❸ Le mot peut être accompagné de *ne… pas*.

Si le mot possède ces trois caractéristiques, c'est un verbe. Pour savoir si le verbe est ou doit être conjugué ou non, **VÉRIFIE** s'il a un <u>sujet</u>.
___

2.2 REPÉRER UN **GROUPE DU NOM SUJET**

Tu as appris à repérer le sujet du verbe en posant la question *Qui est-ce qui… ?* (ou *Qu'est-ce qui… ?*) avant le verbe. Ce moyen est souvent efficace, mais peut parfois conduire à un mauvais repérage. C'est pourquoi il est utile de connaître d'autres façons de procéder. En voici quelques-unes :

- On peut détacher le groupe du nom sujet (GNs) du reste de la phrase à l'aide de *C'est… qui* (ou de *Ce sont… qui*).

  ➤ Le groupe du nom sujet (GNs) est le seul groupe de la phrase qui se prête à cette opération.

  > **EXEMPLE :** *L'attitude d'Hector a été critiquée par mes voisins.*
  > <u>*C'est*</u> ***l'attitude d'Hector*** <u>*qui*</u> *a été critiquée par mes voisins.*

- On peut souvent remplacer un groupe du nom sujet (GNs) par les pronoms *il, ils, elle* ou *elles*.

  ➤ Cette procédure est très utile pour délimiter un groupe du nom sujet (GNs) constitué de plusieurs mots.

  >   *Il*
  > **EXEMPLE :** ~~*Le poisson rouge de mes voisins*~~ *est moins sympathique que le mien.*

Voici en résumé les trois procédures à appliquer pour repérer un groupe du nom sujet (GNs).

___
PROCÉDURES POUR REPÉRER UN **GROUPE DU NOM SUJET**

APPLIQUE les trois procédures suivantes :

❶ **POSE** la question *Qui est-ce qui… ?* (ou *Qu'est-ce qui… ?*) avant le verbe.

❷ **UTILISE** l'expression *C'est… qui* (ou *Ce sont… qui*).

❸ **ESSAIE** de remplacer le mot ou le groupe de mots repéré par les pronoms *il, ils, elle* ou *elles*.
___

2.3 REPÉRER UN GROUPE COMPLÉMENT DE PHRASE

C'est en observant le fonctionnement des groupes de la phrase qu'on peut reconnaître un groupe complément de phrase (Gcompl. P).

PROCÉDURE POUR REPÉRER UN **GROUPE COMPLÉMENT DE PHRASE**

Dans la phrase, **RELÈVE** un mot ou un ensemble de mots que tu crois être un groupe complément de phrase (Gcompl. P), puis **VÉRIFIE** s'il répond aux trois critères suivants :

❶ Le groupe de mots est déplaçable. *au moins à 2 endroits*

❷ Il est supprimable. *effacement*

❸ Il ne peut pas être remplacé par un pronom. *non - pronolisation*

Attention ! Le pronom *y* peut parfois remplacer un groupe complément de phrase (Gcompl. P) indiquant un lieu.

④ *dédoublement* — *et cela se passe*   *GNS*   *GV*   *Gcompl*
— *et il faut cela*   *Marie*   *cordée du bois*   *dans sa cour*
— *et il le fait*

2.4 DÉLIMITER UN GROUPE DU VERBE

Le groupe du verbe peut être formé :

- soit d'un verbe seulement ;
- soit d'un verbe accompagné d'un ou de plusieurs groupes de mots.

Ce ou ces groupes de mots qui accompagnent un verbe, <u>contrairement au groupe complément de phrase</u> (Gcompl. P), sont généralement <u>non déplaçables</u> et <u>non supprimables</u>, et <u>peuvent être remplacés par un pronom</u> (*le, la, l', les, lui, leur, en, y,* etc.).

Tu feras une étude plus approfondie du groupe
du verbe (GV) en deuxième secondaire.

PROCÉDURE POUR DÉLIMITER UN **GROUPE DU VERBE**

REPÈRE le verbe, puis, s'il est suivi d'un ou de plusieurs groupes de mots, **VÉRIFIE** si ce ou ces groupes répondent aux critères suivants :

❶ Le groupe de mots est non déplaçable.

❷ Il est non supprimable.

❸ Il peut être remplacé par un pronom.

Attention ! Certains groupes compléments de phrase (Gcompl. P) sont remplaçables par le pronom *y*.

Exerce-*toi*

Reconnaître les groupes constituants de la PHRASE DE BASE

1. **TRANSCRIS** ces phrases à double interligne.

> ① *Saturne a dix lunes.* ② *Les étoiles émettent leur lumière.* ③ *Les vieilles étoiles meurent.* ④ *De nouvelles étoiles naissent.* ⑤ *La Lune renvoie les rayons lumineux du Soleil.*

a) Dans les phrases que tu as transcrites :
- **SOULIGNE** le verbe conjugué ;
- **ENCERCLE** le groupe du nom sujet (GNs);
- **SURLIGNE** le groupe du verbe (GV).

b) **EXPLIQUE** comment tu as procédé pour repérer les verbes conjugués dans les phrases.

c) **EXPLIQUE** comment tu as procédé pour repérer les groupes du nom sujets (GNs) dans les phrases.

2. a) **TRANSCRIS** ces phrases (à double interligne) en détachant le groupe du nom sujet (GNs) à l'aide de *C'est... qui* (ou de *Ce sont... qui*).

> ① *Chaque planète tourne autour de son axe.* ② *Toutes les planètes possèdent une force de gravitation.* ③ *Tous les objets de l'Univers ont leur propre force de gravitation.* ④ *La circonférence de la Terre mesure 40 000 km.* ⑤ *La force de gravitation du Soleil attire les planètes.*

b) **SOULIGNE** le verbe conjugué que contient chaque phrase, **ENCERCLE** le groupe du nom sujet (GNs), puis **SURLIGNE** le groupe du verbe (GV).

3. a) **TRANSCRIS** ces phrases (à double interligne) en remplaçant le groupe du nom sujet (GNs) par les pronoms *il*, *ils*, *elle* ou *elles*.

> ① *Les végétaux ont des formes très variées.* ② *Les feuilles des plantes rejettent de l'oxygène.* ③ *Les feuilles des plantes vertes contiennent de la chlorophylle.* ④ *Un champignon vénéneux contient du poison.* ⑤ *Les branches de la plus grande plante à fleurs du monde atteignent 150 m de long.*

b) Dans chaque phrase :
- **SOULIGNE** le verbe conjugué ;
- **ENCERCLE** le groupe du nom sujet (GNs);
- **SURLIGNE** le groupe du verbe (GV).

4. **TRANSCRIS** ces phrases à double interligne.

> ① *Mes parents reviendront la semaine prochaine.* ② *Ma soeur va au cinéma malgré l'interdiction de nos parents.* ③ *Paolo et Francis étudient leur leçon afin de réussir l'examen.* ④ *Mon père a annulé son rendez-vous à cause de moi.* ⑤ *Les élèves discutent des nouveaux règlements de l'école depuis plus d'une heure.*

a) **IDENTIFIE** les groupes constituants de chacune des phrases en suivant les étapes ci-dessous :

> **1.** **SOULIGNE** le verbe conjugué.
> **2.** **ENCERCLE** le groupe du nom sujet (GNs).
> **3.** **METS** entre parenthèses, s'il y a lieu, le ou les groupes compléments de phrase (Gcompl. P).
> **4.** **SURLIGNE** le groupe du verbe (GV).

b) **EXPLIQUE** comment tu as procédé pour repérer les groupes compléments de phrase (Gcompl. P).

5. La construction de chacune des phrases des numéros 1, 2, 3 et 4 correspond-elle à celle de la PHRASE DE BASE :

$$\boxed{\text{GNs}} + \boxed{\text{GV}} + \boxed{\text{GF}} ?$$

6. a) RÉCRIS les phrases du numéro 4 :
- en remplaçant le groupe du nom sujet (GNs) par les pronoms *il*, *ils*, *elle* ou *elles* ;
- en déplaçant au début de la phrase (ou ailleurs dans la phrase) le groupe complément de phrase (Gcompl. P).

b) **ENCERCLE**, dans chaque phrase, la ou les virgules marquant le déplacement du groupe complément de phrase (Gcompl. P).

7. Chacune des phrases suivantes est constituée d'un groupe du nom sujet (GNs) et d'un groupe du verbe (GV).

① *Le vieux jardinier arrose ses fleurs.*
② *Vanessa et Annie cherchent un emploi.*
③ *Les enfants de la garderie vont à la piscine.*

RÉCRIS ces phrases :
- en remplaçant le groupe du nom sujet (GNs) par les pronoms *il*, *ils*, *elle* ou *elles* ;
- en ajoutant un groupe facultatif complément de phrase (Gcompl. P) aux groupes obligatoires.

8. a) RÉCRIS les phrases ci-après en ajoutant à la suite du verbe un mot ou groupe de mots qui ne peut pas être déplacé, mais qui peut être remplacé par un pronom *(le, la, l', les, lui, leur, en, y...)*.

EXEMPLE :
Annie lit. → *Annie lit **le journal**.*

① *Le professeur parle.* ② *Maude réfléchit.*
③ *Mon frère mange.*

b) **RÉCRIS** maintenant les phrases en ajoutant à la suite du verbe un mot ou groupe de mots qui peut être déplacé, mais qui ne peut pas être remplacé par un pronom.

EXEMPLE :
Annie lit. → *Annie lit **tous les soirs**.*

c) **IDENTIFIE** ensuite les groupes constituants des phrases que tu as complétées en a) et en b).

SUIS les quatre étapes énumérées au numéro 2, page 23.

9. Les phrases suivantes sont grammaticales mais imprécises. *Défi !*

① ⬚*Elle* attend ⬚*quelqu'un*. ② ⬚*Il* vend ⬚*cela*. ③ ⬚*Elles* vont ⬚*là* ⬚*pour cela*. ④ ⬚*Elle* range ⬚*cela* ⬚*là*. ⑤ ⬚*Ils* parlent ⬚*de cela*.

a) **RÉCRIS** ces phrases en remplaçant le mot ou le groupe de mots encadré par des groupes de mots plus précis.

EXEMPLE :
⬚*Il* s'intéresse ⬚*à cela*.
→ *Ce linguiste s'intéresse à l'origine des mots.*

b) **IDENTIFIE** ensuite les groupes constituants de chacune de tes phrases.

SUIS les quatre étapes énumérées au numéro 2, page 23.

Retrouver la PHRASE DE BASE

10. Chacune des phrases suivantes est constituée d'un groupe du nom sujet (GNs), d'un groupe du verbe (GV) et d'un ou de plusieurs groupes compléments de phrase (Gcompl. P). **TRANSCRIS** ces phrases à double interligne.

> ① Le 20 juillet 1969, l'astronaute Neil Armstrong posait le pied sur la Lune. ② Dix hommes sont allés sur la Lune depuis ce moment historique. ③ En 1973, quatre astronautes travaillèrent dans un vaisseau spatial en orbite pendant presque un mois. ④ Les astronautes, pour converser entre eux, utilisent de petits postes de radio.

a) **IDENTIFIE** les groupes constituants de chaque phrase.

SUIS les quatre étapes énumérées au numéro 2, page 23.

b) **REPÈRE** les phrases qui ont une construction différente de celle de la PHRASE DE BASE. **RÉCRIS** ces phrases de sorte que leur construction corresponde à celle de la PHRASE DE BASE :

$$\boxed{\text{GNs}} \ + \ \boxed{\text{GV}} \ + \ \boxed{\text{GF}}$$

11. TRANSCRIS ces deux phrases.

> ① Le chocolat provient d'une graine du cacaoyer et le sirop d'érable provient de la sève de l'érable. ② Beaucoup de médicaments proviennent des végétaux : la pénicilline vient d'une moisissure, la quinine vient de l'écorce du quinquina, la digitaline vient des feuilles séchées de la digitale.

a) **IDENTIFIE** les groupes constituants de chaque phrase :
- **SOULIGNE** les verbes conjugués ;
- **ENCERCLE** le groupe du nom sujet (GNs) de chaque verbe conjugué ;
- **METS** entre parenthèses, s'il y a lieu, le ou les groupes compléments de phrase (Gcompl. P) ;
- **SURLIGNE** les groupes du verbe (GV).

b) Dans chaque phrase, **INDIQUE** combien il y a de constructions qui correspondent à celle de la PHRASE DE BASE :

$$\boxed{\text{GNs}} \ + \ \boxed{\text{GV}} \ + \ \boxed{\text{GF}} \ ,$$

puis **ENCADRE** les signes de ponctuation et les marqueurs de relation qui rattachent ces constructions les unes aux autres.

12. TRANSCRIS ces deux phrases.

Défi !

> ① Aux États-Unis, on utilise le thermomètre inventé par Gabriel Fahrenheit et au Canada, on utilise le thermomètre inventé par Anders Celsius. ② Près du sol, le vent souffle faiblement, mais plus haut, il souffle plus fort.

a) **IDENTIFIE** les groupes constituants de chaque phrase.
SUIS les quatre étapes énumérées au numéro 2, page 23.

b) **ENCADRE** les deux groupes obligatoires que chaque groupe facultatif complète.

c) Pourquoi les groupes *aux États-Unis* et *au Canada* sont-ils suivis d'une virgule ?

d) Dans chaque phrase, **INDIQUE** combien il y a de constructions :

(Gcompl. P) + GNs + GV,

puis **ENCADRE** ce qui rattache ces constructions les unes aux autres.

Défi! **13. Transcris** ces deux phrases:

> ① *La baleine est un mammifère: elle se forme dans le ventre de sa mère, boit le lait maternel, respire par des poumons, a le sang chaud et n'a pas d'écailles.* ② *Le poisson naît habituellement d'un oeuf, ne boit pas de lait, respire grâce à ses ouïes, a le sang froid et est recouvert d'écailles.*

a) **Identifie** les groupes constituants de chaque phrase.

Suis les quatre étapes énumérées au numéro 11 a), page 25.

b) Dans la première phrase, quel est le groupe du nom sujet (GNs) des verbes *boit*, *respire*, *a* et *a*?

c) Dans la deuxième phrase, quel est le groupe du nom sujet (GNs) des verbes *boit*, *respire*, *a* et *est*?

d) Selon toi, pourquoi ces groupes du nom sujets (GNs) n'apparaissent-ils pas devant les verbes dont ils commandent l'accord?

Applique tes connaissances
lorsque tu lis

Sonia, ta jeune amie chilienne, a choisi à la bibliothèque un roman qu'elle aimerait lire. Comme elle ne maîtrise pas encore le français, tu voudrais bien l'aider. Comment faire ? En ayant recours aux connaissances que tu as acquises dans cet atelier.

Le texte qui suit représente la première page du roman que Sonia veut lire. **Lis** ce texte, puis **réalise** les quatre activités des pages 28 et 29.

Iruk

Iruk est un jeune chasseur inuit. Il va chasser chaque été pendant trois longs mois. Depuis son enfance, Iruk chasse l'ours avec son père. Ce dangereux animal procure à sa famille la viande et la fourrure essentielles à sa survie.

Ce matin, notre chasseur a quitté sa hutte pour la dernière fois. La saison de chasse achève. Iruk marche depuis plusieurs heures. Tout à coup, il entend une plainte. Sur une pierre, le jeune chasseur découvre un loup blessé. Sa magnifique fourrure blanche est tachée de sang.

Iruk observe l'animal pendant un long moment: il voudrait s'approcher du loup, mais son père lui a appris à se méfier d'un animal blessé. Il hésite. La pauvre bête lève la tête, elle pousse un gémissement, puis ses grands yeux tristes se referment. Notre jeune chasseur décide d'ignorer les recommandations de son père et il se résout à aider le loup blessé.

1. Comme les enfants qui apprennent à lire, Sonia a tendance à lire un mot à la fois. Pour cette raison, elle éprouve de la difficulté à construire le sens des phrases qu'elle lit. Or, tu sais, toi, que **les mots sont organisés en groupes dans la phrase** et que, pour lire de façon efficace, il est préférable de lire par groupes de mots. Tes connaissances sur les groupes constituants de la phrase pourraient t'aider à le faire comprendre à Sonia.

   a) D'abord, TRANSCRIS les deux premières phrases du premier paragraphe et, dans chacune :
      - SOULIGNE le ou les verbes conjugués ;
      - ENCERCLE le groupe du nom sujet (GNs);
      - s'il y a lieu, METS entre parenthèses le ou les groupes compléments de phrase (Gcompl. P);
      - SURLIGNE le ou les groupes du verbe (GV).

   b) Tu dois faire la preuve à Sonia que les mots forment des groupes dans la phrase et que chacun des groupes joue un rôle sur le plan du sens :
      - le groupe du nom sujet (GNs) dit DE QUI ou DE QUOI on parle dans la phrase;
      - le groupe du verbe (GV) fournit un ou des RENSEIGNEMENTS sur ce dont on parle;
      - le groupe complément de phrase (Gcompl. P) ajoute une INFORMATION SUPPLÉMENTAIRE à la phrase.

   Au-dessus de chaque groupe repéré en a), INDIQUE de façon abrégée à quoi correspond chacun sur le plan du sens. UTILISE le code suivant :
      - Q = DE QUI ou DE QUOI on parle;
      - R = RENSEIGNEMENT ;
      - I+ = INFORMATION SUPPLÉMENTAIRE.

2. Tu sais que **l'ordre des groupes constituants de la PHRASE DE BASE est le suivant :**

   $$\boxed{\text{GNs}} \; + \; \boxed{\text{GV}} \; + \; \boxed{\text{GF}}$$

   Ainsi, tu pourrais dire à Sonia qu'ordinairement elle peut s'attendre, lorsqu'elle lit une phrase, à ce qu'on y dise d'abord DE QUI ou DE QUOI on parle (= GNs), qu'on fournisse ensuite un ou des RENSEIGNEMENTS sur ce dont on parle (= GV) et, enfin, qu'on ajoute au besoin une ou plusieurs INFORMATIONS SUPPLÉMENTAIRES (= Gcompl. P).

   Cependant, comme tu le sais, **certains groupes constituants de la phrase sont déplaçables**. DÉMONTRE-lui de façon simple comment peuvent se produire ces changements dans la phrase.

   a) D'abord, TRANSCRIS la troisième phrase du premier paragraphe, puis IDENTIFIE les groupes constituants de cette phrase.

   Pour identifier les groupes constituants de la phrase, SUIS les quatre étapes énumérées au numéro 1 a).

   b) Pour démontrer à Sonia que certains groupes constituants de la phrase sont déplaçables, RÉCRIS la phrase de trois façons différentes en déplaçant les groupes qui peuvent l'être.

   Attention à la ponctuation à l'intérieur de tes phrases.

c) Pour attirer l'attention de Sonia sur la ponctuation liée au déplacement des groupes compléments de phrase (Gcompl. P), ENCERCLE les virgules dans les phrases que tu as récrites.

d) Si Sonia te posait la question suivante : «Pourquoi l'auteur choisit-il de déplacer un groupe dans la phrase ?», que lui répondrais-tu ?

3. Tu sais que **certains groupes constituants de la phrase sont obligatoires**, et que **d'autres sont facultatifs**. PROUVE-le à Sonia.

a) Dans les trois phrases que tu as récrites au numéro 2 b), SUPPRIME (en les barrant) tous les groupes facultatifs constituants de la phrase.

b) TRANSCRIS les cinq premières phrases du deuxième paragraphe sans les groupes facultatifs constituants de la phrase qui les complètent.

c) PRÉCISE à Sonia le rôle que jouent les groupes facultatifs constituants de la phrase sur le plan du sens.

4. Tu sais que, entre une majuscule et un point, **on peut utiliser plusieurs regroupements** GNs + GV + (Gcompl. P). PROUVE-le à Sonia.

a) TRANSCRIS le troisième paragraphe, puis METS entre crochets chaque regroupement GNs + GV + (Gcompl. P).

> Avant d'encadrer les regroupements GNs + GV + (Gcompl. P), IDENTIFIE chaque groupe constituant dans les phrases en suivant les quatre étapes énumérées au numéro 1 a).

b) Dans les phrases contenant plus d'un regroupement GNs + GV + (Gcompl. P), ENCADRE les mots ne faisant partie d'aucun de ces regroupements et la ponctuation séparant les regroupements.

EXPLIQUE à Sonia à quoi servent les éléments que tu as encadrés.

c) AJOUTE un regroupement GNs + GV + (Gcompl. P) à la deuxième phrase du troisième paragraphe en utilisant un des mots que tu as encadrés en b).

Applique tes connaissances
lorsque tu écris

Stratégie de révision de texte

Tu dois maintenant prouver que, lorsque tu écris, tu es capable d'utiliser les connaissances que tu as acquises sur les groupes constituants de la phrase. Voici une stratégie de révision de texte qui t'aidera à vérifier si les phrases que tu écris sont bien construites. Cette stratégie te sera utile dans toutes tes activités d'écriture.

Je révise et je corrige les phrases I

1. **RETROUVE** les groupes constituants de la phrase :
   - **SOULIGNE** le ou les verbes conjugués.
   - **ENCERCLE** le ou les groupes du nom sujets (GNs).
   - **METS** entre parenthèses le ou les groupes compléments de phrase (Gcompl. P).
   - **SURLIGNE** le ou les groupes du verbe (GV).

2. *La phrase contient-elle plus d'un regroupement GNs + GV ?*

   OUI · NON

3. **VÉRIFIE** si les regroupements sont rattachés entre eux par un marqueur de relation ou un signe de ponctuation et, s'il y a lieu, **FAIS** les corrections nécessaires.

4. *Tous les mots de la phrase font-ils partie d'un groupe constituant de la phrase ?*

   OUI · NON

5. **ÉVALUE** l'apport dans la phrase de ce ou de ces mots qui ne font partie d'aucun groupe constituant de la phrase et, s'il y a lieu, **FAIS** les corrections nécessaires.

6. *Est-ce que les groupes constituants de la phrase se succèdent dans l'ordre normal ?*

   OUI · NON

7. **VÉRIFIE** la ponctuation de la phrase et, s'il y a lieu, **CORRIGE**-la.

Activité de révision de texte

1. Voici le début d'un texte d'une élève de première secondaire, intitulé «Une grande peine». Chaque phrase a été révisée à l'aide de la stratégie *Je révise et je corrige les phrases I*. **LIS** le texte et **OBSERVE** les annotations qui l'accompagnent.

> (L'année dernière), (un camion) a heurté ma petite cousine. (Cet accident)
> quand
> s'est produit (elle) avait cinq ans (elle) venait de commencer l'école. (Dans ce
> texte), (je) vais vous faire part de l'une de mes plus grandes peines. [...]

2. Voici le début d'un texte d'un autre élève, intitulé «Une grande joie». **TRANSCRIS**-le à double interligne en n'y apportant aucune correction.

> Depuis très longtemps que je rêvais de faire un voyage. Mais mon
> père un bon lundi matin déposa sur la table des billets d'avion pour
> la Floride. En apercevant les billets j'ai bondi de joie. Je vais vous
> parler de cette joie immense. Avant et pendant le voyage. [...]

    a) **APPLIQUE** la stratégie *Je révise et je corrige les phrases I* en respectant toutes les étapes.

    b) **COMPARE** les erreurs que tu as repérées et les corrections que tu as apportées au texte à celles d'un ou d'une de tes camarades. **FAIS** les modifications que tu juges nécessaires sur ta copie.

    c) **RÉCRIS** les phrases corrigées au propre.

Activité d'écriture

Voici un petit jeu d'enchaînement. Il s'agit d'inventer une histoire à plusieurs, tout en respectant certaines contraintes d'écriture. Chaque élève devra ensuite réviser et corriger le texte obtenu à l'aide de la stratégie *Je révise et je corrige les phrases I*.

Déroulement du jeu

En équipe de deux ou trois élèves, vous devez bâtir progressivement une histoire. Rien ne vous empêche d'inventer une histoire farfelue !

À tour de rôle, les joueurs imaginent une phrase en respectant les contraintes d'écriture. Tous les élèves de l'équipe doivent écrire la phrase. En d'autres mots, le premier ou la première élève fait part aux autres de sa phrase, puis chaque membre de l'équipe l'écrit sur sa feuille. Le ou la deuxième élève construit la deuxième phrase que tous écrivent, et ainsi de suite.

Contraintes d'écriture

❏ Les phrases ne doivent contenir qu'un verbe conjugué.

❏ Les phrases doivent être écrites à double interligne au crayon à la mine.

❏ Vous ferez autant de tours qu'il sera nécessaire pour finir l'histoire, mais vous devez écrire un minimum de dix phrases.

❏ Les phrases doivent être construites de façon à correspondre aux constructions ci-dessous. L'ordre des phrases doit être respecté.

1re phrase :	GNs + GV	6e phrase :	GNs + (Gcompl. P) + GV
2e phrase :	GNs + GV + (Gcompl. P)	7e phrase :	GNs + GV
3e phrase :	(Gcompl. P) + GNs + GV	8e phrase :	GNs + GV + (GCompl. P)
4e phrase :	GNs + GV	9e phrase :	(Gcompl. P) + GNs + GV
5e phrase :	GNs + GV + (Gcompl. P)	10e phrase :	(Gcompl. P) + GNs + GV

Si l'histoire n'est pas conclue à la dixième phrase, poursuivez-la :
la onzième phrase devra alors être construite selon la structure de la première phrase,
la douzième selon la structure de la deuxième, et ainsi de suite.

Une fois l'histoire terminée, vous aurez sûrement beaucoup de plaisir à la lire et à en faire la lecture à d'autres élèves de la classe !

Étape de révision et de correction

❏ ÉCHANGE ton texte avec un ou une camarade.

❏ RÉVISE et CORRIGE le texte à l'aide de la stratégie *Je révise et je corrige les phrases I*.

❏ RÉCUPÈRE ton texte, puis PRENDS CONNAISSANCE des corrections que ton ou ta camarade te suggère et ÉVALUE-les.

❏ RECOPIE ton texte au propre.

SI ON ALLAIT AU CINÉMA ?

OUI, ALLONS AU CINÉMA ! APRÈS, JE FERAI DES CAUCHEMARS TOUTE LA NUIT...

J'ADORE LE CINÉMA.

MOI, JE PRÉFÈRE LA TÉLÉVISION. ON N'A PAS BESOIN DE SORTIR... ET ON Y APPREND TELLEMENT DE CHOSES !

LES TYPES DE PHRASES ET LA FORME NÉGATIVE

- La valeur des phrases
- La phrase non verbale
- Les types de phrases
- La forme négative

ATELIER 3

Observe *et découvre*

La valeur des phrases

1. a) Les phrases suivantes te semblent-elles avoir une valeur équivalente sur le plan du sens ? Pourquoi ?

> *Tu veux voir le programme.* — *Tu veux voir le programme ?*

b) Utiliserais-tu la même intonation en lisant ces deux phrases ? Pourquoi ?

c) **Lis** la bande dessinée. Les phrases se lisent-elles toutes avec la même intonation ? **Explique** ta réponse.

2. a) En dehors de tout contexte, les phrases suivantes te semblent-elles avoir une valeur équivalente sur le plan du sens ? Pourquoi ?

> *Tu veux voir le programme ?* — *Veux-tu voir le programme ?*

b) Dans la bande dessinée, **repère** la phrase *Tu veux voir le programme ?* **Remplace**-la par la phrase *Veux-tu voir le programme ?* Dans ce contexte, le personnage aurait-il pu utiliser cette dernière phrase ? Pourquoi ?

3. a) **Repère** ces trois phrases dans la bande dessinée :

> *J'aimerais voir le programme.*
>
> *Peux-tu me montrer le programme ?*
>
> *Donne-moi le programme !*

Parmi les énoncés ci-dessous, lequel correspond à l'intention du personnage lorsqu'il prononce les phrases ci-dessus ?

> - Donner une information, exprimer un fait ou un jugement...
> - Inciter l'autre à agir, donner un ordre ou un conseil...
> - Demander une information...

b) Dans le texte de la bande dessinée, **relève** une phrase contenant un verbe conjugué, qu'on peut associer à chacune des deux autres intentions.

LA VALEUR DES PHRASES

Lorsque nous prononçons ou écrivons une phrase, ce peut être avec l' ✎
d'exprimer un fait ou un jugement, d'inciter l'autre à agir, d'obtenir ou de donner
une information. Les phrases ne répondent pas toutes à la même intention et, par
conséquent, ne possèdent pas toutes la même ✎ . Lorsque nous produisons ou
interprétons une phrase, nous tenons compte du contexte. À l'oral, l' ✎ peut nous
aider à réaliser nos intentions ou à comprendre les intentions d'autrui. À l'écrit, on
dispose de ✎ pour indiquer certaines intonations de l'oral.

J'observe...

La phrase non verbale

4. a) Dans la bande dessinée, RELÈVE une phrase sans verbe conjugué qui est dite avec la
        même intention que les trois phrases citées au numéro 3 a).

    b) Dans la bande dessinée, RELÈVE une autre phrase sans verbe conjugué.

    c) Parmi les énoncés du numéro 3 a), lequel correspond à l'intention du personnage
        lorsqu'il prononce la phrase relevée en b)?

J'ai découvert...

LA PHRASE NON VERBALE

Une phrase sans verbe conjugué est appelée phrase non verbale. Comme les phrases
verbales, les phrases non verbales ne répondent pas toutes à la même ✎ et, par
conséquent, ne possèdent pas toutes la même ✎ .

J'observe...

Les types de phrases

Voici des phrases que tu devras observer et manipuler dans les prochaines activités.

> ① *Les frères Lumière ont inventé le cinématographe en 1895.* ② *La critique n'a pas bien accueilli ce film.* ③ *Je n'ai jamais vu un film aussi ennuyeux !* ④ *Coupez !* ⑤ *Que la vie est belle au cinéma !* ⑥ *Comme ce film est violent !* ⑦ *Est-ce que le film est sous-titré ?* ⑧ *Est-il cinéphile ?* ⑨ *Le film est-il sous-titré ?* ⑩ *Qui est-ce qui a inventé le cinématographe ?* ⑪ *Quand les frères Lumière ont-ils inventé le cinématographe ?* ⑫ *Qu'est-ce que les frères Lumière ont inventé ?* ⑬ *Ne va pas voir ce film.* ⑭ *Qui n'aime pas aller au cinéma un jour de pluie ?*

5. a) En t'aidant du tableau ci-dessous, TROUVE à quoi servent les phrases ③ et ④ de l'encadré.

> - Donner une information, exprimer un fait ou un jugement…
> - Inciter quelqu'un à agir, donner un ordre ou un conseil…
> - Demander une information, poser une question…

b) Les phrases ③ et ④ sont toutes deux ponctuées d'un point d'exclamation. Est-ce que seule la ponctuation t'a permis de trouver à quoi servent ces phrases ?

c) IDENTIFIE les groupes constituants de ces deux phrases, puis compare la construction de ces phrases à celle de la PHRASE DE BASE (GNs + GV + GF). Que remarques-tu à propos de la construction de la phrase ④ ?

d) Quel est le mode du verbe dans la phrase ④ ?

6. La phrase ④ est une PHRASE IMPÉRATIVE.

a) Parmi les phrases de l'encadré du haut de la page et celles de la bande dessinée, et dans diverses communications orales et écrites, RELÈVE au moins cinq phrases impératives.

b) À quoi servent les phrases que tu as relevées ?

c) Quel signe de ponctuation trouves-tu généralement à la fin de ces phrases à l'écrit ?

J'ai découvert...

> ### LES TYPES DE PHRASES :
> ### LE TYPE IMPÉRATIF
>
> Généralement, on utilise la phrase impérative pour ✎ . Si on la compare à la
> PHRASE DE BASE, la phrase impérative est caractérisée par :
> - l'absence du ✎ ;
> - la présence d'un verbe au mode ✎ .
>
> Les phrases impératives sont le plus souvent ponctuées d'un ✎ , et parfois d'un ✎ .

J'observe...

Les types de phrases

7. a) À quoi sert la phrase ⑦ de l'encadré de la page 37 ?

Pour répondre à cette question, CHOISIS l'un des énoncés du tableau en 5 a), page 37.

b) Par quel signe de ponctuation se termine-t-elle ?

c) Mis à part la ponctuation, quel élément permet de savoir qu'il s'agit d'une question ?

d) IDENTIFIE les groupes constituants de la phrase ⑦, puis COMPARE sa construction à celle de la PHRASE DE BASE (GNs + GV + GF). Que remarques-tu ?

8. a) IDENTIFIE les groupes constituants de la phrase ⑧, puis COMPARE sa construction à celle de la PHRASE DE BASE (GNs + GV + GF). Que remarques-tu ?

b) COMPARE la phrase ⑨ à la phrase ⑦ : elle pose la même question, mais de façon différente. Qu'a-t-elle en moins ? Qu'a-t-elle en plus ?

c) Dans la phrase ⑨, quel groupe de mots le pronom *il* reprend-il ?

9. a) RÉPONDS aux questions ⑦, ⑧ et ⑨ en formulant une phrase introduite par *oui* ou *non*.

b) Pourrait-on répondre simplement par *oui* ou *non* aux questions ⑦, ⑧ et ⑨ ?

c) Pourrait-on répondre par *oui* ou *non* aux questions ⑩, ⑪ et ⑫ ?

d) Dans la phrase ① de l'encadré, RELÈVE le groupe qui correspond :
- à la réponse à la question ⑩ ;
- à la réponse à la question ⑪ ;
- à la réponse à la question ⑫.

10. a) RÉCRIS la phrase ⑫ de façon que le sujet et le verbe soient inversés.

b) ENCADRE le mot qui introduit la phrase que tu as récrite en a).

c) Qu'as-tu supprimé dans la phrase ⑫ pour que l'inversion du sujet et du verbe soit possible ?

d) SUPPRIME l'élément correspondant dans la phrase ⑩. ÉCRIS la phrase ainsi obtenue, puis ENCADRE le mot qui l'introduit.

e) COMPARE la phrase ⑪ à cette phrase :

Quand est-ce que les frères Lumière ont inventé le cinématographe ?

Qu'est-ce qui a été ajouté ici ? Qu'est-ce qui a été supprimé ?

Les phrases que tu as manipulées dans les activités 6 à 9 sont des PHRASES INTERROGATIVES.

L'activité qui suit porte sur les questions contenues dans l'encadré ci-dessous. Certaines de ces constructions ne sont pas grammaticales, bien qu'on les entende souvent à l'oral. Parmi les constructions grammaticales, certaines se disent mais ne s'écrivent pas, d'autres se disent et s'écrivent.

---

① *Veux-tu aller au cinéma ?*   ② *Est-ce que tu veux aller au cinéma ?*   ③ *Tu veux aller au cinéma ?*   ④ *Tu veux tu aller au cinéma ?*   ⑤ *Quand veux-tu aller au cinéma ?*
⑥ *Quand est-ce que tu veux aller au cinéma ?*   ⑦ *Quand tu veux aller au cinéma ?*
⑧ *Tu veux aller au cinéma quand ?*   ⑨ *Quand c'est que tu veux aller au cinéma ?*
⑩ *Quand que tu veux aller au cinéma ?*

---

11. a) Parmi les phrases de l'encadré ci-dessus, RELÈVE celles que tu emploierais spontanément à l'oral, par exemple avec ton frère ou ta soeur.

DONNE simplement le numéro des phrases.

b) Dans le cadre d'un échange, tu accueilleras bientôt chez toi un garçon de ton âge qui apprend le français. Tu lui écris pour organiser son séjour. Parmi les quatre premières phrases de l'encadré, laquelle devrais-tu préférablement utiliser dans ta lettre ? Et parmi les six dernières ?

Tu as constaté que, parmi toutes les constructions possibles pour poser une question, toutes ne sont pas acceptables à l'écrit. Tu ne décriras dans l'encadré ci-dessous que des constructions de TYPE INTERROGATIF qui sont acceptables à l'écrit.

LES TYPES DE PHRASES :

LE TYPE INTERROGATIF

Le plus souvent, on utilise la phrase interrogative pour ✎ . À l'oral, on reconnaît ce type de phrase à son intonation. À l'écrit, elle est toujours ponctuée d'un ✎ .

Lorsque la réponse à une phrase interrogative peut être *oui* ou *non*, la phrase est simplement marquée :

- par l'emploi de ✎ ;

ou • par l'inversion du ✎ et du ✎ . Lorsque l'inversion du groupe du nom sujet (GNs) et du verbe n'est pas possible, le ✎ est repris après le verbe par un pronom.

Lorsque la réponse à une phrase interrogative ne peut être ni *oui* ni *non*, la phrase se construit comme on l'a décrit plus haut, mais elle est marquée en plus par l'emploi d'un mot interrogatif comme ✎ , ✎ …, qu'on place ✎ de la phrase.

J'observe...

Les types de phrases

12. a) À quoi servent les phrases ①, ② et ③ de l'encadré de la page 37 ?

Pour répondre à cette question, **CHOISIS** l'un des énoncés du tableau en 5 a), page 37.

b) Quelles autres phrases, dans l'encadré, peuvent être associées à la même intention ?

c) Parmi les phrases ①, ②, ③ et celles relevées en b), lesquelles doivent être prononcées avec une intonation exclamative ? Pourquoi ?

d) **IDENTIFIE** les groupes constituants des phrases ⑤ et ⑥, puis **COMPARE** leur construction à celle de la PHRASE DE BASE (GNs + GV + GF). Que remarques-tu ?

e) **IDENTIFIE** les groupes constituants de la phrase ③. Qu'est-ce qui distingue la construction des phrases ⑤ et ⑥ de celle de la phrase ③ ?

J'ai découvert...

Les phrases ①, ② et ③ sont des PHRASES DÉCLARATIVES, tandis que les phrases ⑤ et ⑥ sont des PHRASES EXCLAMATIVES.

> ### LES TYPES DE PHRASES :
> ### LE TYPE DÉCLARATIF ET LE TYPE EXCLAMATIF
>
> Le plus souvent, on utilise la phrase déclarative pour ✎ . La construction de la phrase déclarative peut correspondre à celle de la ✎ . À l'écrit, la phrase déclarative est généralement ponctuée d'un ✎ , et parfois d'un ✎ .
>
> La phrase exclamative est une façon d'exprimer avec force un fait, un jugement. Elle est introduite par un mot exclamatif comme ✎ , ✎ . À l'écrit, elle est toujours ponctuée d'un ✎ .

J'observe...

> ### Une forme de phrase

13. a) Les phrases ②, ③, ⑬ et ⑭ de l'encadré de la page 37 sont-elles du même type ?

    b) Ces phrases ont des marques en commun. Quelles sont-elles ?

    c) Ces marques comprennent-elles un mot ou deux mots ?

14. Lorsqu'on ajoute à la phrase des marques comme *ne... pas*, on la fait passer de la forme positive à la forme négative. La phrase positive (ou affirmative) devient alors NÉGATIVE.

    a) Dans diverses communications écrites et parmi les phrases de la bande dessinée, RELÈVE au moins quatre phrases dans lesquelles on trouve des marques de négation comme *ne... pas*.

    b) Comment formulerais-tu ces phrases à l'oral, de façon spontanée ? En reformulant les phrases à l'oral, as-tu omis l'un des éléments des marques de la négation ? Si oui, lequel ?

J'ai découvert...

> ### UNE FORME DE PHRASE :
> ### LA FORME NÉGATIVE
>
> On peut transformer une phrase positive en phrase négative en lui ajoutant des marques comme ✎ ou ✎ . Dans la langue orale, il arrive souvent qu'on omette le ✎ .

1 LA VALEUR DES PHRASES

Lorsque nous prononçons ou écrivons une phrase, c'est avec l'une ou l'autre des **intentions** suivantes :

- donner une information, exprimer un fait ou un jugement…
- inciter autrui à agir, donner un ordre, un conseil…
- demander une information, poser une question…

Ces trois phrases, par exemple :

> *Hector, cesse de regarder la télévision !*
>
> *Hector, tu devrais cesser de regarder la télévision.*
>
> *Hector, veux-tu cesser de regarder la télévision ?*

malgré leurs différences, répondent à la même intention : elles visent toutes trois à inciter Hector à cesser de regarder la télévision. Ces phrases ont donc la même **valeur**.

Pour reconnaître la valeur d'une phrase, on tient compte du contexte, de l'intonation à l'oral ou de la ponctuation à l'écrit, du choix des mots et de la construction de la phrase.

2 LA PHRASE NON VERBALE

aura une valeur mais non un type

Quelle que soit sa valeur, la phrase peut contenir ou non un verbe conjugué. Une <u>phrase sans verbe conjugué</u> est appelée **phrase non verbale**.

La phrase non verbale peut être formée :

- d'un groupe du nom ;

> EXEMPLES : ***Silence !*** — ***Retour*** *de la pluie lundi.* — ***Arrêt*** *interdit.*

- d'un groupe du verbe à l'infinitif ;

> EXEMPLES : *À **vendre**.* — *Ne pas **fumer**.* — *À **suivre**.*

- d'un groupe de l'adjectif ;

> EXEMPLES : ***Satisfaite*** *de votre travail ?* — ***Enchanté*** *de faire votre connaissance.*

- d'un groupe de l'adverbe ;

> EXEMPLE : ***Lentement !***

- d'une interjection;

> EXEMPLES : *Aïe !* — *Zut !*

- d'une onomatopée.

> EXEMPLES : *Glouglou.* — *Tic-tac-toc.*

3 LES TYPES DE PHRASES VERBALES

Les trois phrases ci-dessous, bien qu'elles aient la même valeur : inciter Hector à agir, lui donner un ordre, un conseil, sont cependant de types différents :

> *Hector, cesse de regarder la télévision !*
> *Hector, tu devrais cesser de regarder la télévision.*
> *Hector, veux-tu cesser de regarder la télévision ?*

On reconnaît un **type de phrase** à certaines caractéristiques : l'ordre des mots, la présence ou non d'un mot interrogatif ou exclamatif, la forme du verbe. Et c'est par comparaison avec la PHRASE DE BASE que l'on définit un type de phrase.

Une phrase verbale appartient nécessairement à l'un des quatre types de phrases suivants : le type déclaratif, le type impératif, le type interrogatif, le type exclamatif.

3.1 LE TYPE DÉCLARATIF

La phrase déclarative est celle que nous employons le plus souvent. Nous l'utilisons généralement pour **donner une information, constater un fait, exprimer un jugement**.

Sa construction peut correspondre à celle de la PHRASE DE BASE. La phrase déclarative a deux groupes obligatoires (GNs + GV) et elle peut avoir un ou plusieurs groupes facultatifs (GF).

GNs	+	GV	+	GF
EXEMPLE : *Tu*		*regardes la télévision*		*tous les soirs.*

P À l'écrit, la phrase déclarative se termine par un point (parfois un point d'exclamation ou des points de suspension).

3.2 LE TYPE **IMPÉRATIF**

La phrase impérative est employée le plus souvent avec l'intention d'**inciter quelqu'un à agir**.

Si on la compare à la PHRASE DE BASE, la phrase impérative est caractérisée par :
- l'absence du groupe du nom sujet (GNs), qui ne pourrait être que *tu, nous, vous* ;
- un verbe à l'impératif.

GNs	+	GV	+	GF
EXEMPLE : ∅		*Regarde la télévision*		*ce soir.*

P À l'écrit, la phrase impérative se termine par un point, sauf si elle exprime quelque chose avec force. Elle est alors ponctuée d'un point d'exclamation.

On peut nommer la ou les personnes auxquelles on s'adresse en ajoutant un mot ou un groupe de mots à la phrase. Ce mot ou groupe de mots est une apostrophe.

> EXEMPLES : ***Hector**, regardons la télévision.*
> *Regarde la télévision, **Hector**.*

P À l'écrit, l'apostrophe est marquée par la virgule. À l'oral, elle est marquée par une pause.

3.3 LE TYPE **INTERROGATIF** *pour l'interrogation directe*

La phrase interrogative correspond le plus souvent à **une demande d'information**.

La phrase interrogative se construit différemment selon la réponse attendue. Si la réponse peut être *oui* ou *non*, on dit que l'interrogation est **totale**. La question porte alors sur l'ensemble de la phrase, et non sur une partie de la phrase.

> EXEMPLES : *— Est-ce que Hector regarde la télévision tous les soirs ? — Oui / non.*
> *— Hector regarde-t-il la télévision tous les soirs ? — Oui / non.*

Si la réponse ne peut être ni *oui* ni *non*, on dit que l'interrogation est **partielle**. La question porte alors sur une partie de la phrase, et non sur l'ensemble de la phrase.

> SOIT LA PHRASE : *Hector regarde la télévision tous les soirs.*
> EXEMPLES : *— Qui est-ce qui regarde la télévision tous les soirs ? — **Hector**.*
> *— Que fait Hector tous les soirs ? — **Il regarde la télévision**.*
> *— Quand Hector regarde-t-il la télévision ? — **Tous les soirs**.*

P À l'écrit, la phrase interrogative se termine toujours par un point d'interrogation.

Si on la compare à la PHRASE DE BASE, l'**interrogation totale** est caractérisée :
- soit par l'emploi de *est-ce que* en tête de phrase ;

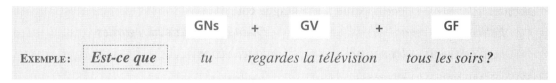

EXEMPLE : **Est-ce que** tu regardes la télévision tous les soirs ?

- soit par l'inversion du groupe du nom sujet (GNs) et du verbe.

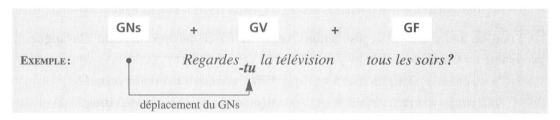

EXEMPLE : Regardes *-tu* la télévision tous les soirs ?

déplacement du GNs

➤ Lorsque le pronom sujet et le verbe sont inversés, ils sont unis par un trait d'union.

Si le groupe du nom sujet (GNs) n'est pas constitué d'un pronom de conjugaison *(je, tu, il/elle, nous, vous, ils/elles)* ou des pronoms *on* ou *ce*, le groupe du nom sujet (GNs) reste avant le verbe et est repris après ce verbe par un **pronom**.

EXEMPLE : **Hector** *regarde-t-il la télévision tous les soirs ?*

➤ À la **3ᵉ personne du singulier** *(il/elle/on)*, si le **verbe se termine par une autre lettre que *t* ou *d***, on place un *t* **entre traits d'union** entre le verbe et le pronom.

Comparée à la PHRASE DE BASE, l'**interrogation partielle** est caractérisée :
- soit par la présence d'un mot interrogatif au début de la phrase *(où, quand, comment, pourquoi, qui, quel, que…)* associé à *est-ce que* (ou *est-ce qui*) ;

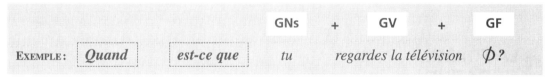

EXEMPLE : **Quand** **est-ce que** tu regardes la télévision ∅ ?

- soit par la présence d'un mot interrogatif au début de la phrase *(où, quand, comment, pourquoi, qui, quel, que…)* associé à l'inversion du groupe du nom sujet (GNs) et du verbe.

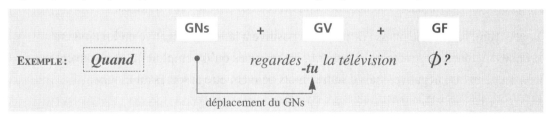

EXEMPLE : **Quand** regardes *-tu* la télévision ∅ ?

déplacement du GNs

➤ Quand l'interrogation porte sur le groupe du nom sujet (GNs), il ne peut y avoir inversion : ***Qui*** *regarde la télévision ?* ***Qui*** *est-ce qui regarde la télévision ?*

> ## Attention !
>
> La tournure avec *est-ce que* appartient à la **langue courante**.
>
> > **Est-ce que** tu regardes   Quand **est-ce que** tu regardes
> > la télévision tous les soirs ?   la télévision ?
>
> La tournure avec inversion du groupe du nom sujet (GNs) et du verbe appartient à la **langue soutenue**.
>
> > Regardes-**tu** la télévision tous les soirs ?   Quand regardes-**tu** la télévision ?
>
> À l'oral, on trouve aussi des constructions comme celles-ci, qui appartiennent à la **langue courante ou familière**.
>
> > Tu regardes la télévision tous les soirs ?   * Tu regardes la télévision quand ?
> > * Tu regardes tu la télévision   * Quand tu regardes la télévision ?
> > tous les soirs ?   * Quand c'est que tu regardes la télévision ?

3.4 LE TYPE **EXCLAMATIF**

La phrase exclamative est une façon d'**exprimer avec force un fait, un jugement**.

La phrase exclamative, comparée à la PHRASE DE BASE, est caractérisée par l'emploi d'un <u>mot exclamatif</u> au début de la phrase : *comme, que, quel, combien, que de…*

	GNs	+	GV	+	GF
EXEMPLE : **Comme**	il		*aime regarder la télévision*		$\emptyset$!

P À l'écrit, la phrase exclamative se termine toujours par un <u>point d'exclamation</u>.

4 LA FORME NÉGATIVE

La majorité des phrases qu'on emploie en parlant et en écrivant sont des phrases positives. Dans certaines grammaires, on appelle ces phrases des phrases affirmatives.

On peut faire passer une phrase de la forme positive à la forme négative en lui ajoutant certaines marques. Les mots *ne… pas* sont les marques qu'on emploie le plus souvent pour former une phrase négative, mais d'autres mots peuvent être associés au mot *ne*.

Presque toutes les phrases de types déclaratif, impératif et interrogatif peuvent passer de la forme positive à la forme négative. Mais on rencontre rarement une phrase de type exclamatif à la forme négative.

EXEMPLES:	PHRASES POSITIVES	PHRASES NÉGATIVES
	Tu regardes la télévision.	*Tu ne regardes jamais la télévision.*
	Regarde la télévision.	*Ne regarde plus la télévision.*
	Regardes-tu la télévision ?	*Ne regardes-tu pas la télévision ?*

Attention !

Les marques de la négation sont généralement formées de deux mots employés ensemble.

À l'oral, dans la **langue courante ou familière**, on omet souvent le *ne* :

    * *Hector regarde jamais la télévision.*
    * *Regarde pas la télévision.*

Exerce-*toi*

Reconnaître la valeur des phrases, la phrase non verbale et les types de phrases

1. a) À quoi servent les phrases ci-dessous ? Choisis l'énoncé qui convient parmi les suivants :

- donner une information, exprimer un fait ou un jugement ;
- inciter quelqu'un à agir, donner un ordre ou un conseil ;
- demander une information, poser une question.

> ① *Ne pas toucher.* ② *Je vous recommande de ne toucher à rien.* ③ *Tais-toi.* ④ *Silence !* ⑤ *Je te prie de te taire.* ⑥ *Ne pourrais-tu pas te taire ?* ⑦ *Est-ce que tu vas te taire ?* ⑧ *Prenez quatre comprimés par jour.* ⑨ *Tu dois absolument prendre ces comprimés !* ⑩ *Vous prendrez un comprimé aux six heures.*

b) **CLASSE** les phrases verbales dans un tableau semblable à celui-ci.

Type exclamatif	Type déclaratif	Type impératif	Type interrogatif
…	…	…	…

c) Un des types de phrases n'est pas représenté parmi les phrases que tu as classées dans ton tableau. **INVENTE** une phrase de ce type et **ÉCRIS**-la dans la colonne correspondante.

d) **RÉCRIS** les phrases non verbales ① et ④ en phrases verbales, puis **CLASSE** tes phrases dans ton tableau.

2. Les grands titres de journaux ci-dessous sont des phrases non verbales.

> ① *Baisse du taux de natalité depuis 95.* ② *Rassemblement de milliers de jeunes pour la défense du réseau collégial.* ③ *Disparition d'un tableau au Musée des beaux-arts.*

a) **RÉCRIS** ces phrases de façon que la construction de chacune corresponde à la PHRASE DE BASE, puis **IDENTIFIE** les groupes constituants de chacune de tes phrases.

EXEMPLE :

Évasion d'un dangereux prisonnier la nuit dernière.

→ *Un dangereux prisonnier s'est évadé (la nuit dernière).*

b) À quel type de phrase correspondent les phrases verbales que tu as construites en a) ?

3. a) **TRANSCRIS** les phrases ci-après dans un tableau semblable à celui-ci.

PHRASES	*est-ce que*	inversion ou **reprise** du GNs par un pronom	mot interrogatif
① *Parlent-ils anglais ?*			
…			

> ① *Parlent-ils anglais ?* ② *Quand partons-nous ?* ③ *Lara et Jean se connaissent-ils ?* ④ *Quand est-ce que tes parents reviennent ?* ⑤ *Depuis quand les plantes ont-elles été arrosées ?* ⑥ *Qui est-ce qui a téléphoné ?* ⑦ *Ne trouvez-vous pas qu'il fait chaud ?* ⑧ *Comment va-t-il ?* ⑨ *Pourquoi est-ce qu'ils nous ignorent ?* ⑩ *Est-ce que je peux vous aider ?*

b) **Repère** les marques de l'interrogation, puis **coche** la ou les cases qui conviennent dans le tableau.

c) **Souligne** les phrases auxquelles on pourrait répondre par *oui* ou *non*.

d) **Récris** les deux dernières phrases en employant l'inversion du groupe du nom sujet (GNs) et du verbe.

4. a) Dans les phrases ci-dessous, l'interrogation est marquée par l'inversion du groupe du nom sujet (GNs). **Décris** les circonstances dans lesquelles on doit intercaler un *t* entre le verbe et le pronom.

> ① *Est-il arrivé en retard ?* ② *A-t-elle bien dormi ?* ③ *Parle-t-il français ?* ④ *Correspond-il à la description ?* ⑤ *Finira-t-elle à temps ?*

b) **Récris** ces phrases en utilisant *est-ce que.*

5. **Transforme** ces phrases déclaratives en phrases interrogatives en employant l'inversion du groupe du nom sujet (GNs).

> **Tiens compte** des observations que tu as faites en 4 a).

> ① *Elle a fabriqué ce cerf-volant.* ② *Ils ont engagé des poursuites judiciaires.* ③ *Il reste du lait.* ④ *Il répond au téléphone.* ⑤ *Elle poursuivra ses études.*

6. Voici des phrases interrogatives que tu peux entendre à l'oral.

> ① *Quand que tu reviens ?* ② *Il reste tu du beurre ?* ③ *Vous êtes combien ?* ④ *Qui c'est qui a téléphoné ?* ⑤ *Il a trouvé un emploi ?*

Corrige ces phrases de façon qu'elles soient acceptables à l'écrit. **Suis** les étapes ci-après.

- *La phrase contient-elle un mot interrogatif ?*

  Si c'est le cas, **assure-toi :**
  – qu'il est placé au début de la phrase ;
  – qu'il n'est pas suivi d'un autre mot interrogatif ou de *c'est que* (ou *c'est qui*).

- *La phrase contient-elle l'expression* est-ce que *?*

  Si ce n'est pas le cas, **assure-toi** que le groupe du nom sujet (GNs) et le verbe sont inversés.

- *Le verbe est-il suivi de* tu *?*

  Si c'est le cas, **assure-toi** que c'est un pronom sujet et non un *tu* interrogatif venant de l'oral. *(*On va tu au cinéma ?)*

7. **Prépare** un sondage sur les habitudes alimentaires des jeunes de ton âge. **Construis** cinq questions auxquelles on peut répondre par *oui* ou *non*. **Varie** les constructions en prenant soin d'employer des tournures appartenant à la langue soutenue.

8. Voici le début d'une histoire.

> **Le défunt par erreur**
>
> *Un matin, le célèbre peintre Lucio Predonzani, quarante-six ans, qui s'était retiré depuis longtemps dans sa maison de campagne à Vimercate, resta pétrifié en ouvrant son journal quotidien, car il venait d'apercevoir en troisième page, à droite en bas, sur quatre colonnes, le titre suivant :*
>
> L'ART ITALIEN EN DEUIL
> **Le peintre Predonzani est mort**
>
> Dino Buzzati, « Le défunt par erreur » dans *Le K*, © Robert Laffont, 1967.

a) **Prépare** un questionnaire pour des élèves qui ont lu ce texte. **Construis** cinq questions auxquelles on ne peut répondre ni par *oui* ni par *non*, en employant toujours un nouveau mot interrogatif.

b) **RÉPONDS** à tes questions par une phrase déclarative qui reprend les mots du texte.

9. a) **RÉCRIS** les phrases ci-dessous en supprimant dans chacune tous les mots qui ne sont pas essentiels (la phrase doit demeurer grammaticale).

> ① *Les enfants, suivez-moi !* ② *Mon amour, reviens !* ③ *Garçon, apportez-moi l'addition.* ④ *Fido, assis.* ⑤ *Toi, tais-toi !*

b) De quel type sont ces phrases ?

c) Sur le plan du sens, à quoi servent les mots ou groupes de mots supprimables dans ces phrases ?

d) Que remarques-tu à propos de la ponctuation accompagnant ces mots ou groupes de mots ?

e) À la fin de chaque phrase que tu as récrite en a), **AJOUTE** le mot ou le groupe de mots que tu as supprimé.

Attention à la ponctuation !

10. C'est la première fois que vos parents vous laissent seuls, ton jeune frère et toi, pour une fin de semaine. Ils sont inquiets.

a) **IMAGINE** les conseils qu'ils te donneront, puis **FORMULE** cinq phrases impératives.

b) **IMAGINE** ensuite ce qu'ils vous diront à tous les deux : **FORMULE** deux phrases impératives.

c) Parmi les phrases formulées en a) et b), **CHOISIS**-en trois auxquelles tu ajouteras un mot ou un groupe de mots indiquant à qui tes parents s'adressent.

Attention à la ponctuation liée à l'ajout de ces mots ou groupes de mots !

11. a) Parmi ces phrases, **RELÈVE** celles qui sont de type impératif, puis **TRANSFORME**-les en phrases déclaratives.

> ① *Parle plus fort !* ② *Ne perds pas ton temps avec elle !* ③ *N'allez pas voir ce film !* ④ *Soyons raisonnables !* ⑤ *Qu'il est maigre !* ⑥ *Comme vous êtes pâles !* ⑦ *Que de temps on a perdu !* ⑧ *Combien de fois je l'ai réprimandé !* ⑨ *Quelle vie bizarre il mène !* ⑩ *Quel air bête elle avait !*

b) À quoi servent les autres phrases ? À quel type appartiennent-elles ?

> Pour répondre à la première question, **CHOISIS** l'un des énoncés énumérés en 1 a), à la page 48.

c) **TRANSFORME** les phrases ⑤ à ⑩ en phrases déclaratives.

> Pour faire cette transformation, tu dois :
> • supprimer le mot exclamatif ;
> • ou déplacer un groupe de mots et remplacer le mot exclamatif par un déterminant *(un, une, des, plusieurs…)*.

EXEMPLE :

Quelle superbe robe portait Lara !

une
→ *Lara portait ~~quelle~~ superbe robe.*

12. Dans le couloir d'une école où le vouvoiement est obligatoire, un surveillant interpelle un élève…

> – *S'il vous plaît, pourriez-vous venir ici ?*
> – *Quoi ? Que c'est que j'ai fait ?*
> – *Je vous prie de me présenter votre carte d'identité. Je vous demanderais aussi de me montrer votre agenda.*
> – *Voilà ! Mais qu'est-ce que vous me reprochez ?*
> – *Tout est en règle. Pourriez-vous quitter les lieux, s'il vous plaît ?*
> – *Et pourquoi que je quitterais les lieux, monsieur ?*
> – *C'est qu'il n'y a pas classe aujourd'hui, jeune homme !*
> – *On est tu lundi ou dimanche ?*
> – *Dimanche !*

a) **RÉCRIS** les quatre phrases qu'utilise le surveillant pour inciter l'élève à agir:

- **TRANSPOSE**-les en phrases impératives à la 2e personne du singulier;
- **SUPPRIME**, s'il y a lieu, les marques de politesse qu'elles contiennent.

b) Lorsque l'élève interroge le surveillant, il emploie des tournures de la langue familière ou courante. **REPÈRE** les quatre questions qu'il pose, puis **RÉCRIS**-les en utilisant des tournures propres à la langue soutenue.

SUIS les étapes énumérées au numéro 6, à la page 49.

c) **RELÈVE** les trois phrases non verbales contenues dans le texte.

d) **INDIQUE** à quoi servent les phrases relevées en c): pour chacune, **CHOISIS**, parmi les énoncés du numéro 1 a), celui qui convient.

Employer les marques de la négation

13. a) **RÉCRIS** les phrases ci-dessous en remplaçant les marques de négation qu'elles contiennent par *ne… pas*.

> ① *Je n'ai plus faim.* ② *Elle ne rit jamais.*
> ③ *Il ne voit rien.*

b) **EXPLIQUE** la différence de sens que tu observes entre chacune des phrases ci-dessus et celles contenant les marques *ne… pas*.

14. Fais passer les phrases suivantes de la forme positive à la forme négative en remplaçant les mots en gras par *personne* ou *aucun*, puis **TRACE** une flèche au-dessus des marques de négation.

EXEMPLE:

*Han a appelé **tout le monde**.*

→ *Han n'a appelé personne.*

> ① *Flavia a **des** remords.* ② *Il y a **du** monde dans la rue.* ③ *Tu as fait **du** bruit.* ④ *Nous attendons **quelqu'un**.* ⑤ *Elle a **plusieurs** problèmes.*

15. **APPLIQUE** les consignes du numéro 14 aux phrases suivantes, mais, cette fois, **REMPLACE** les mots en gras par *personne* ou *rien*.

> ① *Le facteur a **quelque chose** pour toi.* ② *J'ai **tout** compris.* ③ *Il y avait **quelqu'un** chez toi.* ④ *Je dois **beaucoup** à cette personne.* ⑤ *Il ressent **quelque chose** pour elle.*

16. Voici une série d'interdictions relevées sur un terrain de camping. À partir de chacune de ces phrases non verbales, **FORMULE** une phrase verbale de forme négative, puis **TRACE** une flèche au-dessus des marques de négation.

> ① *Chiens non admis.* ② *Eau non potable.* ③ *Pas de bruit après 19 h.* ④ *Défense de stationner.* ⑤ *Toilette hors d'usage.*

On ou *on n'* ?

Si on prononce ces deux phrases : ***On** a su la vérité. — **On n'**a jamais su la vérité*, on constate qu'il n'y a aucune différence entre la prononciation de *on a* et celle de *on n'a*. Pour cette raison, il arrive très souvent qu'on oublie le *ne (n')* dans une phrase négative lorsque :

- le verbe commence par une voyelle ;
- le groupe du nom sujet (GNs) de ce verbe est *on*.

Dans tes phrases, lorsque tu écris le pronom *on* suivi d'un verbe commençant par une voyelle, utilise cette **stratégie de révision** pour vérifier si l'emploi de *ne* est nécessaire ou fautif.

1. SOULIGNE le verbe commençant par une voyelle.

2. ENCERCLE le groupe du nom sujet (GNs) *on*.

3. VÉRIFIE si la phrase exprime une négation : le verbe est-il suivi d'un mot exprimant la négation tel que *pas, plus, jamais, aucun, personne, rien*… ?

   Si c'est le cas, TRACE une flèche au-dessus de ce mot, puis AJOUTE le mot *ne (n')* avant le verbe s'il y a lieu.

   EXEMPLE : On a eu aucune réponse.

Exercice

RÉCRIS ces phrases en remplaçant les points de suspension par *on* ou *on n'*, puis APPLIQUE la stratégie de révision.

① … espère qu' … a pas perdu. ② … a jamais eu peur de lui. ③ … accepte aucun chèque personnel. ④ … a été bête de refuser cette offre. ⑤ … a rien compris à ses explications. ⑥ … ose même plus ouvrir la bouche ! ⑦ … avançait à tâtons dans la nuit, car … avait pas de lampe. ⑧ … adhère pas à cette idée. ⑨ … accorde plus d'entrevues. ⑩ … a plus le temps de s'amuser. ⑪ … était peu nombreux à la fête. ⑫ … a encore parlé à personne aujourd'hui. ⑬ … a presque rien mangé. ⑭ … en sait rien ou … en sait peu de choses. ⑮ … a reçu aucune nouvelle de Kim.

Quel, quels, quelle ou *quelles* ?

Les différentes formes du mot interrogatif ou exclamatif *quel* se prononcent toutes de la même façon.

Ces mots indiquent que l'on s'interroge ou que l'on s'exclame à propos de la réalité désignée par un nom dans la phrase. Dans chacune des phrases ci-dessous, on trouve un point au-dessus de ce nom.

> ***Quelles** couleurs préfères-tu ? — **Quelle** est ta couleur préférée ?*
>
> ***Quel** beau paysage ! — **Quels** beaux paysages !*

Quel, quels, quelle et ***quelles*** sont toujours en relation avec un nom dont ils doivent prendre le genre et le nombre.**

Lorsque tu emploies l'une ou l'autre des formes du mot *quel* dans une phrase, utilise la **stratégie de révision** suivante pour en vérifier l'orthographe.

1. **ENCERCLE** le mot *quel(s) / quelle(s)*, puis **METS** un point au-dessus du nom avec lequel il est en relation.

2. Au-dessus du nom, **INSCRIS** son genre (M ou F) et son nombre (S ou P).

3. **VÉRIFIE** l'orthographe du mot interrogatif ou exclamatif et, s'il y a lieu, **CORRIGE**-la.

   EXEMPLE : *De ~~quel~~ (le FS) couleur devrais-je peindre ce mur ?*

Exercice

RÉCRIS ces phrases en remplaçant les points de suspension par l'une des formes du mot interrogatif ou exclamatif *quel*. **APPLIQUE** ensuite la stratégie de révision ci-dessus.

① … beau soleil, mais … chaleur! ② … soulagement! ③ … heure est-il?
④ En … année sommes-nous? ⑤ … ont été ses réactions? ⑥ … est ton nom et … âge as-tu? ⑦ … est ton numéro de téléphone? ⑧ … régal vous nous offrez! ⑨ À … amie penses-tu? ⑩ De … amis parle Annie ? ⑪ … sont vos prévisions? ⑫ … histoire! ⑬ Dans … groupes aimeriez-vous être? ⑭ … variété de fruits on trouve ici! ⑮ … a été la première de vos chansons?

Applique tes connaissances
lorsque tu lis

Dans le cadre d'une activité de communication orale, ton professeur t'a demandé de présenter un court dialogue devant la classe. Tu as mis la main sur une courte pièce qui pourrait convenir. Tu dois d'abord la lire attentivement pour découvrir l'**intention** qui se cache derrière chaque phrase. Ton interprétation du texte dépend de ces intentions.

Les activités qui accompagnent le texte ci-dessous vont te permettre de vérifier si, en lisant le texte, tu serais en mesure de bien l'interpréter.

Au restaurant
par Denise Chauvel

La scène se passe dans un restaurant.

LE CLIENT:
— Garçon, s'il vous plaît, l'addition.

LE GARÇON *entre*:
— Voyons, monsieur, vous avez bien eu une salade, un boudin-purée, un fromage, une tarte aux pommes, un café? Je vous
5 fais l'addition.

Le garçon sort.

LE CLIENT:
— Jamais il n'arrivera à faire cette addition! Peut-on additionner des tomates et du boudin?… *(Il se frappe le front du plat de la main.)* C'est
10 mathématiquement impossible.

Le garçon revient.

LE CLIENT:
— Ah! *(Il prend un air soulagé.)* Vous n'avez pas pu faire mon addition?

LE GARÇON:
— Non, car je crois avoir oublié de vous compter la salade verte, alors…

LE CLIENT, *furieux*:

15 — Comment, c'est seulement pour cela que vous n'avez pas pu faire l'addition? Vous voulez additionner ce qui n'est pas additionnable. Ne savez-vous pas (*air contrit et stupéfait du garçon*) qu'il
20 est mathématiquement impossible d'additionner des choses différentes? «Un boudin + deux boudins», c'est possible. Comment voulez-vous additionner un café et un boudin, et
25 pourquoi pas un petit pois et une citrouille? Vous êtes absurde, ridicule, illogique, insensé, stupide, idiot. Et vous voudriez me faire payer une addition extravagante, déraisonnable,
30 irréalisable! C'est cela, nous sommes en pleine irréalité. Prenez votre machine à calculer, essayez de taper un boudin, une salade, un fromage et alors… et alors… et alors, rien. N'appelez pas le
35 patron, inutile, je ne peux payer une addition où il n'y a rien. (*Il se lève.*) Au revoir, monsieur. (*Il sort.*)

LE GARÇON a *l'air catastrophé,
il se frappe la tête*:

— Une salade, un boudin, une tarte aux pommes, c'est vrai que c'est absurde…
40 mais qui va payer?

Il sort.

*Des spectacles pour les enfants:
Du mime à la pièce de théâtre*,
Denise Chauvel (dir.), © RETZ, 1991.

1. À l'oral, lorsqu'on manifeste de l'étonnement, du soulagement, de la perplexité, etc., une **intonation expressive** contribue à le révéler.

   a) Dans le texte, TROUVE deux phrases qui devraient être dites de façon particulièrement expressive.

   b) PRÉCISE quels indices, dans le texte, t'ont permis de relever ces phrases.

c) Dans le texte, RELÈVE la phrase non verbale que le client utilise pour marquer son soulagement.

2. Certaines répliques du client expriment un **ordre**. Tu devrais donc en tenir compte au cours de ton interprétation de la pièce afin d'employer une intonation appropriée.

   a) TRANSCRIS les phrases qui servent à inciter le garçon à agir, à lui donner un ordre.

   b) Parmi les phrases que tu as relevées en a) :
      - REPÈRE celles qui correspondent à la phrase de type impératif, puis SOULIGNE-les d'un trait.
      - REPÈRE celle qui ne correspond pas à ce type de phrase, puis SOULIGNE-la de deux traits.

   c) Parmi les phrases que tu as relevées en a), laquelle est non verbale ?

3. À l'oral, l'intonation, la présence d'un mot interrogatif, la construction de la phrase indiquent qu'une **question** est posée.

   a) TRANSCRIS toutes les phrases qui devraient être prononcées sur le ton de la question au moment de l'interprétation.

   b) Dans chaque phrase relevée en a), ENCADRE les marques de l'interrogation, c'est-à-dire tout ce qui révèle qu'une question est posée.

   c) Le garçon ne répond qu'à une seule des questions posées par le client. Quelle est cette question ?

   d) SOULIGNE les questions auxquelles on ne pourrait pas répondre simplement *oui* ou *non*.

4. Le court sketch que tu as lu met en scène deux personnes qui s'opposent. Elles ont souvent recours à la **négation** pour communiquer. Ces nombreuses négations devraient donner un ton de fermeté, de détermination. Tu devras en tenir compte dans ton interprétation.

   a) TRANSCRIS toutes les phrases qui contiennent des marques de négation comme *ne... pas*.

   b) Dans le texte, RELÈVE deux phrases non verbales qui expriment à elles seules la négation.

5. PROUVE maintenant que tu as compris le texte en le lisant à haute voix avec l'intonation appropriée.

Applique tes connaissances
lorsque tu écris

Les activités d'écriture qui suivent portent principalement sur la **phrase négative** et le type de phrase qui pose le plus de difficulté : la **phrase interrogative**.

Stratégies de révision de texte

Je révise et je corrige les phrases II

1. **DÉTERMINE** le TYPE de la phrase.

2. S'il s'agit d'une phrase DÉCLARATIVE ou EXCLAMATIVE, **APPLIQUE** la stratégie *Je révise et je corrige les phrases I* (page 30).

2. S'il s'agit d'une phrase IMPÉRATIVE, **APPLIQUE** la stratégie *Je révise et je corrige les phrases I* (page 30) en tenant compte du fait que le groupe du nom sujet (GNs) a été effacé.

2. S'il s'agit d'une phrase INTERROGATIVE :

- *La phrase contient-elle un mot interrogatif ?* **Si c'est le cas**, **ENCADRE** ce mot, puis **ASSURE**-toi :
  - qu'il est placé au début de la phrase ;
  - qu'il n'est pas suivi d'un autre mot interrogatif ou de *c'est que* (ou *c'est qui*).

- *La phrase contient-elle l'expression* est-ce que *?* **Si c'est le cas**, **ENCADRE** cette expression. **Si ce n'est pas le cas**, **ASSURE**-toi que le groupe du nom sujet (GNs) et le verbe sont inversés.

- *Y a-t-il un pronom sujet placé après le verbe ?* **Si c'est le cas :**
  - si ce pronom est *tu*, **ASSURE**-toi que ce n'est pas un *tu* interrogatif venant de l'oral *(*On va tu au cinéma ?)* ;
  - **VÉRIFIE** si le pronom et le verbe sont unis par un trait d'union ;
  - **VÉRIFIE** si on doit intercaler un *t* entre le verbe et le pronom.

- **VÉRIFIE** si la phrase est ponctuée d'un point d'interrogation.

3. **DÉTERMINE** si la phrase est de forme positive ou négative. Si la phrase est négative, **APPLIQUE** la stratégie *Je révise et je corrige les phrases négatives* (page 58).

Je révise et je corrige les phrases négatives

1. Dans la phrase négative, TRACE une flèche au-dessus des mots exprimant la négation tels que :

   pas, plus, jamais, personne, rien, aucun.

2. Les mots exprimant la négation (tels que *pas, plus, jamais, personne, rien, aucun*) doivent généralement être accompagnés d'un autre mot exprimant la négation comme le mot *ne. Le* ne *est-il présent ?*

   Si c'est le cas, TRACE une flèche au-dessus.

   Si ce n'est pas le cas, AJOUTE-le.

Activité de révision de texte

1. Voici un extrait d'un texte d'une élève de première secondaire. Pour rendre le dialogue plus vivant, l'élève a formulé les paroles des personnages telles qu'ils les auraient prononcées à l'oral. Pour cette raison, certaines phrases du dialogue appartiennent à un **niveau de langue familier ou courant**.

   Chaque phrase a été révisée à l'aide des stratégies *Je révise et je corrige les phrases* et *Je révise et je corrige les phrases négatives*. Bien sûr, une fois le texte révisé, les personnages n'emploient plus le même niveau de langue. **LIS** le texte et **OBSERVE** les annotations qui l'accompagnent.

   (Ce midi-là), (rien) n'allait (dans le petit local de l'équipe de production du journal de l'école). (Chacun) en avait contre la rédactrice en chef, (pour une raison ou une autre)...

   — (Je) cherche la rédactrice. Elle est [où]? Où est-elle ?

   — (Je) ne sais pas.

   — (Elle) n'est jamais à l'heure, celle-là! [Qui] c'est qui a changé mon texte ?

   — (Ce) doit être Laurence. (elle) m'a déjà fait le coup.

   — Quel toupet! Non, mais [pour qui] qu'elle se prend, elle? se prend-elle

   — Mes photos! [Pourquoi] qu'elle veut pas publier mes photos? ne veut-elle

2. Voici un autre extrait de la même rédaction. **Transcris**-le à double interligne en n'y apportant aucune correction.

   a) **Applique** les stratégies *Je révise et je corrige les phrases* et *Je révise et je corrige les phrases négatives*.

   b) **Compare** les erreurs que tu as repérées et les corrections que tu as apportées au texte à celles d'un ou d'une de tes camarades. **Fais** les modifications que tu juges nécessaires sur ta copie.

Je choisis ce moment de mécontentement général pour leur faire part de mon «scoop»:

— Connaissez vous la nouvelle?

— Non!

— Dites-le pas à personne: Laurence va démissionner!

— Quelle nouvelle. Pourquoi qu'elle veut nous quitter.

— Qui c'est qui t'a appris cela?

— Elle me l'a laissé entendre. Elle a plus de temps à consacrer au journal.

— Qu'est-ce qu'on va faire sans notre rédactrice?

— Comment qu'on va terminer le journal de ce mois-ci?

— Laurence est bien un peu pointilleuse, mais elle est travailleuse. On y arrivera jamais sans elle!

— C'est vrai! On a besoin d'elle. Elle a pas le droit de nous abandonner!

Activité d'écriture

Voici maintenant une activité qui te permettra de mettre en pratique les connaissances acquises au cours de cet atelier. Il s'agit d'écrire un dialogue en respectant des consignes précises. Tu devras ensuite réviser et corriger le texte obtenu à l'aide des stratégies *Je révise et je corrige les phrases* et *Je révise et je corrige les phrases négatives*.

La situation

C'est lundi matin. Tu te diriges vers la cuisine pour préparer ton petit déjeuner. Surprise ! Un personnage à l'allure bizarre est assis à ta place. Il s'agit d'un extraterrestre. S'engage alors un dialogue entre toi et lui.

Contraintes d'écriture

❏ **Pose** d'abord quatre questions pour savoir qui est cette créature, d'où elle vient, etc. **Assure**-toi :

- que tu varies ta manière de poser les questions (emploi de *est-ce que*, inversion du groupe du nom sujet (GNs), reprise du groupe du nom sujet (GNs) par un pronom, emploi d'un mot interrogatif);
- que l'extraterrestre pourra répondre par une phrase négative au moins deux fois.
  Après chaque question, écris les réponses de l'extraterrestre.

❏ **Rédige** ensuite deux phrases exclamatives dans lesquelles l'extraterrestre manifeste son étonnement devant un des appareils ménagers de la cuisine.

❏ **Rédiges**-en une autre dans laquelle il te demande comment il peut faire fonctionner cet appareil.

❏ **Formule** au moins trois phrases impératives lui indiquant les gestes à poser pour faire fonctionner l'appareil.

Pour rendre ton texte intéressant, tu peux y mettre un peu d'humour et essayer de surprendre tes lecteurs et tes lectrices.

Étape de révision et de correction

❏ **Révise** et **corrige** ton texte à l'aide des stratégies *Je révise et je corrige les phrases* et *Je révise et je corrige les phrases négatives*.

❏ **Échange** ton texte avec un ou une camarade.

❏ **Lis** le texte que tu as en main, **évalue** les corrections apportées par son auteur, puis, au besoin, **suggère** d'autres modifications au texte.

❏ **Récupère** ton texte, puis **prends connaissance** des corrections que l'élève te suggère. S'il y a lieu, **modifie** ton texte.

❏ **Transcris** ton texte au propre.

Variations sur les signes de ponctuation

Les signes de ponctuation sont un peu comme nous. Le saviez-vous ? Réfléchissez ! Comme les humains, certains signes de ponctuation vivent en couple et supportent difficilement la solitude. C'est le cas des guillemets, des parenthèses et, parfois, des virgules. D'autres, tels les points d'interrogation et d'exclamation, certaines virgules et le point, préfèrent le célibat.

HECTOR FAIT SES EXERCICES MATINAUX.

VOUS NE TROUVEZ PAS QUE, COMME ÇA, JE RESSEMBLE À UNE VIRGULE ?

L'accord du verbe avec le sujet

- La règle d'accord du verbe
- La place du groupe du nom sujet
- La personne grammaticale du groupe du nom sujet

ATELIER 4

Variations sur les signes de ponctuation

① Les signes de ponctuation sont un peu comme nous.
② Le saviez-vous ? Réfléchissez ! ③ Comme les humains, certains signes de ponctuation vivent en couple et supportent difficilement la solitude. C'est le cas des guillemets, des parenthèses et, parfois, des virgules. D'autres, tels les points d'interrogation et d'exclamation, certaines virgules et le point, préfèrent le célibat. ④ Le deux-points, les points de suspension et le point-virgule ne s'ennuient jamais, car chacun de ces signes forme un petit clan.

⑤ En outre, aucun signe de ponctuation, pas plus que les humains, ne supporte les mauvais traitements. ⑥ Plusieurs scripteurs, par exemple, se jouent de la virgule. Ils la multiplient dans leurs phrases, l'oublient par endroits ou l'utilisent au détriment d'autres signes de ponctuation. Comme résultat, ils obtiennent des phrases ambiguës, voire incompréhensibles. ⑦ Heureusement, la majorité s'efforce de ne pas trop les martyriser.

⑧ Faites preuve de vigilance, car nul n'aime être maltraité dans le merveilleux monde de la ponctuation !

Observe *et découvre*

Je me rappelle...

↝ | *Les procédures pour repérer le verbe et son sujet et la règle d'accord du verbe*

1. a) **TRANSCRIS** la phrase ① du texte, puis **SOULIGNE** le verbe conjugué qu'elle contient.

   b) **FAIS** la preuve que le mot que tu as repéré est bien un verbe conjugué.

   c) **ENCERCLE** le groupe du nom sujet (GNs) de la phrase.

   d) **EXPLIQUE** comment tu as procédé pour repérer le groupe du nom sujet (GNs) de la phrase ①.

2. a) **REMPLACE** le groupe du nom sujet (GNs) de la phrase par le pronom *tu*.

   b) En quoi le verbe a-t-il varié : en nombre ? en genre ? en personne ?

   c) Qu'est-ce qui a fait varier le verbe dans la phrase ?

   d) **FORMULE** dans tes mots la règle d'accord du verbe.

J'observe...

↝ | *La place du groupe du nom sujet*

3. **TRANSCRIS** les phrases ② à ⑧ de l'encadré (les phrases numérotées seulement), puis **IDENTIFIE** les groupes constituants de chaque phrase en suivant ces étapes :
   - **SOULIGNE** le ou les verbes conjugués ;
   - **ENCERCLE** le ou les groupes du nom sujets (GNs) de chaque verbe ;
   - s'il y a lieu, **METS** entre parenthèses le ou les groupes compléments de phrase (Gcompl. P) ;
   - **SURLIGNE** le ou les groupes du verbe (GV).

4. Dans la phrase ①, le groupe du nom sujet (GNs) est placé immédiatement avant le verbe.

   a) Parmi les autres phrases numérotées, **REPÈRE** celles qui contiennent au moins un groupe du nom sujet (GNs) placé immédiatement avant le verbe et **DONNE** le numéro de ces phrases.

   b) As-tu relevé les phrases ⑤ et ⑥ ? Pourquoi ?

   c) As-tu relevé la phrase ② ? Pourquoi ?

   d) À quel type de phrase appartient la phrase ② ?

5. a) Dans la phrase ⑧, le groupe du nom sujet (GNs) du verbe *faites* est sous-entendu. Pourquoi ?

b) Quel est ce groupe du nom sujet (GNs)?

c) Dans le premier paragraphe, RELÈVE une autre phrase dont le sujet est ainsi sous-entendu.

─────────

6. a) En utilisant les groupes constituants de la phrase ③, FORME deux phrases de façon que leur construction corresponde à celle de la PHRASE DE BASE : $\boxed{\text{GNs}}$ + $\boxed{\text{GV}}$ + $\boxed{\text{GF}}$.

b) Selon toi, dans la phrase ③, pour quelle raison n'y a-t-il pas de groupe du nom sujet (GNs) devant le deuxième groupe du verbe (GV)?

J'ai découvert...

LA PLACE DU GROUPE DU NOM SUJET

Généralement, le groupe du nom sujet (GNs) est placé ✎ le verbe. Il peut cependant être ✎ du verbe par un mot ou un groupe de mots.

Il arrive aussi que le groupe du nom sujet (GNs) soit placé ✎ le verbe (par exemple, dans certaines phrases de type ✎).

Dans les phrases de type impératif, le groupe du nom sujet (GNs) est ✎ .

─────────

Dans une phrase, lorsque plusieurs verbes ont un groupe du nom sujet (GNs) en commun, le groupe du nom sujet (GNs) peut être exprimé avec le premier verbe seulement, cela afin d'éviter ✎ .

J'observe...

Le nombre et la personne du groupe du nom sujet

7. a) Dans les phrases ①, ②, ③, ⑤, ⑥, ⑦ et ⑧ que tu as transcrites au numéro 3, BARRE tous les mots qui ne sont pas essentiels sur le plan grammatical dans les groupes du nom sujets (GNs) que tu as encerclés. ASSURE-toi que la phrase reste grammaticale.

> Exemple : Certains élèves ~~de première secondaire~~ maîtrisent l'emploi de la virgule.

b) Les mots non supprimables dans les groupes du nom sujets (GNs) sont soit un <u>nom</u>, qui peut être précédé d'un déterminant, soit un <u>pronom</u>. Ce nom ou ce pronom constitue le **noyau** du groupe.

En observant la terminaison des verbes, INDIQUE le nombre (singulier ou pluriel) que chacun des noyaux que tu as repérés impose au(x) verbe(s): au-dessus du noyau, INSCRIS S pour singulier ou P pour pluriel.

c) La phrase ④ contient plusieurs groupes du nom sujets (GNs) rattachés par un marqueur de relation ou un signe de ponctuation. REPÈRE ces groupes du nom sujets (GNs), OBSERVE la terminaison du verbe puis, au-dessus de l'ensemble de ces groupes, INDIQUE le nombre (S ou P) que cet ensemble impose au verbe.

d) REPÈRE l'autre groupe du nom sujet (GNs) contenu dans la phrase ④ et TROUVE le noyau de ce groupe puis, en observant la terminaison du verbe, INDIQUE, au-dessus du noyau, le nombre (S ou P) que celui-ci impose au verbe.

8. a) CONSTRUIS un tableau à quatre colonnes, puis CLASSES-y les groupes du nom sujets (GNs) que tu as analysés en 7a) et en 7d) selon que leur noyau et, s'il y a lieu, le déterminant qui le précède désignent:
   - une absence d'éléments;
   - un seul élément;
   - un ensemble regroupant plusieurs éléments;
   - plus d'un élément.

   b) En observant la terminaison des verbes, TROUVE quel est le nombre (singulier ou pluriel) imposé aux verbes par les mots non supprimables. RENDS COMPTE de tes observations en inscrivant, en tête de chaque colonne de ton tableau, S pour singulier ou P pour pluriel.

9. a) Par quel pronom de conjugaison *(je/j', tu, il/elle/on, nous, vous, ils/elles)* peux-tu remplacer, dans la phrase ④, l'ensemble de groupes du nom sujets (GNs) *Le deux-points, les points de suspension et le point-virgule*?

   Au-dessus de cet ensemble, INDIQUE la personne qu'il impose au verbe: INSCRIS 1 pour la première personne *(je* ou *nous)*, 2 pour la deuxième *(tu* ou *vous)* ou 3 pour la troisième *(il/elle/on* ou *ils/elles)*.

   b) Lorsque cela est possible, REMPLACE les noyaux (et s'il y a lieu le déterminant qui les précède) que tu as repérés au numéro 7, en a) et d), par l'un des pronoms de conjugaison.

   Au-dessus de chacun de ces noyaux, INDIQUE la personne (1, 2 ou 3) qu'il impose au verbe.

   c) À quelle personne correspondent les noyaux que tu n'as pas pu remplacer par un pronom de conjugaison?

10. Les verbes contenus dans les phrases ci-dessous sont mal orthographiés.

> *Chacun des signes jouent un rôle particulier.*
>
> *Plusieurs signes de ponctuation s'utilise par groupes de deux.*
>
> *La majorité s'efforcent de bien traiter les signes de ponctuation.*
>
> *Les signes maltraités se vengerons.*
>
> *Les signes de ponctuation et moi ont envie d'être traités avec respect.*

a) Avec quels mots a-t-on accordé les verbes *jouent* et *utilise* ?

b) Quelle manipulation pourrais-tu suggérer à la personne qui a fait ces fautes d'accord afin qu'elle les corrige ?

c) À quels pronoms de conjugaison correspondent les verbes *s'efforcent*, *se vengerons* et *ont* ?

d) Quelle manipulation pourrais-tu suggérer à la personne qui a fait ces fautes d'accord afin qu'elle les corrige ?

J'ai découvert...

LE NOMBRE ET LA PERSONNE DU GROUPE DU NOM SUJET

Pour trouver la personne grammaticale du groupe du nom sujet (GNs), on procède à certaines manipulations :

- D'abord, on trouve le ✎ du groupe du nom sujet (GNs) en supprimant les mots qui ne sont pas essentiels sur le plan grammatical, on observe ce que désigne le noyau et, s'il y a lieu, le déterminant qui le précède, puis on détermine le ✎ du groupe du nom sujet (GNs).

- Ensuite, si cela est possible, on remplace le noyau (et s'il y a lieu le déterminant qui le précède) par l'un des ✎ , puis on détermine la ✎ du groupe du nom sujet (GNs).

1 LA **RÈGLE D'ACCORD** DU VERBE

C'est le noyau du groupe du nom sujet (GNs) (c'est-à-dire le nom ou le pronom non supprimable dans le groupe) qui commande l'accord du verbe en nombre et en personne.

> **EXEMPLES :** *Hector est de joyeuse humeur.* — *Nous sommes de joyeuse humeur.*

Le verbe s'accorde donc en nombre et en personne avec le noyau du groupe du nom sujet (GNs).

Pour **accorder le verbe avec son sujet** lorsque tu écris, tu dois être capable :

1. de RECONNAÎTRE un verbe qu'il faut accorder en nombre et en personne ;
   ➤ Utilise la PROCÉDURE POUR REPÉRER UN VERBE CONJUGUÉ, page 21.

2. de REPÉRER le ou les groupes du nom sujets (GNs) de ce verbe ;
   ➤ Utilise les PROCÉDURES POUR REPÉRER UN GROUPE DU NOM SUJET, page 21.

3. de DÉTERMINER la personne grammaticale du groupe du nom sujet (GNs) ou de l'ensemble des groupes du nom sujets (GNs) ;
   ➤ Utilise la PROCÉDURE POUR DÉTERMINER LA PERSONNE GRAMMATICALE DU GROUPE DU NOM SUJET, page 70.

4. d'APPLIQUER la règle d'accord du verbe.

2 LA **PLACE DU GROUPE** DU NOM SUJET

Généralement, le groupe du nom sujet (GNs) est placé avant le verbe. Il peut cependant être séparé du verbe par un mot ou un groupe de mots.

> **EXEMPLES :** *Depuis quelque temps, Hector s'interroge quant à son avenir.*
>
> *Hector depuis quelque temps, s'interroge quant à son avenir.*

Il arrive aussi que le groupe du nom sujet (GNs) et le verbe soient inversés.

> **EXEMPLES :** *Dans la tête d'Hector se bousculent de nombreuses questions.*
>
> *«Que me réserve l'avenir?», se demande-t-il, entre autres.*

Dans les phrases de type impératif, le groupe du nom sujet (GNs) n'est pas exprimé.

> **EXEMPLE :** *Cesse de te tourmenter, Hector !*

Lorsque plusieurs regroupements GROUPE DU NOM SUJET (GNs) + GROUPE DU VERBE (GV) rattachés par un marqueur de relation ou un signe de ponctuation ont en commun un groupe du nom sujet (GNs), il arrive que le groupe du nom sujet (GNs) soit exprimé avec le premier groupe du verbe (GV) seulement.

> **EXEMPLE :** **A** (*Hector*) *songe à son avenir.*
>
> **B** (*Hector*) *médite sur son passé.*
>
> **C** (*Hector*) *songe à son avenir et médite sur son passé.*

3 LA PERSONNE GRAMMATICALE DU GROUPE DU NOM SUJET

Un groupe du nom sujet (GNs) correspond nécessairement à la première personne, à la deuxième personne ou à la troisième personne, soit du singulier, soit du pluriel. **Ces personnes du singulier ou du pluriel sont ce qu'on appelle les personnes grammaticales.** À chacune des personnes grammaticales correspond un <u>pronom de conjugaison</u>, parfois plus d'un.

PERSONNE GRAMMATICALE			PRONOM
PERSONNE	NOMBRE		DE
	singulier	pluriel	CONJUGAISON
1re	S		*je*
2^e	S		*tu*
3^e	S		*il / elle / on*
1re		P	*nous*
2^e		P	*vous*
3^e		P	*ils / elles*

Il est souvent facile de déterminer la personne grammaticale du groupe du nom sujet (GNs). Parfois, par contre, on doit recourir à certaines **manipulations** afin de déterminer le <u>nombre</u> et la <u>personne</u> du groupe du nom sujet (GNs) :

1. Dans un premier temps, on **trouve le noyau du groupe du nom sujet (GNs)** en repérant le nom ou le pronom non supprimable dans le groupe.

> **EXEMPLE :** (*Chacune* ~~de ses questions~~) *reste sans réponse.*

Il s'agit ensuite de déterminer le <u>nombre</u> du groupe du nom sujet (GNs) en observant ce que désignent le noyau et, s'il y a lieu, le déterminant qui le précède.

<table>
<tr><td colspan="4">DANS LE GROUPE DU NOM SUJET (GNs), LE NOYAU ET, S'IL Y A LIEU,
LE DÉTERMINANT QUI LE PRÉCÈDE DÉSIGNENT…</td></tr>
<tr><td>une absence
d'éléments</td><td>un seul élément</td><td>un ensemble
regroupant
plusieurs éléments</td><td>plus d'un élément</td></tr>
<tr><td>*Nul – rien – aucun
(…) – personne
– pas un (…)*, etc.</td><td>*je – tu – il – on
– chacun –
chaque (…) –
quelqu'un –
n'importe qui,*
etc.</td><td>*une foule – le public
– la majorité
– un troupeau
– une multitude
– (tout) le monde,*
etc.</td><td>*plusieurs (…) –
certains (…) –
quelques (…)
– quelques-uns,* etc.</td></tr>
<tr><td colspan="3">Le GNs est
SINGULIER.</td><td>Le GNs est
PLURIEL.</td></tr>
</table>

Lorsque **plusieurs groupes du nom sujets** (GNs) sont rattachés par un marqueur de relation ou un signe de ponctuation, le verbe se met au pluriel.

EXEMPLE : *Mon poisson et moi songeons à notre avenir.*

> **Attention !** Lorsque des groupes du nom sujets (GNs) sont rattachés par le marqueur de relation *ou* qui signifie *l'un ou l'autre*, le verbe se met au singulier.

EXEMPLE : *Mon chat ou mon poisson m'accompagnera en vacances.*

2. Ensuite, si cela est possible, on **remplace le noyau (et s'il y a lieu le déterminant qui le précède) du groupe du nom sujet (GNs) par l'un des pronoms de conjugaison**.
   Ce remplacement permet de déterminer la <u>personne</u> du groupe du nom sujet (GNs).

elle
EXEMPLE : *Chacune ~~de ses questions~~ reste sans réponse.*

Si **plusieurs groupes du nom sujets** (GNs) sont rattachés par un marqueur de relation ou un signe de ponctuation, on remplace l'ensemble de ces groupes par le pronom de conjugaison qui convient.

nous
EXEMPLE : *Mon poisson et moi songeons à notre avenir.*

Voici donc la procédure à suivre pour déterminer la personne grammaticale du groupe du nom sujet (GNs).

PROCÉDURE POUR DÉTERMINER LA **PERSONNE GRAMMATICALE** DU GROUPE DU NOM SUJET

❶ **REPÈRE** le noyau du groupe du nom sujet (GNs).

❷ **OBSERVE** ce que désignent le noyau et, s'il y a lieu, le déterminant qui le précède, puis **DÉTERMINE** le nombre du groupe du nom sujet (GNs).

➤ Le noyau et, s'il y a lieu, le déterminant qui le précède peuvent désigner une absence d'éléments, un seul élément, un ensemble regroupant plusieurs éléments ou encore plus d'un élément.

❸ **REMPLACE** (si cela est possible) le noyau et, s'il y a lieu, le déterminant qui le précède par le pronom de conjugaison qui convient, puis détermine la personne du groupe du nom sujet (GNs).

➤ Si plusieurs groupes du nom sujets (GNs) sont rattachés par un marqueur de relation ou un signe de ponctuation, **REMPLACE** l'ensemble de ces groupes par le pronom de conjugaison qui convient, puis **DÉTERMINE** le nombre et la personne que cet ensemble impose au verbe.

Exerce-*toi*

Repérer le verbe et son sujet

1. a) Dans le texte suivant, **RELÈVE** les verbes, conjugués ou non.

> ① En un mois, tes cheveux allongent d'environ 6 mm à 7 mm. ② Même quand tu cesseras de grandir, ils continueront à pousser. ③ En été, ils poussent plus vite qu'en hiver, et le jour plus que la nuit.

b) **EXPLIQUE** comment tu as procédé pour distinguer les verbes des mots appartenant à d'autres classes grammaticales.

c) Parmi les verbes relevés, **TRANSCRIS** ceux qui sont conjugués, puis **TRANSCRIS** devant chacun le groupe du nom sujet (GNs) qui commande son accord.

d) **EXPLIQUE** comment tu as procédé pour repérer les groupes du nom sujets (GNs).

2. a) **REPÈRE** les verbes conjugués et **TRANSCRIS**-les en une colonne.

> ① Ton cerveau règle ta respiration, ton sommeil, ta vue, ton ouïe. ② C'est grâce à lui que tu parles, marches, ris, pleures. ③ Bref, il s'occupe de tout.

b) Devant chacun des verbes, **ÉCRIS** le groupe du nom sujet (GNs) qui commande son accord.

c) Dans la phrase ②, qu'observes-tu à propos du groupe du nom sujet (GNs) qui commande l'accord des verbes *marcher*, *rire* et *pleurer* ?

3. a) **TRANSCRIS** les quatre phrases suivantes, puis :

- **SOULIGNE** le verbe conjugué que chacune contient;
- **ENCERCLE** le groupe du nom sujet (GNs) qui commande l'accord de chaque verbe.

> ① Autour du Soleil tournent neuf planètes. ② Mercure est la planète la plus proche du Soleil. ③ Ensuite, viennent Vénus, la Terre, Mars, Jupiter, Saturne, Uranus, Neptune et Pluton. ④ Notre système solaire, en plus des planètes, comporte aussi des astéroïdes.

b) Dans la phrase ②, le groupe du nom sujet (GNs) est-il placé avant ou après le verbe dont il commande l'accord ? En est-il de même dans les phrases ① et ③ ?

c) **IDENTIFIE** le groupe constituant de la phrase ④ qui sépare le groupe du nom sujet (GNs) et le verbe.

d) À quel type de phrases appartiennent les quatre phrases du texte ?

e) **RÉCRIS** les phrases ①, ③ et ④ de façon que leur construction corresponde à celle de la PHRASE DE BASE : GNs + GV + GF .

4. a) TRANSCRIS les phrases ci-dessous, puis, dans chacune:

- **SOULIGNE** le verbe conjugué;
- **ENCERCLE** le groupe du nom sujet (GNs).

① *D'où viennent les glaciers ?* ② *De quoi est fait un nuage ?* ③ *Pourquoi voit-on l'éclair avant d'entendre le tonnerre ?* ④ *Quelles drôles de questions pose ce petit garçon !* ⑤ *Quel beau château de sable ont fait les enfants !*

b) Dans ces phrases, les groupes du nom sujets (GNs) sont-ils placés avant ou après le verbe ?

c) À quel type de phrases appartiennent les phrases ①, ② et ③ ?

d) À quel type de phrases appartiennent les phrases ④ et ⑤ ?

e) Pour rendre compte de tes observations, **TRANSCRIS** et **COMPLÈTE** l'énoncé suivant: *Dans les phrases de types interrogatif et exclamatif, il arrive que le ✎ et le ✎ soient inversés.*

5. a) À quoi servent les ensembles de mots en gras dans les cinq phrases suivantes ?

① *«Mon nom est Clara»,* **répondit la jeune fille.** ② *«Le temps passe trop vite»,* **dit-il en soupirant.** ③ *«Ces enfants sont insupportables»,* **grommela Ralf.** ④ *«Nous sommes fatigués»,* **murmurèrent les enfants.** ⑤ *«Qu'on lui coupe la tête !»,* **criaient les gens.**

b) TRANSCRIS ces phrases, puis, dans chacune d'elles:

- **SOULIGNE** les verbes conjugués;
- **ENCERCLE** le groupe du nom sujet (GNs) commandant l'accord de chaque verbe.

c) Dans les ensembles de mots en gras, les groupes du nom sujets (GNs) sont-ils placés avant ou après le verbe dont ils commandent l'accord ?

d) RÉCRIS les phrases en plaçant en tête de phrase l'ensemble de mots en gras. **FAIS** les modifications nécessaires pour que les phrases demeurent grammaticales.

EXEMPLE:

«J'ai peur», s'exclama mon ami
→ *Mon ami s'exclama: «J'ai peur.»*

6. a) TRANSCRIS les six phrases ci-dessous, puis, dans chacune d'elles:

- **SOULIGNE** le verbe conjugué;
- **ENCERCLE** le groupe du nom sujet (GNs).

A

① *Nora adore ses neveux.*
② *Je rendis la monnaie au client.*
③ *Il laisse plusieurs chances aux débutants.*

B

④ *Nora les adore.*
⑤ *Je lui rendis la monnaie.*
⑥ *Il leur laisse plusieurs chances.*

b) Dans les phrases de l'ensemble B, un pronom sépare le verbe et son sujet: **ENCADRE** ce pronom dans chacune de ces phrases.

c) Dans les phrases de l'ensemble A, **REPÈRE** le groupe de mots que remplace chaque pronom et **ENCADRE** ce groupe.

d) COMPARE la terminaison des verbes des phrases des ensembles A et B. Les pronoms encadrés ont-ils une influence sur le verbe qui les suit ?

e) FORMULE une phrase résumant tes observations.

Déterminer la personne grammaticale du groupe du nom sujet

7. Ces groupes du nom (GN) pourraient exercer la fonction de sujet.

> ① *les membres du jury* ② *cette petite fille accompagnée de ses parents* ③ *une personne des services publics* ④ *toutes les routes menant au village* ⑤ *ce nouveau produit pour tuer les insectes nuisibles*

a) **TRANSCRIS** ces groupes du nom (GN), puis :

● **REPÈRE** le noyau de chacun de ces groupes du nom (GN) en barrant tous les mots qui ne sont pas essentiels;

● au-dessus du noyau de chaque groupe, **INSCRIS** le pronom de conjugaison par lequel il peut être remplacé.

b) Au-dessus de chaque groupe, **INSCRIS** la personne et le nombre qu'il imposerait au verbe s'il était sujet.

> **INSCRIS** 1 pour la première personne,
> 2 pour la deuxième personne ou
> 3 pour la troisième personne,
> puis S pour singulier ou P pour pluriel.

8. a) **TRANSCRIS** les ensembles de mots ci-dessous, puis, au-dessus de chaque ensemble, **INSCRIS** la personne (1, 2 ou 3) et le nombre (S ou P) qu'il imposerait au verbe s'il était sujet.

> ① *Éric et Martin* ② *Julia et toi* ③ *des chiots et des chatons* ④ *deux femmes et une petite fille* ⑤ *ton frère, ta soeur, ta mère et ton père*

b) **EXPLIQUE** comment tu as procédé pour déterminer la personne grammaticale des ensembles de mots ci-dessus.

9. **APPLIQUE** les consignes du numéro 8 aux *Défi!* ensembles de mots suivants.

> ① *toutes les fautes de vocabulaire et chaque erreur d'orthographe* ② *le doux parfum des lilas et des iris* ③ *ce charmant petit garçon gambadant sur la route et son chien noir et blanc* ④ *un membre de l'association des parents, un membre de la direction de l'école et toi* ⑤ *mon petit frère, ma soeur aînée et moi*

10. **TRANSCRIS** les groupes du nom (GN) ci-dessous en changeant de ligne pour chaque groupe.

> ① *notre groupe* ② *chaque électeur*
> ③ *le monde* ④ *quelques personnes*
> ⑤ *les autres* ⑥ *ma famille* ⑦ *le peuple*
> ⑧ *plusieurs citoyens* ⑨ *certaines personnes*
> ⑩ *le comité*

a) **SOULIGNE** d'un trait les groupes désignant un seul élément ou un ensemble regroupant plusieurs éléments.

b) **SOULIGNE** de deux traits les groupes désignant plus d'un élément.

c) **DÉTERMINE** le nombre que les groupes du nom (GN) imposeraient au verbe s'ils étaient sujets : au-dessus de chacun, **INSCRIS** S pour singulier ou P pour pluriel.

d) À la suite de chaque groupe du nom (GN), **TRANSCRIS** l'un ou l'autre de ces groupes du verbe (GV) :

> ...*votera contre M. Untel*
> ou ...*voteront contre M. Untel.*

11. APPLIQUE les consignes du numéro 10 aux groupes du nom (GN) suivants.

① *les membres de notre groupe*
② *chacun d'entre eux* ③ *tout le monde*
④ *quelques-uns* ⑤ *la majorité* ⑥ *plein de gens* ⑦ *beaucoup d'élèves de ma classe* ⑧ *plusieurs amis de Federico*
⑨ *certains* ⑩ *la vice-présidente de l'association* Amis des cyprins

Accorder le verbe avec son sujet

12. a) TRANSCRIS les groupes du nom (GN) de l'ensemble A, puis **ASSSOCIE** chacun de ces groupes à l'un des groupes du verbe (GV) de l'ensemble B, de façon à former cinq phrases grammaticales.

A

Les voisins de Vanessa
Tu
Jeanne et sa soeur
Mon frère et moi
Un ami de Lara et de Léo

B

ne parles à personne.
aiment observer les oiseaux.
n'irons pas à cette fête.
iront à la mer.
collectionne les timbres.

b) VÉRIFIE l'accord de chaque verbe en suivant les étapes ci-après:

1. **SOULIGNE** le verbe conjugué.
2. **ENCERCLE** le ou les groupes du nom sujets (GNs) de la phrase.
3. **DÉTERMINE** la personne grammaticale du groupe du nom sujet (GNs) ou de l'ensemble des groupes du nom sujets

(GNs) et **INSCRIS** au-dessus du groupe ou de l'ensemble 1S, 2S, 3S, 1P, 2P ou 3P.
4. **RELIE** le verbe et le ou les groupes du nom sujets (GNs) par une flèche.
5. **VÉRIFIE** l'accord du verbe avec le groupe du nom sujet (GNs) et, s'il y a lieu, **CORRIGE**-le.

13. a) RÉCRIS les cinq phrases suivantes en remplaçant le groupe du nom sujet (GNs) par l'ensemble de mots donné entre parenthèses.

① *Charlotte était en vacances.* (Charlotte et son frère) ② *Sabine et moi irons faire les courses.* (Sabine et sa soeur) ③ *Des étudiants manifestaient devant le Parlement.* (une foule) ④ *Les neuf planètes gravitent autour du Soleil.* (chaque planète) ⑤ *La classe votera contre ce règlement.* (les élèves de la classe)

b) SUIS les étapes énumérées au numéro 12 b) pour vérifier l'accord du verbe dans les phrases que tu as récrites.

14. a) RÉCRIS ces phrases en mettant les verbes entre parenthèses au présent.

① *Dans le ciel* (planer) *des cerfs-volants multicolores.* ② *Où* (travailler) *ces gens ?*
③ *Quelle drôle d'allure* (avoir) *ces garçons !* ④ *«Quand j'étais petit, je n'étais pas grand»,* (chanter) *en choeur les enfants.* ⑤ *Les lions, excités par ma présence,* (tourner) *dans leur cage.*

b) SUIS les étapes énumérées au numéro 12 b) pour vérifier l'accord du verbe dans les phrases que tu as récrites.

Défi! **15. a)** Parmi les verbes proposés, **CHOISIS** celui qui convient dans la phrase, puis **TRANSCRIS** la phrase.

> ① *Leur ballon, ils le* (donne - donnent) *à Nathalie.* ② *Les erreurs sont soulignées et il les* (corriges - corrige - corrigent). ③ *Ton frère te* (causes - cause) *parfois des ennuis.* ④ *Chers parents, soyez sans crainte, je ne vous* (oublierai - oublierez) *pas.* ⑤ *Cette chemise te* (vas - va) *bien.*

b) **SUIS** les étapes énumérées au numéro 12 b) pour vérifier l'accord du verbe dans les phrases que tu as récrites.

Défi! **16. APPLIQUE** les consignes du numéro 13 aux phrases suivantes.

> ① *Les élèves du groupe B ont remercié le directeur de l'école.* (chaque élève du groupe B) ② *Mes amis m'ont offert un présent.* (chacun) ③ *Nos invités sont là.* (tout le monde) ④ *J'apporterai des friandises.* (ton frère et toi) ⑤ *Les specta-teurs applaudissaient avec enthousiasme.* (le public)

17. APPLIQUE les consignes du numéro 14 aux phrases suivantes.

> ① *À l'angle de ces rues* (se trouve) *une petite boutique de jouets.* ② *Qui* (être) *cette fille et ce garçon à qui tu parlais ?* ③ *Quelles idées bizarres* (avoir) *parfois le petit frère de Lara et de Ralf !* ④ *«À l'impossible nul n'est tenu !», me* (dire) *sans cesse mon professeur de mathématiques.* ⑤ *Le gouvernement, depuis plus de deux semaines,* (fait) *l'objet de critiques acerbes.*

18. APPLIQUE les consignes du numéro 15 aux phrases suivantes. **Défi!**

> ① *Je lui* (ferai - fera) *une surprise.* ② *Ton employeur t'*(as demandé - a demandé) *d'être ponctuel.* ③ *Ses amis, Carlos ne les* (crois - croit - croient) *plus.* ④ *Mesdames, je vous* (rencontrerai - rencontrerez) *dans mon bureau.* ⑤ *Fabienne te* (remercies - remercie) *pour les fleurs.*

19. a) **AJOUTE** un groupe du verbe (GV) à la suite de chacun des groupes du nom (GN) énumérés au numéro 7, page 73.

b) **SUIS** les étapes énumérées au numéro 12 b) pour vérifier l'accord des verbes dans tes phrases.

20. APPLIQUE les consignes du numéro 19 aux ensembles de groupes du nom (GN) énumérés au numéro 8, page 73.

21. APPLIQUE les consignes du numéro 19 **Défi!** aux ensembles de groupes du nom (GN) énumérés au numéro 9, page 73.

Applique tes connaissances
lorsque tu écris

→ *Stratégie de révision de texte*

Maintenant, tu dois prouver que, lorsque tu écris, tu es capable :
- de reconnaître un verbe qui doit s'accorder en nombre et en personne ;
- de repérer le ou les groupes du nom sujets (GNs) du verbe ;
- de déterminer la personne grammaticale du noyau du groupe du nom sujet (GNs) ou la personne grammaticale de l'ensemble des groupes du nom sujets (GNs) ;
- d'accorder le verbe avec le groupe du nom sujet (GNs) ou l'ensemble des groupes du nom sujets (GNs).

Voici une stratégie de révision de texte qui t'aidera à appliquer les connaissances acquises dans cet atelier.

Je révise et je corrige les verbes

Dans la phrase :
1. **SOULIGNE** le ou les verbes conjugués.

2. **ENCERCLE** le ou les groupes du nom sujets (GNs) de chaque verbe.

3. **DÉTERMINE** la personne grammaticale du noyau du groupe du nom sujet (GNs) ou la personne grammaticale de l'ensemble des groupes du nom sujets (GNs) puis, au-dessus du noyau ou de l'ensemble, **INDIQUE** sa personne (1, 2 ou 3) et son nombre (S ou P).

4. **RELIE** le verbe et le ou les groupes du nom sujets (GNs) par une flèche.

5. **VÉRIFIE** l'accord du verbe avec le groupe du nom sujet (GNs) ou l'ensemble des groupes du nom sujets (GNs) et, s'il y a lieu, **CORRIGE**-le.

→ *Activité de révision de texte*

1. Le texte de l'encadré a été extrait de la rédaction d'une élève de quatrième secondaire. Son texte, qui s'intitule «Simone et Béatrice», contenait plusieurs erreurs d'orthographe liées à l'accord du verbe. Chaque phrase a été révisée à l'aide de la stratégie *Je révise et je corrige les verbes*. **LIS** le texte et **OBSERVE** les annotations qui l'accompagnent.

Ces erreurs ont été commises pour l'**une ou l'autre des raisons** suivantes:

A. la personne grammaticale du groupe du **nom sujet (GNs)** ou de l'ensemble des groupes du nom sujets (GNs) a été mal identifiée;

B. le verbe est séparé du groupe du nom sujet (GNs) par un pronom ou un groupe complément de phrase (Gcompl. P);

C. un verbe devant s'accorder avec le sujet n'a pas été repéré.

Pour chacun des six verbes mal orthographiés, **TENTE** de trouver la raison (parmi celles énumérées ci-dessus) pour laquelle chaque erreur a été commise.

Pour chaque erreur, **TRANSCRIS** le verbe corrigé et le groupe du nom sujet (GNs) avec lequel il s'accorde. **INSCRIS** ensuite la lettre correspondant à la raison (A, B ou C) qui explique l'erreur.

2. Voici un autre extrait de la même rédaction. **TRANSCRIS**-le à double interligne, en n'y apportant aucune correction.

a) **APPLIQUE** la stratégie *Je révise et je corrige les verbes* en respectant toutes les étapes.

b) Pour chacun des verbes mal orthographiés, **TENTE** de trouver la raison (parmi celles énumérées au numéro 1) pour laquelle l'erreur a été commise.

c) **COMPARE** avec un ou une camarade de classe :
- les erreurs que vous avez repérées ;
- les corrections que vous avez apportées au texte ;
- les raisons que vous avez trouvées pour expliquer les erreurs d'accord.

FAIS les modifications que tu juges pertinentes sur ta copie.

Activité d'écriture

C'est l'occasion maintenant de vérifier dans quelle mesure tu maîtrises l'accord du verbe avec le sujet. Tu dois écrire des phrases tout en respectant certaines contraintes d'écriture, puis réviser et corriger ces phrases à l'aide de la stratégie *Je révise et je corrige les verbes*.

La situation

Tu es cette créature perchée sur l'immeuble. Tes supérieurs t'ont demandé de leur faire un compte rendu de ton voyage sur la Terre. À l'aide de jumelles, tu observes les humains qui vaquent à leurs occupations.

Contraintes d'écriture

❑ **IMAGINE** ce que tu pourrais voir du haut de l'immeuble, puis **ÉCRIS** au moins dix phrases contenant au moins un verbe conjugué.

❑ **UTILISE** au moins une fois comme sujet :
- un groupe du nom (GN) désignant une absence d'éléments ;
- un groupe du nom (GN) débutant par *chaque…* ;
- un groupe du nom (GN) désignant un ensemble regroupant plusieurs éléments ;
- un groupe du nom (GN) désignant plus d'un élément ;
- un ensemble de groupes du nom (GN) rattachés par un marqueur de relation ou un signe de ponctuation.

Au besoin, **CONSULTE** le tableau de la page 69.

Étape de révision et de correction

❑ **RÉVISE** et **CORRIGE** tes phrases à l'aide de la stratégie *Je révise et je corrige les verbes*.

❑ **ÉCHANGE** ton texte avec un ou une camarade.

❑ **LIS** le texte que tu as en main, **ÉVALUE** les corrections apportées par son auteur, puis, au besoin, **SUGGÈRE** d'autres modifications au texte.

❑ **RÉCUPÈRE** ton texte, puis **PRENDS CONNAISSANCE** des corrections que ton ou ta camarade te suggère et **ÉVALUE**-les.

❑ **RECOPIE** ton texte au propre.

Grain-d'Aile

Grain-d'Aile pleurait, pleurait... Soudain, elle sentit sur ses joues une petite langue râpeuse et une petite patte soyeuse essuyer ses larmes. Levant les yeux, elle vit, tout contre elle, le plus étonnant écureuil qui soit. Son pelage brillait comme le feu, sa queue était ébouriffante et ses yeux vifs parlaient plus vite qu'aucune bouche bavarde : «Veux-tu vraiment voler, voler comme les oiseaux, comme la pie et comme la mésange, comme le rouge-gorge et comme le merle bleu? Veux-tu suivre les nuages, ton caprice, tes désirs? Veux-tu avoir des ailes?

> APPRENDRE SES CONJUGAISONS AVEC UN TEXTE SI POÉTIQUE, QUEL PRIVILÈGE!

> OUI, JE VEUX DES AILES, JE VEUX DES AILES, DONNEZ-MOI DES AILES!

LA CONJUGAISON

- La formation des verbes aux temps simples
- La formation des verbes aux temps composés

5

ATELIER

Grain-d'Aile

Grain-d'Aile pleurait, pleurait… Soudain, elle sentit sur ses joues une petite langue râpeuse et une petite patte soyeuse **essuyer** ses larmes. Levant les yeux, elle vit, tout contre elle, le plus étonnant écureuil qui soit. Son pelage brillait comme le feu, sa queue était ébouriffante et ses yeux vifs parlaient plus vite qu'aucune bouche bavarde : «Veux-tu vraiment **voler**, **voler** comme les oiseaux, comme la pie et comme la mésange, comme le rouge-gorge et comme le merle bleu? Veux-tu **suivre** les nuages, ton caprice, tes désirs? Veux-tu **avoir** des ailes? Mais tu n'auras plus de bras ; tu ne seras plus une vraie fille d'en-bas. Ne le regretteras-tu pas?

— Oh non! non! dit Grain-d'Aile. Oh! monsieur l'Écureuil, donnez-moi des ailes!

— Bien, dit l'écureuil ; mais si tu le regrettes, viens me **trouver** demain, au coucher du soleil ; il sera encore temps pour que tu redeviennes comme avant. »

Paul Éluard, *Grain-d'Aile*, © Succession Paul Éluard.

Observe et découvre

La forme du verbe

1. a) À quelle classe appartiennent les mots en gras dans le texte?

   b) ÉNUMÈRE les critères qui t'ont permis d'identifier la classe de ces mots. RÉFÈRE-toi à l'atelier 2, page 21.

   c) Pourquoi le mot *coucher* dans l'avant-dernière ligne du texte n'est-il pas en gras?

2. a) RELÈVE tous les verbes contenus dans le texte (il y en a 28).

   b) Les verbes en gras dans le texte sont des **verbes à l'infinitif**, tandis que les autres sont des **verbes conjugués**.

      FORMULE dans tes mots une définition:
      - d'un verbe à l'infinitif;
      - d'un verbe conjugué.

3. Parmi les verbes conjugués contenus dans le texte, un verbe n'est conjugué à aucune personne grammaticale: c'est un **verbe au participe présent**. RELÈVE ce verbe.

4. a) À l'indicatif présent, le verbe dans le tableau ci-dessous ne se termine pas toujours de la même façon *(-e, -es, -e, -ons, -ez, -ent)*. Pourtant, ce verbe est conjugué au <u>même temps</u> (le présent) et au <u>même mode</u> (l'indicatif).

      Pourquoi le verbe se termine-t-il de façon différente?

Indicatif présent	*je chant**e*** *tu chant**es*** *il / elle / on chant**e*** *nous chant**ons*** *vous chant**ez*** *ils / elles chant**ent***
Impératif présent	*chant**e*** *chant**ons*** *chant**ez***

   b) Le verbe conjugué à l'indicatif ne se terminerait pas de la même façon si on plaçait devant les mots *hier* ou *demain*. Le verbe serait pourtant conjugué aux <u>mêmes personnes grammaticales</u> et au même mode (l'indicatif).

      Pourquoi le verbe se terminerait-il de façon différente?

c) Le verbe conjugué dans le tableau ne se termine pas de la même façon à la deuxième personne du singulier dans chacune des cases (*tu chantes / chante*). Le verbe est pourtant conjugué à la <u>même personne grammaticale</u> et au <u>même temps</u> (le présent).

Pourquoi le verbe se termine-t-il de façon différente ?

5. a) Voici deux ensembles de phrases. **Relève** le verbe que chaque phrase contient.

A	B
① *Tu regrettes ton geste.*	① *Tu as regretté ton geste.*
② *Grain-d'Aile pleurait.*	② *Grain-d'Aile avait pleuré.*
③ *Tu redeviendras comme avant.*	③ *Tu seras redevenue comme avant.*

b) **Compare** la forme des verbes des phrases **A** à celle des verbes des phrases **B**. Que remarques-tu ?

c) Les verbes des phrases **A** ont une **forme simple**, tandis que ceux des phrases **B** ont une **forme composée**.

À partir de l'observation que tu as faite en b), **formule** dans tes mots une définition :
- d'un verbe qui a une <u>forme simple</u> ;
- d'un verbe qui a une <u>forme composée</u>.

J'observe...

La formation des verbes aux temps simples

6. Un verbe qui a une **forme simple** est conjugué à un **temps simple** (le présent, l'imparfait, le futur, l'impératif présent, le conditionnel présent, le subjonctif présent…).

Voici le verbe *voler* conjugué aux personnes du pluriel, à différents temps simples.

Lorsque aucun mode n'est précisé, c'est qu'il s'agit du mode indicatif.

Présent	Futur	Subjonctif présent
nous volons	*nous volerons*	*que nous volions*
vous volez	*vous volerez*	*que vous voliez*
ils/elles volent	*ils/elles voleront*	*qu'ils/elles volent*

a) **Transcris** la partie du verbe *voler* qui ne change pas lorsque le verbe est conjugué.

b) As-tu transcrit la <u>partie gauche</u> ou la <u>partie droite</u> du verbe ?

c) Quelles sont les lettres qui indiquent les personnes suivantes, quels que soient le mode et le temps auxquels est conjugué le verbe :
- la première personne du pluriel ;
- la deuxième personne du pluriel ;
- la troisième personne du pluriel.

d) Conjugue le verbe *trouver* comme on a conjugué le verbe *voler*.

> Au besoin, **VÉRIFIE** tes conjugaisons dans un dictionnaire ou dans un ouvrage de référence en conjugaison.

e) **SOULIGNE** la partie du verbe qui ne change pas lorsque le verbe est conjugué.

f) As-tu souligné la partie gauche ou la partie droite du verbe ?

g) **COMPARE** les verbes *voler* et *trouver*, puis **ENCERCLE** la partie que le verbe *trouver* a en commun avec le verbe *voler* lorsqu'ils sont conjugués à la même personne grammaticale, au même temps et au même mode.

h) As-tu encerclé seulement les lettres qui indiquent la personne grammaticale ou toute la partie droite du verbe ?

J'ai découvert...

**LA FORMATION DES VERBES
AUX TEMPS SIMPLES**

Lorsqu'il est conjugué à un temps ✎ , le verbe est généralement constitué d'un seul mot, qui est formé de deux parties :

- la partie ✎ , qui ne change pas quand le verbe est conjugué (on appelle cette partie le **radical**) ;

- la partie ✎ , qui change quand le verbe est conjugué à différentes personnes, et à différents temps et modes (on appelle cette partie la **terminaison**).

J'observe...

Les terminaisons des verbes aux temps simples

7. L'extrait du récit «Grain-d'Aile» est raconté au passé, mais on y utilise parfois le **présent** et l'**impératif présent**. Quand utilise-t-on ces deux temps ?

8. a) TROUVE l'infinitif de chacun des deux verbes conjugués dans le tableau ci-après. Les lettres qui terminent l'infinitif de ces verbes sont-elles les mêmes ?

Lorsque aucun mode n'est précisé, c'est qu'il s'agit du mode indicatif.

	Ensemble des terminaisons A	Ensemble des terminaisons B
Présent	je crie tu cries il/elle/on crie nous crions vous criez ils/elles crient	j'écris tu écris il/elle/on écrit nous écrivons vous écrivez ils/elles écrivent
Impératif présent	crie crions criez	écris écrivons écrivez

Remarque : Le verbe *écrire*, comme beaucoup de verbes, a plus d'un radical : *écri-* et *écriv-*.

b) REPÈRE les deux verbes du tableau dans un dictionnaire ou dans un ouvrage de référence en conjugaison. Quel est le verbe qui sert de modèle pour la conjugaison de chacun de ces verbes ?

c) Les lettres qui terminent l'infinitif de ces verbes sont-elles les mêmes que celles qui terminent leur verbe modèle ?

9. a) CONJUGUE au présent et à l'impératif présent les verbes *pleurer*, *finir*, *lire* et *voir*.

Au besoin, **VÉRIFIE** tes conjugaisons dans un dictionnaire ou dans un ouvrage de référence en conjugaison.

b) Parmi les verbes que tu as conjugués en a), **RELÈVE** celui dont les terminaisons correspondent à l'ensemble des terminaisons **A**.

Comment se termine l'infinitif de ce verbe ?

c) RELÈVE maintenant les verbes dont les terminaisons correspondent à l'ensemble des terminaisons **B**.

Comment se termine leur infinitif ?

10. a) CONJUGUE au présent et à l'impératif présent les verbes *offrir* et *cueillir*.

Au besoin, **VÉRIFIE** tes conjugaisons dans un dictionnaire ou dans un ouvrage de référence en conjugaison.

b) Les terminaisons de ces verbes correspondent-elles à celles de l'ensemble des terminaisons **A** ou à celles de l'ensemble des terminaisons **B** ?

c) À l'oral, ces verbes se terminent-ils par une voyelle ou par une consonne aux personnes du singulier ?

d) En est-il de même pour le verbe *finir* ?

11. a) Lorsqu'un verbe conjugué au présent se termine par le son «i», quand se termine-t-il par -*e* ? par -*es* ? par -*s* ? par -*t* ? par -*ent* ?

b) Lorsqu'un verbe conjugué à l'impératif présent se termine par le son «i», quand se termine-t-il par -*e* ? par -*s* ?

J'ai découvert...

> ### LES TERMINAISONS DES VERBES
> ### AU PRÉSENT ET À L'IMPÉRATIF PRÉSENT
>
> À l'indicatif présent et à l'impératif présent, les verbes peuvent être regroupés en
> ✎ grands ensembles (sauf quelques exceptions : *avoir*, *pouvoir*…) :
>
> - Le premier ensemble comprend les verbes dont l'infinitif se termine par ✎ .
>   Il comprend aussi certains verbes en -*ir* comme ✎ , ✎ , c'est-à-dire les verbes
>   en -*ir* qui se terminent à l'oral par une ✎ aux personnes du ✎ .
>
> - Le second ensemble comprend tous les autres verbes, c'est-à-dire les verbes en
>   -*ir* qui se terminent à l'oral par une ✎ aux personnes du singulier, et les verbes
>   dont l'infinitif se termine par ✎ , ✎ ou ✎ .

J'observe...

Les terminaisons des verbes aux temps simples

12. a) Dans l'extrait du récit «Grain-d'Aile», à la page 80, Paul Éluard fait la description du pelage, de la queue et des yeux d'un écureuil. Quel temps utilise-t-il dans cette description ?

b) Dans un récit raconté au passé, on peut aussi utiliser le **futur**. Quand Paul Éluard utilise-t-il ce temps ?

13. a) **REPRODUIS** le tableau ci-après et **COMPLÈTE**-le en conjuguant les deux verbes qui y figurent aux personnes et aux temps et modes laissés en blanc.

Au besoin, **VÉRIFIE** tes conjugaisons dans un dictionnaire ou dans un ouvrage de référence en conjugaison.

TEMPS ET MODE	PERSONNES GRAMMATICALES					
	SINGULIER			PLURIEL		
	1re (*je*)	2e (*tu*)	3e (*il / elle / on*)	1re (*nous*)	2e (*vous*)	3e (*ils / elles*)
Imparfait			*criait* *écrivait*			*criaient* *écrivaient*
Futur	*crierai* *écrirai*				*crierez* *écrirez*	
Conditionnel présent			*crierait* *écrirait*		*crieriez* *écririez*	
Subjonctif présent	*crie* *écrive*			*criions* *écrivions*		

b) Pour chaque personne de chacun des temps et modes, **ENCERCLE** les terminaisons que les deux verbes ont en commun.

c) À ces temps et modes, il est inutile de regrouper les verbes en deux ensembles, comme on l'a fait pour les verbes conjugués au présent et à l'impératif présent. Pourquoi ?

14. a) **CONJUGUE** les verbes *regretter*, *finir*, *conclure* et *prendre* aux premières personnes du futur et du conditionnel présent.

Au besoin, **VÉRIFIE** tes conjugaisons dans un dictionnaire ou dans un ouvrage de référence en conjugaison.

b) Quel élément de la terminaison tous ces verbes ont-ils en commun ?

c) Quel est l'infinitif du verbe qui prend un *e* devant les terminaisons du futur et du conditionnel présent ?

d) **TROUVE** d'autres verbes qui prennent aussi un *e* devant ces terminaisons. Qu'ont-ils en commun ?

15. a) Lorsqu'un verbe conjugué au futur se termine par le son «é», quand se termine-t-il par *-ai* ? par *-ez* ?

b) Lorsqu'un verbe conjugué au futur se termine par le son «a», quand se termine-t-il par *-as* ? par *-a* ?

c) Lorsqu'un verbe conjugué au futur se termine par le son «on», quand se termine-t-il par *-ons* ? par *-ont* ?

d) Lorsqu'un verbe conjugué à l'imparfait et au conditionnel présent se termine par le son «è», quand se termine-t-il par *-ais* ? par *-ait* ? par *-aient* ?

J'ai découvert...

**LES TERMINAISONS DES VERBES
À L'IMPARFAIT, AU FUTUR, AU CONDITIONNEL PRÉSENT ET AU SUBJONCTIF PRÉSENT**

À l'imparfait, au futur, au conditionnel présent et au subjonctif présent, tous les verbes ont des ✎ communes.

―――――――

Au futur et au conditionnel, seuls les verbes en ✎ (et le verbe *cueillir*) prennent un *e* devant les ✎ du futur et du conditionnel présent (*je crierai / je crierais*; *je conclurai / je conclurais*).

J'observe...

Les terminaisons des verbes aux temps simples

16. Dans l'extrait du récit «Grain-d'Aile», à la page 80, les verbes qui racontent les événements sont conjugués au **passé simple**. **RELÈVE** ces verbes (il y en a 4), puis **TROUVE** leur forme à l'infinitif.

17. **CONJUGUE** trois verbes dont l'infinitif est en *-er* aux troisièmes personnes du singulier et du pluriel, au passé simple; **ENCERCLE** ensuite les terminaisons communes aux verbes en *-er* au singulier, puis au pluriel.

> Au besoin, **VÉRIFIE** tes conjugaisons dans un dictionnaire
> ou dans un ouvrage de référence en conjugaison.
> Tu feras de même chaque fois que tu conjugueras un verbe
> dans les numéros qui suivent.

18. a) **CONJUGUE** aux troisièmes personnes du singulier et du pluriel, au passé simple:
- le verbe dont l'infinitif est en *-ir* parmi les verbes relevés au numéro 16;
- les verbes en *-ir* suivants: *dormir*, *finir* et *partir*;
- le verbe dont l'infinitif est en *-re* parmi les verbes relevés au numéro 16;
- les verbes en *-re* suivants: *suivre*, *prendre* et *rire*.

ENCERCLE ensuite les terminaisons communes aux verbes en *-ir* au singulier, puis au pluriel.

b) **CONJUGUE** aux troisièmes personnes du singulier et du pluriel, au passé simple, les verbes *courir* et *mourir*.

Ces verbes ont-ils les mêmes terminaisons que les autres verbes en *-ir*?

19. a) **CONJUGUE** aux troisièmes personnes du singulier et du pluriel, au passé simple, les verbes en *-oir* suivants : *devoir*, *savoir* et *vouloir* ; **ENCERCLE** ensuite les terminaisons communes aux verbes en *-oir* au singulier, puis au pluriel.

   b) **CONJUGUE** aux troisièmes personnes du singulier et du pluriel, au passé simple, le verbe dont l'infinitif est en *-oir* parmi les verbes relevés au numéro 16.

   Ce verbe a-t-il les mêmes terminaisons que les autres verbes en *-oir* ?

20. **CONJUGUE** aux troisièmes personnes du singulier et du pluriel, au passé simple, les verbes en *-re* suivants : *vivre*, *lire* et *boire*.

   Les terminaisons de ces verbes sont-elles comme celles de la majorité des verbes en *-ir* et en *-re* ou comme celles de la majorité des verbes en *-oir* ?

J'ai découvert...

LES TERMINAISONS DES VERBES AU PASSÉ SIMPLE

Au passé simple, on peut regrouper les verbes en trois grands ensembles :

- Le premier ensemble comprend tous les verbes en *-er*.
  À la troisième personne du singulier, ils se terminent par ✎ ; à la troisième personne du pluriel, ils se terminent par ✎ .

- Le second ensemble comprend presque tous les verbes en *-ir* et la plupart des verbes en *-re*.
  À la troisième personne du singulier, ils se terminent par ✎ ; à la troisième personne du pluriel, ils se terminent par ✎ .

- Le troisième ensemble comprend presque tous les verbes en *-oir* et certains verbes en *-re*.
  À la troisième personne du singulier, ils se terminent par ✎ ; à la troisième personne du pluriel, ils se terminent par ✎ .

J'observe...

La formation des verbes aux temps composés

21. a) Aux temps composés, le verbe a une forme composée, c'est-à-dire qu'il est constitué de deux mots. Le premier de ces mots est appelé **auxiliaire**, le deuxième est appelé **participe passé**. Dans l'ensemble **A** ci-dessous, le verbe *dormir* est conjugué à différents **temps simples**. Dans l'ensemble **B**, le même verbe est conjugué à différents **temps composés**.

Relève l'auxiliaire employé dans les formes composées du verbe *dormir* et **donne** sa forme à l'infinitif.

A	B
① *Hier, tu dormais.* (imparfait)	① *Tu as dormi.*
② *Aujourd'hui, tu dors.* (présent)	② *Tu auras dormi.*
③ *Demain, tu dormiras.* (futur)	③ *Tu avais dormi.*

b) **Conjugue** le verbe relevé comme auxiliaire en a) à la deuxième personne du singulier, aux temps simples inscrits entre parenthèses dans l'ensemble **A**.

c) Chaque forme simple peut être associée à une forme composée. Quelle forme composée de l'ensemble **B** peux-tu associer à chacune des formes simples de l'ensemble **A** ?

d) Quel élément des formes composées t'a permis de les associer aux formes simples ?

e) **Observe** ces formes composées du verbe *aller : tu es allé ; tu étais allé ; tu seras allé.* Qu'est-ce qui distingue ces formes composées de celles du verbe *dormir* ?

22. a) **Construis** un tableau semblable à celui ci-après, puis, en tenant compte des observations que tu as faites au numéro 21, **remplis** la colonne intitulée *Forme composée*.

Au besoin, **consulte** un dictionnaire ou un ouvrage de référence en conjugaison.

Temps simples	Forme simple	Forme composée	Temps composés
Présent	*tu manges* *tu pars*		
Impératif présent	*mange* *pars*		
Imparfait	*tu mangeais* *tu partais*		
Futur	*tu mangeras* *tu partiras*		
Conditionnel présent	*tu mangerais* *tu partirais*		
Passé simple	*tu mangeas* *tu partis*		
Subjonctif présent	*que tu manges* *que tu partes*		

b) **REMPLIS** la dernière colonne de ton tableau en donnant le nom du temps composé correspondant à chaque forme composée.

_____

23. a) **OBSERVE** la forme composée du verbe dans les phrases suivantes.

   Il est sorti. — Elle est sortie. — Ils sont sortis. — Elles sont sorties.

   Avec quel auxiliaire le verbe *sortir* est-il employé ?

   b) Tu le sais, l'auxiliaire s'accorde en personne et en nombre avec le sujet. Le participe passé employé avec *être* s'accorde aussi avec le sujet. Comment s'accorde-t-il ? En personne ? en nombre ? en genre ?

   c) Quelle lettre ajoute-t-on au participe passé pour marquer le féminin ?

   d) Quelle lettre ajoute-t-on au participe passé pour marquer le pluriel ?

J'ai découvert...

> **LA FORMATION DES VERBES AUX TEMPS COMPOSÉS**
>
> Lorsqu'il est conjugué à un temps composé, le verbe est constitué de _✎_ mots : à gauche, le verbe _✎_ ou _✎_ , qu'on appelle _✎_ , et, à droite, le _✎_ du verbe que l'on conjugue.
>
> Une forme composée peut toujours être associée à une forme _✎_ . D'ailleurs, les verbes _✎_ et _✎_ dans une forme composée se conjuguent de la même manière que dans la forme simple correspondante.
>
> _____
>
> Dans une forme composée, les verbes _✎_ et _✎_ s'accordent en _✎_ et en _✎_ avec le _✎_ . Le participe passé, lui, lorsqu'il est employé avec *être,* s'accorde en _✎_ et en _✎_ avec le sujet. On ajoute un _✎_ au _✎_ pour marquer le féminin, et un _✎_ pour marquer le pluriel.

1 LA FORMATION DES VERBES AUX **TEMPS SIMPLES**

Lorsqu'il est conjugué à un temps simple (au présent, à l'imparfait, au futur, à l'impératif présent, au conditionnel présent, au subjonctif présent…), le verbe est généralement constitué d'un seul mot, qui est formé de deux parties :

- la partie gauche du verbe, qui ne change pas quand le verbe est conjugué. On appelle cette partie le **radical**;
- la partie droite, qui change quand le verbe est conjugué à différentes personnes et à différents temps et modes. On appelle cette partie la **terminaison**.

EXEMPLES :	*je <u>vol</u>e*	*je <u>remerci</u>e*
	tu <u>vol</u>ais	*tu <u>remerci</u>ais*
	elles <u>vol</u>èrent	*elles <u>remerci</u>èrent*

1.1 LE **RADICAL**

La plupart des verbes en *-er* ont <u>un seul radical</u>. Cependant, la plupart des autres verbes ont <u>plus d'un radical</u>.

EXEMPLES :	*elles <u>boiv</u>ent*	*elles <u>dis</u>ent*	*elles <u>voi</u>ent*	*elles <u>finiss</u>ent*
	elles <u>buv</u>aient	*elles <u>dis</u>aient*	*elles <u>voy</u>aient*	*elles <u>finiss</u>aient*
	elles <u>boi</u>ront	*elles <u>di</u>ront*	*elles <u>ver</u>ront*	*elles <u>fini</u>ront*
	elles <u>bu</u>rent	*elles <u>di</u>rent*	*elles <u>vi</u>rent*	*elles <u>fini</u>rent*

➤ On peut faire des généralisations quant à la modification du radical de certains verbes.

- Le *g* des verbes se terminant par *-ger* à l'infinitif est suivi d'un *e* devant les voyelles *a* et *o*.

EXEMPLES :	*je <u>néglig</u>e*	*nous <u>néglig</u>ions*
	je <u>néglig</u>Eais	*nous <u>néglig</u>Eons*

- Le *c* des verbes se terminant par *-cer* à l'infinitif devient un *ç* devant les voyelles *a*, *o* et *u*.

EXEMPLES :	*je <u>recommenc</u>e*	*nous <u>recommenc</u>ions*	*elle <u>recev</u>ait*
	je <u>recommen</u>Çais	*nous <u>recommen</u>Çons*	*elle <u>re</u>Çut*

- Le *y* des verbes se terminant par *-yer* à l'infinitif devient un *i* quand il se trouve devant un *e* muet (il s'agit ici d'un *e* qui n'a ni le son «é» ni le son «è» et qu'on ne prononce pas).

EXEMPLES :	*j'<u>essuy</u>ais*	*nous <u>essuy</u>ions*
	j'<u>essui</u>e	*ils <u>essui</u>ent*

1.2 LES TERMINAISONS

Les terminaisons d'un verbe sont déterminées par la <u>personne</u>, le <u>temps</u> et le <u>mode</u> auxquels il est conjugué, et parfois par l'<u>infinitif</u> du verbe.

Voici un tableau qui regroupe les terminaisons de la plupart des verbes aux principaux temps simples.

Lorsque aucun mode n'est précisé, c'est qu'il s'agit du mode indicatif.

TEMPS ET MODE	INFINITIF DU VERBE	PERSONNES GRAMMATICALES					
		SINGULIER			PLURIEL		
		1re (je)	2e (tu)	3e (il/elle/on)	1re (nous)	2e (vous)	3e (ils/elles)
Présent	les verbes en **-er** + *cueillir, couvrir…*	-e	-es	-e	-ons	-ez	-ent
	les autres verbes	-s	-s	-t	-ons	-ez	-ent
Impératif présent	les verbes en **-er** + *cueillir, couvrir…*		-e		-ons	-ez	
	les autres verbes		-s		-ons	-ez	
Imparfait	tous les verbes	-ais	-ais	-ait	-ions	-iez	-aient
Futur	tous les verbes	-rai	-ras	-ra	-rons	-rez	-ront
Conditionnel présent	tous les verbes	-rais	-rais	-rait	-rions	-riez	-raient
Subjonctif présent	tous les verbes	-e	-es	-e	-ions	-iez	-ent
Passé simple	les verbes en **-er**	-ai	-as	-a	-âmes	-âtes	-èrent
	presque tous les verbes en **-ir** et la plupart des verbes en **-re** + *voir* et *asseoir*	-is	-is	-it	-îmes	-îtes	-irent
	presque tous les verbes en **-oir** et certains verbes en **-re** + *mourir* et *courir*	-us	-us	-ut	-ûmes	-ûtes	-urent

➤ Attention ! Au futur et au conditionnel présent, les verbes en *-er* prennent un *e* devant les terminaisons indiquées dans le tableau ci-dessus.

Voici un tableau regroupant quelques exceptions.

TEMPS ET MODE	INFINITIF DU VERBE	PERSONNES GRAMMATICALES					
		SINGULIER			PLURIEL		
		1re (je)	2e (tu)	3e (il/elle/on)	1re (nous)	2e (vous)	3e (ils/elles)
Présent	*aller*	*vais*	*vas*	*va*			*vont*
	avoir	*ai*		*a*			*ont*
	être				*sommes*	*êtes*	*sont*
	pouvoir	*peux*	*peux*				
	vouloir	*veux*	*veux*				
	valoir	*vaux*	*vaux*				
	faire					*faites*	*font*
	dire					*dites*	
	prendre, vendre…			*prend*			
	vaincre			*vainc*			
	convaincre			*convainc*			
Impératif présent	*aller*		*va*				
	avoir		*aie*				
	savoir		*sache*				
	vouloir		*veuille*				
Subjonctif présent	*avoir*			*ait*	*ayons*	*ayez*	
	être	*sois*	*sois*	*soit*	*soyons*	*soyez*	
Passé simple	*tenir*	*tins*	*tins*	*tint*	*fînmes*	*fîntes*	*tinrent*
	venir	*vins*	*vins*	*vint*	*vînmes*	*vîntes*	*vinrent*

2 LA FORMATION DES VERBES AUX **TEMPS COMPOSÉS**

Lorsqu'il est conjugué à un **temps composé** (au passé composé, au plus-que parfait, au futur antérieur, à l'impératif passé, au conditionnel passé, au subjonctif passé…), le verbe est constitué de deux mots :

- le verbe *avoir* ou *être*, qu'on appelle l'**auxiliaire**;
- le <u>participe passé</u> du verbe que l'on conjugue.

Une forme composée peut toujours être associée à une forme simple.

EXEMPLES:	FORME SIMPLE		FORME COMPOSÉE	
(présent)	*Je parle*	→	*J'ai <u>parlé</u>*	(auxiliaire au présent = passé composé)
(imparfait)	*Je parlais*	→	*J'avais <u>parlé</u>*	(auxiliaire à l'imparfait = plus-que-parfait)
(futur)	*Je parlerai*	→	*J'aurai <u>parlé</u>*	(auxiliaire au futur = futur antérieur)

➤ Certains verbes sont formés de plus d'un mot sans être conjugués à un temps composé. Ce sont les verbes qui ont une forme complexe comme *avoir faim, avoir l'air…*

2.1 L'AUXILIAIRE

Dans un temps composé, les verbes **avoir** et **être**, qui sont employés comme auxiliaires, se conjuguent de la même manière que dans le temps simple correspondant.

EXEMPLES:	*Hector **a** de la chance.*	*Vous **êtes** dans l'eau.*
	*Hector **a** <u>nagé</u>.*	*Vous **êtes** <u>sortis</u> de l'eau.*

- L'auxiliaire **avoir** s'emploie dans la plupart des verbes aux temps composés.

EXEMPLES:	*J'**ai** <u>observé</u> Hector toute la matinée.*
	*Hector n'**a** pas <u>arrêté</u> de nager.*
	*Il **a** <u>neigé</u> le 1er avril.*

- L'auxiliaire **être** s'emploie dans certains verbes aux temps composés.

EXEMPLES:	*Elle s'**est** <u>endormie</u> en regardant la neige.*
	*Des flocons **sont** <u>tombés</u> sur le rebord de ma fenêtre.*

Tu apprendras en deuxième secondaire à choisir correctement l'auxiliaire dans les temps composés. D'ici là, CONSULTE un dictionnaire ou un ouvrage de référence en conjugaison.

2.2 LE PARTICIPE PASSÉ

Le participe passé peut prendre des marques de genre et de nombre.

EXEMPLES:	*Elles **sont** <u>tombées</u> et je les **ai** <u>ramassées</u>.*

Tu observeras la forme et l'accord du participe passé à l'atelier 14.

Exerce-*toi*

TROUVE, dans ton dictionnaire, l'endroit où l'on te présente des tableaux de conjugaison. Lorsque tu hésiteras à répondre à une question, CONSULTE ces pages !

Former des verbes aux temps simples

1. CONJUGUE chacun des verbes ci-dessous à trois temps ou personnes différents, de manière à présenter trois de leurs radicaux.

① avoir ② être ③ faire ④ boire
⑤ devoir ⑥ pouvoir ⑦ voir ⑧ vouloir

2. CONJUGUE chacun des verbes ci-dessous aux premières personnes du singulier et du pluriel du présent, puis SURLIGNE son ou ses radicaux.

① conclure ② recevoir ③ dire ④ crier
⑤ écrire

3. a) Parmi les formes du verbe proposées entre parenthèses dans les phrases ci-après, RELÈVE celle qui n'est pas fautive.

Les policières ont dit qu'elles ① (conclureraient ou concluraient ou conclueraient) cette affaire seulement lorsqu'elles auraient en main toutes les preuves. — C'est demain que nous ② (recevrons ou receverons) la lettre tant attendue. — Je ne ③ (dirai ou direrai) rien avant d'avoir lu cette lettre. — Je suis tellement heureux que je ④ (crierais ou crirais) la bonne nouvelle. — Vous lui ⑤ (écrierez ou écrirez) un mot de remerciement.

b) VÉRIFIE si tu as choisi la bonne forme du verbe en suivant les étapes ci-dessous.

> **1.** ÉCRIS l'infinitif du verbe et SOULIGNE sa terminaison.
> **2.** REPÈRE le groupe du nom sujet (GNs) de chaque verbe et DÉTERMINE sa personne grammaticale.
> **3.** SÉPARE le radical et la terminaison du verbe à l'aide d'un trait oblique.
> **4.** CHOISIS la bonne forme du verbe dans chacune des phrases.

4. a) TRANSCRIS ces verbes à l'infinitif, puis SOULIGNE leur terminaison.

① aider / tondre ② ouvrir / lever
③ prendre / vider ④ cueillir / offrir

b) CONJUGUE maintenant ces verbes au futur et au conditionnel, aux deuxièmes personnes du singulier et du pluriel.

c) SÉPARE le radical et la terminaison de chaque verbe à l'aide d'un trait oblique.

d) Dans chaque paire de verbes, RELÈVE le verbe qui prend un *e* devant les terminaisons du futur et du conditionnel.

5. APPLIQUE les consignes a) et b) du numéro 3 aux phrases suivantes.

Nous ① (organiseront ou organiserons) une fête à l'occasion de la semaine internationale du français. — Cette fête nous ② (tient ou tien ou tiens) à cœur. — Vous ③ (devrai ou devré ou devrez ou devrer) présenter à la classe votre lecture préférée. — Bien sûr, elle ④ (doit ou dois ou doie) être en français. — Je ⑤ (choisis

*ou choisie ou choisit) le conte que
j' ⑥ (aimait ou aimaient ou aimais) le plus
quand j' ⑦ (était ou étaient ou étais)
enfant.*

6. a) **ÉCRIS** les verbes précédés d'un
numéro avec la terminaison qui convient
parmi celles qui sont suggérées.

-es   -ent   -s   -ons   -e   -ont

*Elle ① aid... les élèves à ranger les livres
dans la bibliothèque. — Ils ② aimer...
les livres que nous ③ av... lus. — Tu
④ cherch... un livre. — ⑤ Observ... ces
images et ⑥ montr...-moi celle que tu
⑦ aim... le plus. — Les images en ⑧ dis...
long sur le contenu du livre. — Elles
⑨ choisiss... une image qu'elles
⑩ présenter... devant toute la classe.*

b) **APPLIQUE** la consigne b) du numéro 3.

7. a) **ÉCRIS** les verbes précédés d'un
numéro avec la terminaison qui convient
parmi celles qui sont suggérées.

-ies   -ie   -ient   -is   -it

*L'enseignante ① pr... les élèves de garder
leur sérieux. — Si les élèves ② r... encore,
je ③ cro... qu'elle rira à son tour. — Elle
④ fin... par les convaincre de chanter. —
Elle ⑤ remerc... les élèves de leur
collaboration.*

b) **APPLIQUE** la consigne b) du numéro 3.

8. a) **ÉCRIS** les verbes précédés d'un
numéro avec la terminaison qui convient
parmi celles qui sont suggérées.

-ues   -ue   -uent   -ut   -us

*Je ① concl... mon exposé en disant que
le ridicule ne ② t... pas. — Même si leur
voix ③ m..., j'aimerais qu'ils me ④ sal...
en chantant à tue-tête.*

b) **APPLIQUE** la consigne b) du numéro 3.

9. **TRANSFORME** les phrases suivantes en
mettant le verbe au mode impératif.

*① Tu fermes la porte. ② Tu regardes le
paysage. ③ Tu viens avec moi. ④ Tu
cours plus vite. ⑤ Tu cueilles des fleurs.
⑥ Tu offres ces fleurs à ta voisine.*

10. **LIS** les phrases ci-dessous et **EXPLIQUE**   *Défi!*
pourquoi les verbes *croire* et *voir* sont écrits
de deux façons différentes.

*① Mon père **croit** que j'aimerais bien que
mon enseignant **croie** en moi. ② Tu **vois**
bien qu'il est impossible que tu **voies** la
même chose que moi.*

Former des verbes aux temps composés ⬅

11. a) **TRANSCRIS**, dans une première
colonne, les formes simples du verbe *voler*.

*elle a volé, elle volait, elle volera, elle
avait volé, elle vola, elle vole, elle aura
volé, elle aurait volé, qu'elle ait volé,
qu'elle vole, elle eut volé, elle volerait.*

b) **TRANSCRIS**, dans une seconde colonne,
vis-à-vis de la première, les formes
composées correspondantes du verbe.

12. a) Sur une colonne, **FAIS** la liste de tous
les verbes *avoir* et *être* contenus dans les
phrases suivantes, incluant ceux qui sont
utilisés comme auxiliaires.

> ① *Il était né dans un oeuf.* ② *Il avait trois soeurs qui étaient tout aussi frêles et déplumées que lui.* ③ *Il a attendu plusieurs semaines avant d'avoir de vraies plumes.* ④ *Ses soeurs auraient aimé que leur plumage soit aussi éclatant que celui de leur frère.* ⑤ *Elles sont devenues un peu tristes, bien qu'on leur ait souvent dit que leur ramage surpassait en beauté le plumage de leur frère.*

b) **REPÈRE** les verbes *avoir* et *être* employés comme auxiliaires et **TRANSCRIS** à côté le participe passé des verbes qu'ils ont servi à former.

c) **PRÉCISE** le temps composé que les verbes *avoir* et *être* ont servi à former (passé composé, plus-que-parfait…).

13. a) Voici des phrases que tu as sûrement l'occasion d'entendre à l'école : l'auxiliaire a été mal choisi dans chacune d'elles.

REPÈRE les verbes *avoir* ou *être* employés comme auxiliaires dans ces phrases.

> ① * *Je m'ai fait mal et j'ai envie de pleurer.* ② *Je suis sûre qu'il fait semblant de s'avoir trompé.* ③ * *Je m'ai levé en retard ce matin, c'est pourquoi j'ai très faim.* ④ * *Je ne m'avais pas souvenu que le devoir était à remettre aujourd'hui.* ⑤ * *J'aimerais bien avoir la chance d'aller au cinéma cette fin de semaine, ça fait longtemps que je n'ai pas sorti avec mes amis.*

b) **TRANSCRIS** ces phrases à double interligne en changeant d'auxiliaire.

c) Quel est l'auxiliaire qui est le plus souvent employé à tort ?

14. a) **CONJUGUE** les verbes du texte suivant au temps demandé.

> ### GRAIN-D'AILE
> *Il n'y* ① avoir (imparfait) *pas un instant à perdre : le dernier rayon du soleil* ② glisser (imparfait) *derrière l'horizon. Folle d'angoisse, Grain-d'Aile* ③ voler (passé simple), *pour la dernière fois, jusqu'au sapin ; l'écureuil* ④ être (imparfait) *fidèle au rendez-vous et il* ⑤ avoir (passé simple) *le bon goût de ne pas poser de questions — le visage de Grain-d'Aile* ⑥ dire (imparfait) *assez ce qu'elle* ⑦ vouloir (imparfait) *— et de ne pas triompher en* ⑧ dire (participe présent) : *«Je te l'… bien* ⑨ dire (plus-que-parfait)», *comme* ⑩ faire (présent) *si souvent les grandes personnes. De nouveau ses yeux étincelants* ⑪ prononcer (passé simple) *les paroles magiques… Et voilà notre Grain-d'Aile aussi joyeuse de retrouver ses bras, ses mains agiles, qu'elle l'* ⑫ être (plus-que-parfait), *la veille, d'avoir des ailes.*
>
> *Op. cit.*

b) **APPLIQUE** la consigne b) du numéro 3.

15. RÉCRIS le texte du numéro 14 en remplaçant le début par *Il n'y a pas un instant à perdre…* et en conjuguant les verbes numérotés de façon que le texte soit cohérent.

Défi !

Applique tes connaissances
lorsque tu écris

Stratégie de révision de texte

Maintenant, tu dois prouver que, lorsque tu écris, tu es capable :

- de reconnaître un verbe que tu conjugues à un temps simple ou à un temps composé ;
- de trouver le radical et la terminaison d'un verbe que tu conjugues à un temps simple ;
- d'employer la bonne terminaison en tenant compte de la personne, du temps et du mode auxquels tu conjugues un verbe.

Voici une stratégie de révision de texte qui t'aidera à vérifier les conjugaisons des verbes que tu emploies dans tes phrases.

Je révise et je corrige les conjugaisons des verbes

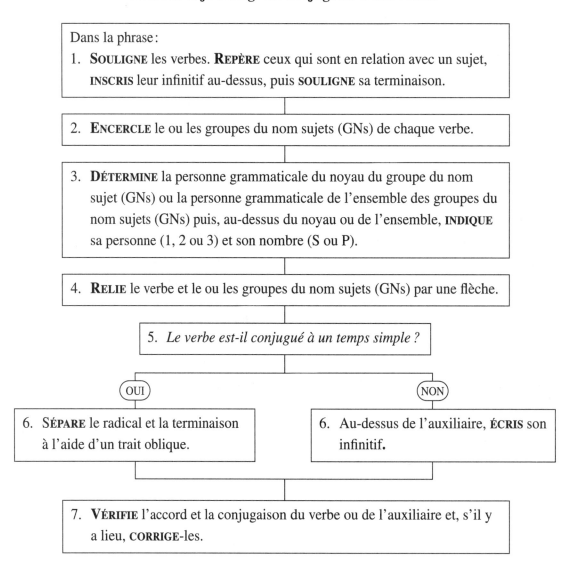

Dans la phrase :

1. **SOULIGNE** les verbes. **REPÈRE** ceux qui sont en relation avec un sujet, **INSCRIS** leur infinitif au-dessus, puis **SOULIGNE** sa terminaison.

2. **ENCERCLE** le ou les groupes du nom sujets (GNs) de chaque verbe.

3. **DÉTERMINE** la personne grammaticale du noyau du groupe du nom sujet (GNs) ou la personne grammaticale de l'ensemble des groupes du nom sujets (GNs) puis, au-dessus du noyau ou de l'ensemble, **INDIQUE** sa personne (1, 2 ou 3) et son nombre (S ou P).

4. **RELIE** le verbe et le ou les groupes du nom sujets (GNs) par une flèche.

5. *Le verbe est-il conjugué à un temps simple ?*

OUI

6. **SÉPARE** le radical et la terminaison à l'aide d'un trait oblique.

NON

6. Au-dessus de l'auxiliaire, **ÉCRIS** son infinitif.

7. **VÉRIFIE** l'accord et la conjugaison du verbe ou de l'auxiliaire et, s'il y a lieu, **CORRIGE**-les.

Le texte ci-dessous, qui contenait quelques erreurs d'orthographe liées à la conjugaison et à l'accord du verbe, a été extrait de la rédaction d'un élève de première secondaire.

Chaque phrase a été révisée à l'aide de la stratégie ***Je révise et je corrige les conjugaisons des verbes***. **LIS** le texte et **OBSERVE** les annotations qui l'accompagnent.

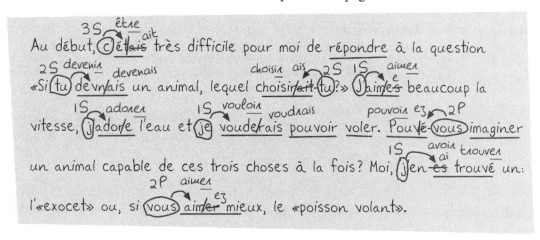

Ces erreurs ont été commises pour l'une ou l'autre des raisons suivantes :

A. la terminaison du verbe ne correspond pas à la personne grammaticale du groupe du nom sujet (GNs);

B. le radical du verbe a été mal orthographié;

C. l'auxiliaire a été mal identifié.

Pour chacun des huit verbes mal orthographiés, **TENTE** de trouver la raison (parmi celles énumérées ci-dessus) pour laquelle chaque erreur a été commise.

Pour chaque erreur, **TRANSCRIS** le verbe corrigé et le groupe du nom sujet (GNs) avec lequel il s'accorde. **INSCRIS** ensuite la lettre correspondant à la raison qui explique l'erreur.

⟫| *Activité d'écriture*

C'est l'occasion maintenant de vérifier dans quelle mesure tu maîtrises les conjugaisons des verbes. Tu dois écrire un texte tout en respectant certaines contraintes d'écriture, puis réviser et corriger ce texte à l'aide de la stratégie ***Je révise et je corrige les conjugaisons des verbes***.

La situation

À ton tour, cette fois, de dénicher l'oiseau rare, c'est-à-dire l'animal qui représente le plus tes désirs, tes goûts, et dans la peau duquel tu voudrais vivre le reste de ta vie, ou l'espace d'une journée, comme l'a fait Grain-d'Aile. Dans un premier paragraphe, **DÉCRIS** d'abord tes envies. Dans un deuxième paragraphe, **CHOISIS** l'animal qui te conviendrait. **EXPLIQUE**, dans un dernier paragraphe, comment cette métamorphose changerait ta vie.

Contraintes d'écriture

❑ **ÉCRIS** au moins dix phrases (trois à cinq par paragraphe) contenant au moins un verbe conjugué, dont certains verbes à un temps composé.

❑ **EMPLOIE** des verbes qui ont des infinitifs différents (en *-er*, en *-ir*, en *-oir* et en *-re*).

❑ **VARIE** les temps des verbes.

Étape de révision et de correction

❑ **RÉVISE** et **CORRIGE** tes phrases à l'aide de la stratégie *Je révise et je corrige les conjugaisons des verbes*.

❑ **ÉCHANGE** ton texte avec un ou une camarade.

❑ **LIS** le texte que tu as en main, **ÉVALUE** les corrections apportées par son auteur, puis, au besoin, **SUGGÈRE** d'autres modifications au texte.

❑ **RÉCUPÈRE** ton texte, puis **PRENDS CONNAISSANCE** des corrections que ton ou ta camarade te suggère et **ÉVALUE**-les.

❑ **RECOPIE** ton texte au propre.

La nuit, tous les chats sont gris.
Quand le chat n'est pas là, les souris dansent.
Il faut tourner sept fois sa langue dans sa bouche avant de parler.
On a souvent besoin d'un plus petit que soi.
Traite les autres comme tu aimerais être traité.
Lorsque vous pourrez mettre vos pieds dans mes souliers, vous parlerez.
Parce qu'on connaît trop ses défauts, on oublie ses qualités.
Pour attraper un poisson, va à la pêche.

LA SUBORDONNÉE CIRCONSTANCIELLE DE TEMPS

- Son rôle et sa fonction
- Le choix du subordonnant de temps
- Le mode du verbe dans la subordonnée circonstancielle de temps

① *La nuit*, tous les chats sont gris.

② *Quand le chat n'est pas là*, les souris dansent.

③ Il faut tourner sept fois sa langue dans sa bouche *avant de parler*.

④ On a *souvent* besoin d'un plus petit que soi.

⑤ Traite les autres *comme tu aimerais être traité*.

⑥ *Lorsque vous pourrez mettre vos pieds dans mes souliers*, vous parlerez.

⑦ *Parce qu'on connaît trop ses défauts*, on oublie ses qualités.

⑧ *Pour attraper un poisson*, va à la pêche.

⑨ Si vous dormez sur les roses pendant votre jeunesse, vous dormirez *sur les orties* quand vous serez vieux.

⑩ *Avant que le gros soit devenu maigre*, le maigre sera mort.

Observe et découvre

J'observe...

Différents moyens pour exprimer le temps

1. a) Quelle question devrais-tu poser pour obtenir comme réponse le mot ou l'ensemble de mots en gras dans chacun des proverbes de l'encadré ?

> EXEMPLE : ① *La nuit*, tous les chats sont gris.
> Question : *Quand tous les chats sont-ils gris ?* Réponse : *La nuit.*

b) Pour formuler tes questions en a), tu as employé différents mots interrogatifs *(où, quand, pourquoi, comment)*. Lequel demande une réponse ayant un lien avec le temps ?

2. OBSERVE maintenant les réponses aux questions que tu as posées à l'aide du mot *quand* et **RELÈVE** dans chacune le mot ou les mots qui permettent de savoir qu'elles donnent une information de temps.

3. OBSERVE les parties en gras dans les proverbes ①, ②, ③, ④, ⑥ et ⑩. Y en a-t-il qui contiennent un verbe conjugué ? Si oui, lesquelles ?

4. Dans le proverbe ci-dessous, quel moyen utilise-t-on pour exprimer le temps ?

> *D'autres ont planté ce que je mange, je plante ce que d'autres mangeront.*

5. a) Dans le proverbe ⑨, **REPÈRE** les deux ensembles de mots qui donnent une information de temps.

b) Comment as-tu fait pour repérer ces deux ensembles de mots ?

c) Lequel de ces ensembles contient un verbe conjugué ?

d) **OBSERVE** les deux formes du verbe *dormir* dans le proverbe ⑨. Les temps de conjugaison apportent-ils une information de temps dans la phrase ?

J'ai découvert...

**DIFFÉRENTS MOYENS
POUR EXPRIMER LE TEMPS**

Dans une phrase, on peut reconnaître le ou les mots ou ensembles de mots qui donnent une information de temps en posant une question à l'aide du mot ✎ .

On peut exprimer le temps à l'aide de mots ou d'expressions comme ✎ , ✎ , ✎ , ou d'ensembles de mots contenant un ✎ .

On peut aussi exprimer le temps à l'aide des ✎ du verbe.

J'observe...

Le fonctionnement de la subordonnée circonstancielle de temps

6. Les ensembles de mots en gras dans les proverbes ②, ⑥ et ⑩ sont des **subordonnées circonstancielles de temps**.

a) **LIS** les proverbes ②, ⑥ et ⑩ en supprimant l'ensemble de mots qui n'est pas en gras. **PRÉCISE** chaque fois si la phrase demeure grammaticale.

b) Les subordonnées circonstancielles de temps peuvent-elles, seules, former une phrase grammaticale ?

c) **Lis** les proverbes ②, ⑥ et ⑩ en <u>supprimant</u> la subordonnée circonstancielle de temps que chacun contient. Les subordonnées circonstancielles de temps sont-elles <u>supprimables ou non supprimables</u> ?

d) **Lis** les proverbes ②, ⑥ et ⑩ en <u>déplaçant</u> la subordonnée circonstancielle de temps. Les subordonnées circonstancielles de temps sont-elles <u>déplaçables ou non déplacables</u> ?

e) Est-ce que les subordonnées circonstancielles de temps contenues dans les proverbes ②, ⑥ et ⑩ peuvent être <u>remplacées par un pronom</u> *(le, la, l', les, lui, leur, en, y...)* ?

f) En tenant compte de la série d'observations que tu viens de faire, **DIS** quelle est la <u>fonction</u> des subordonnées circonstancielles de temps.

7. Les ensembles de mots en gras dans les proverbes ②, ⑤, ⑥, ⑦ et ⑩ sont des subordonnées circonstancielles.

Dans ces proverbes, **RELÈVE** les subordonnées circonstancielles **de temps**, puis **PRÉCISE** ce qui t'a permis de les reconnaître.

J'ai découvert...

> ### LE FONCTIONNEMENT
> ### DE LA SUBORDONNÉE CIRCONSTANCIELLE DE TEMPS
>
> La subordonnée circonstancielle de temps est un ensemble de mots qui ne peut pas fonctionner ✎ , car il dépend du reste de la phrase. La subordonnée circonstancielle de temps peut être ✎ et ✎ , mais ne peut pas être ✎ par un pronom. Elle est un ✎ : c'est sa fonction dans la phrase.

J'observe...

La construction de la subordonnée circonstancielle de temps

8. a) **TRANSCRIS** les proverbes ②, ⑥ et ⑩ à double interligne, puis :
   - **SOULIGNE** les verbes conjugués ;
   - **ENCERCLE** le groupe du nom sujet (GNs) de chacun des verbes ;
   - **SURLIGNE** les groupes du verbe (GV).

   b) Dans chacun des proverbes ②, ⑥ et ⑩, **ENCADRE** l'élément (mot ou groupe de mots) qui lie entre eux les regroupements GNs + GV.

   c) Les éléments que tu as encadrés dans les proverbes peuvent-ils être déplacés ?

9. Parmi les éléments que tu as encadrés, y en a-t-il qui sont formés de plusieurs mots ?

10. Dans le proverbe ②, **REMPLACE** l'élément que tu as encadré par *parce que*. Quelle différence de sens observes-tu ?

11. a) Le proverbe ⑨ de l'encadré contient deux ensembles de mots qui expriment le temps. Lequel est construit comme une subordonnée ?

    b) Dans le proverbe ⑨, **REMPLACE** le groupe *pendant votre jeunesse* par une subordonnée circonstancielle de temps de sens voisin.

J'ai découvert...

> ### LA CONSTRUCTION
> ### DE LA SUBORDONNÉE CIRCONSTANCIELLE DE TEMPS
>
> La subordonnée circonstancielle de temps est un ensemble de mots qui contient un ✎ et un ✎ . Ce regroupement est introduit par un marqueur de relation comme ✎ , ✎ , qui peut être formé d' ✎ ou de plus d'un ✎ .
>
> En plus d'introduire la subordonnée, ce marqueur permet de préciser le rapport de sens entre la ✎ et le reste de la phrase.

1 LE **RÔLE** ET LA **FONCTION** DE LA SUBORDONNÉE CIRCONSTANCIELLE DE TEMPS

1.1 LE **RÔLE** DE LA SUBORDONNÉE CIRCONSTANCIELLE DE TEMPS

La **subordonnée circonstancielle de temps** (abrégée ainsi : **Sub. circ. de temps**) est l'un des moyens dont on dispose pour <u>situer un fait, un événement dans le temps</u>.

	Sub. circ. de temps
EXEMPLE :	*Hector danse **quand mon chat n'est pas là**.*

1.2 LA **FONCTION** DE LA SUBORDONNÉE CIRCONSTANCIELLE DE TEMPS

La subordonnée circonstancielle de temps fonctionne comme un groupe complément de phrase (Gcomp. P) : elle est <u>supprimable</u> et <u>déplaçable</u>, et <u>ne peut être remplacée par un pronom</u> *(le, la, l', les, lui, leur, en, y…)*.

La subordonnée circonstancielle de temps <u>ne peut fonctionner seule</u>, car elle dépend du reste de la phrase qu'elle complète.

GNs	+	**GV**	+	**(Gcompl. P)**
				Sub. circ. de temps
Hector		*danse*		***quand mon chat n'est pas là**.*

P Le **déplacement d'une subordonnée circonstancielle de temps** est généralement marqué par la **virgule**.

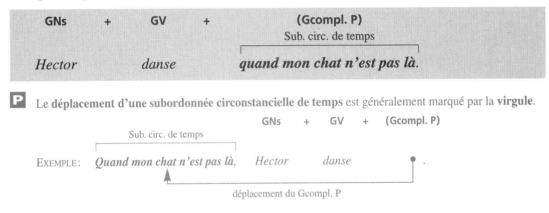

GNs   +   GV   +   (Gcompl. P)

Sub. circ. de temps

EXEMPLE : ***Quand mon chat n'est pas là**,*   *Hector*   *danse*   ● .

déplacement du Gcompl. P

2 LA **CONSTRUCTION** DE LA SUBORDONNÉE CIRCONSTANCIELLE DE TEMPS

- Une subordonnée circonstancielle de temps est une phrase qu'on a enchâssée dans une autre phrase qu'on appelle phrase matrice ; c'est pourquoi **la subordonnée circonstancielle de temps contient ses propres groupes constituants** : un groupe du nom sujet (GNs) + un groupe du verbe (GV), complétés ou non par un ou plusieurs groupes compléments de phrase (Gcompl. P).

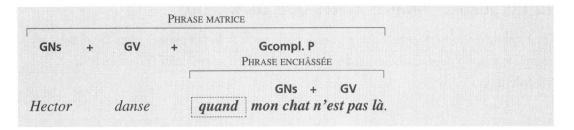

PHRASE MATRICE		
GNs + GV +	**Gcompl. P**	
	PHRASE ENCHÂSSÉE	
		GNs + GV
Hector *danse*	*quand*	*mon chat n'est pas là.*

- Au début de la subordonnée circonstancielle de temps se trouve toujours un marqueur de relation comme *quand*. <u>Sur le plan grammatical</u>, ce marqueur sert à introduire la subordonnée circonstancielle de temps. C'est un **subordonnant** : c'est sa fonction dans la phrase.

  ➤ Les marqueurs comme *quand* appartiennent à la classe des conjonctions de subordination, mais on les nomme par leur fonction : on dit tout simplement que ce sont des **subordonnants**.

  <u>Sur le plan du sens</u>, le subordonnant qui introduit la subordonnée circonstancielle de temps précise le rapport qui existe entre la subordonnée et le reste de la phrase, soit un rapport de temps. Puisqu'il exprime un rapport de temps, on dit que c'est un **subordonnant de temps**.

  Le subordonnant de temps peut être formé d'un seul mot, mais il peut aussi être formé de plus d'un mot. Il est toujours invariable.

EXEMPLES :	*Hector danse*	$\begin{cases} quand \\ lorsque \\ pendant que \\ chaque fois que \end{cases}$	*le chat n'est pas là.*

  ➤ Le subordonnant formé d'un seul mot est un subordonnant simple ; celui formé de plus d'un mot est un subordonnant complexe.

3 LE CHOIX DU SUBORDONNANT DE TEMPS

La subordonnée circonstancielle de temps et la phrase qu'elle complète énoncent toutes deux un fait. Entre ces deux faits existe un **rapport de temps**. Ce rapport peut se présenter de trois façons différentes : le fait énoncé dans la phrase que complète la subordonnée peut avoir lieu **avant** ou **après** celui énoncé dans la subordonnée, ou **en même temps**. Le choix du subordonnant de temps dépend de ce rapport.

3.1 LES SUBORDONNANTS *AVANT QUE, JUSQU'À CE QUE*…

On emploie les subordonnants *avant que, jusqu'à ce que*… si le fait énoncé dans la phrase que complète la subordonnée circonstancielle de temps a lieu **avant** celui énoncé dans la subordonnée.

	(1)	(2)
EXEMPLE :	*Les piétons doivent traverser **avant que** le feu clignote.*	

3.2 LES SUBORDONNANTS *APRÈS QUE, DEPUIS QUE*…

On emploie les subordonnants *après que*, *depuis que*… si le fait énoncé dans la phrase que complète la subordonnée circonstancielle de temps a lieu **après** celui énoncé dans la subordonnée.

> | | (2) | (1) |
> | --- | --- | --- |
> | EXEMPLE : | *Les piétons doivent traverser **après que le feu a clignoté**.* | |

3.3 LES SUBORDONNANTS *QUAND, LORSQUE, PENDANT QUE*…

On emploie les subordonnants *quand*, *lorsque*, *pendant que*… si le fait énoncé dans la phrase que complète la subordonnée circonstancielle de temps a lieu **en même temps** que celui énoncé dans la subordonnée.

> EXEMPLE : *Les piétons doivent traverser **pendant que le feu clignote**.*

➤ On peut aussi employer les subordonnants *quand* et *lorsque* si le fait énoncé dans la phrase que complète la subordonnée circonstancielle de temps a lieu **après** celui énoncé dans la subordonnée.

	(2)	(1)
EXEMPLE :	*Les piétons doivent traverser **quand le feu a clignoté**.*	

4 LE **MODE DU VERBE** DANS LA SUBORDONNÉE CIRCONSTANCIELLE DE TEMPS

- Avec les subordonnants *avant que*, *jusqu'à ce que*, *d'ici à ce que*, *en attendant que*, le verbe de la subordonnée se met au mode **subjonctif**.

> EXEMPLES : *Hector, tu te reposeras* { *avant que* / *jusqu'à ce que* / *d'ici à ce que* / *en attendant que* } *je <u>revienne</u>.*

- Avec tous les autres subordonnants, le verbe de la subordonnée se met au mode **indicatif**.

> EXEMPLES : *Hector, tu te reposeras* { *quand* / *lorsque* / *après que* / *une fois que* } *je <u>serai revenue</u>.*

Exerce-*toi*

Reconnaître la subordonnée circonstancielle de temps

1. a) Dans le texte suivant, **REPÈRE** et **TRANSCRIS** à double interligne les phrases qui contiennent des ensembles de mots qui situent un fait ou un événement dans le temps.

b) **METS** entre parenthèses les ensembles de mots qui situent un fait ou un événement dans le temps.

> **COMMENT SE PRODUIT UNE ÉCLIPSE DE LUNE ?**
>
> *Lorsqu'une lumière éclaire un objet, cela produit une ombre. Il en va de même avec la Terre qui reçoit la lumière du Soleil. Pendant qu'une partie de la Terre est éclairée, son ombre est projetée du côté opposé. Au moment où la Lune passe dans l'ombre de la Terre, il se produit une éclipse de Lune. Pendant un moment, la lumière du Soleil ne l'atteint pas. Seul un reflet rougeâtre apparaît. Quand la Lune émerge de l'ombre de la Terre, elle brille à nouveau. L'éclipse est terminée.*

c) Dans les ensembles de mots entre parenthèses, s'il y a lieu :
- **SOULIGNE** le verbe conjugué ;
- **ENCERCLE** le groupe du nom sujet (GNs) ;
- **SURLIGNE** le groupe du verbe (GV) ;
- **METS** entre parenthèses le ou les groupes compléments de phrase (Gcompl. P) ;
- **ENCADRE** le subordonnant.

d) **SOULIGNE** les subordonnées circonstancielles de temps.

e) **RELÈVE** les deux subordonnants complexes.

2. Les trois phrases suivantes contiennent chacune une subordonnée circonstancielle de temps.

> ① *Quand il fait nuit, nous pouvons apercevoir Mercure, Vénus, Mars, Jupiter, Saturne et Uranus.* ② *Une éclipse de Soleil se produit lorsque la Lune passe devant le Soleil.* ③ *Pendant que tu lis cette phrase, la Terre parcourt près de 500 km dans l'espace.*

a) **TRANSCRIS** ces trois phrases à double interligne, puis **SUIS** les cinq étapes ci-dessous.

> **1. SOULIGNE** le ou les verbes conjugués.
> **2. ENCERCLE** le ou les groupes du nom sujets (GNs).
> **3. SURLIGNE** le ou les groupes du verbe (GV).
> **4.** S'il y a lieu, **METS** entre parenthèses le ou les groupes compléments de phrase (Gcompl. P).
> **5.** S'il y a lieu, **ENCADRE** le subordonnant.

b) **RÉCRIS** la première phrase en lui faisant subir deux manipulations afin de prouver l'énoncé qui suit : *La subordonnée circonstancielle de temps est un groupe complément de phrase (Gcompl. P).*

c) Parmi les phrases transcrites en a), **REPÈRE** celle dont la construction correspond à celle de la PHRASE DE BASE, puis **SOULIGNE**-la.

d) Il y a plusieurs virgules dans la phrase ①. **ENCERCLE** celle qui marque le déplacement de la subordonnée circonstancielle de temps.

e) **RELÈVE** le subordonnant complexe.

f) **PRÉCISE** si le fait exprimé dans les subordonnées et celui exprimé dans les phrases qu'elles complètent ont lieu en même temps ou non.

Employer la subordonnée circonstancielle de temps

3. Voici des paires de phrases (A et B).

① **A** *Tout le monde semble heureux.*
  B *Le printemps revient.*
② **A** *Les feuilles changent de teintes.*
  B *Les froids arrivent.*
③ **A** *Maxime a téléphoné.*
  B *Il est parti.*
④ **A** *Je me tais.*
  B *Le professeur parle.*
⑤ **A** *Sa peau brûle.*
  B *Il s'expose au soleil.*

a) **RÉUNIS** les phrases A et B ci-dessus de façon à établir entre elles un rapport de temps. Pour ce faire, **UTILISE** différents subordonnants parmi la liste suivante.

après que	*jusqu'à ce que*
au moment où	*jusqu'au moment où*
aussitôt que	*lorsque*
(juste) avant que	*maintenant que*
chaque fois que	*pendant que*
depuis que	*quand*
dès que	*tant que*
en attendant que	*toutes les fois que*

EXEMPLE:

A *Cet enfant pleure sans arrêt.* **B** *Sa mère n'est pas là.*
→ *Cet enfant pleure sans arrêt quand sa mère n'est pas là.*

b) **IDENTIFIE** les groupes constituants des cinq phrases que tu as formées en a): **SUIS** les cinq étapes énumérées au numéro 2 a), page 109.

4. a) **TRANSCRIS** les phrases ci-après à double interligne, puis **IDENTIFIE** leurs groupes constituants en suivant les cinq étapes énumérées au numéro 2 a), page 109.

> ① *Le chien remue la queue dès l'arrivée de son maître.* ② *Je m'occupe de mes jeunes soeurs pendant l'absence de mon père.* ③ *L'homme lit en attendant son fils.* ④ *Le vieil homme est morose depuis la mort de sa femme.* ⑤ *Tu examineras ce dossier avant de partir.*

b) **PRÉCISE** ce qu'expriment les groupes compléments de phrase (Gcompl. P) que tu as placés entre parenthèses.

c) Dans chaque phrase, **REMPLACE** le groupe complément de phrase (Gcompl. P) par une subordonnée circonstancielle de temps de sens voisin.

> Certains marqueurs de relation deviennent des subordonnants si on y ajoute le mot *que* (ex.: *dès* → *dès que*) ou si on remplace un mot par *que* (ex.: *avant de* → *avant que*).

EXEMPLE:

depuis qu'il est parti.
~~Je m'inquiète~~ *(depuis son départ)*

d) **IDENTIFIE** les groupes constituants des subordonnées que tu as construites en c): **SUIS** les cinq étapes énumérées au numéro 2 a), page 109.

e) **RÉCRIS** l'une des phrases avec subordonnée en déplaçant la subordonnée circonstancielle de temps, puis **ENCERCLE** la ponctuation liée à ce déplacement.

f) Pour chaque phrase avec subordonnée, **PRÉCISE** si le fait exprimé dans la subordonnée et celui exprimé dans le reste de la phrase sont simultanés ou non.

5. Tu as sûrement déjà entendu ce refrain :
«Quand j'étais petit, je n'étais pas grand !»
Dans cette phrase, il y a un pléonasme : on
répète une même idée (le fait d'être petit) de
façon différente. Cette répétition crée un
effet comique.

a) À toi maintenant de rédiger des phrases
comiques… **ÉCRIS** cinq phrases qui :
• contiennent une subordonnée circonstancielle de temps ;
• sont absurdes ou contiennent une
répétition d'idée.

EXEMPLE :

*Il était encore vivant **juste avant qu'il meure**.*

VARIE les subordonnants que tu emploies.
Au besoin, **CONSULTE** la liste du numéro 3 a).

b) **IDENTIFIE** les groupes constituants des
phrases en suivant les cinq étapes énumérées
au numéro 2 a), page 109.

c) **VÉRIFIE** la ponctuation à l'intérieur des
phrases dont l'ordre des groupes constituants
n'est pas le même que dans la PHRASE DE
BASE, puis **ENCERCLE** les signes de
ponctuation à l'intérieur de ces phrases.

d) Pour chaque phrase, **PRÉCISE** si le fait
exprimé dans la subordonnée et celui exprimé
dans le reste de la phrase ont lieu en même
temps ou non.

Applique tes connaissances
lorsque tu lis

On l'appelle «Lucie-N'importe-Quoi» parce que son imagination et sa créativité la conduisent souvent à faire et à dire n'importe quoi.

Par exemple, elle devait transcrire un conte qu'elle avait lu à la bibliothèque. Eh bien, elle n'a pas été capable de le transcrire sans modifier le texte original. Fait étrange : elle avait oublié sa montre ce matin-là… et toutes les modifications qu'elle a apportées au conte ont un rapport avec le temps.

Voici le texte qu'elle a «récrit».

L'oiseau d'or

D'après Grimm

Il était une fois, il y a bien longtemps, un roi qui avait un joli jardin. Il y avait là un arbre qui portait des pommes d'or. Une fois les pommes mûres, on les compta, mais quand on revint le lendemain, il en manquait une. On rapporta la chose au roi.

5   Celui-ci ordonna alors qu'on monte la garde sous l'arbre dès qu'il ferait nuit.

Le roi avait trois fils. Quand il fit presque nuit, il envoya l'aîné au jardin. Mais, quand minuit sonna, le jeune homme finit par s'endormir et, lorsque le jour se leva, il manquait de nouveau

10   une pomme.

Quand la nuit suivante arriva, ce fut le cadet qui dut prendre la garde, mais il lui arriva la même chose : à minuit, il s'endormit et, quand le jour se leva, il en manquait encore une.

Maintenant que l'aîné et le cadet avaient échoué, ce devait être le

---

15	tour du plus jeune. Il était bien décidé à monter la garde, mais le roi n'avait guère confiance en lui : il se montrerait, pensait-il, moins capable encore que ses frères. Il finit cependant par le lui accorder. Le jeune homme s'étendit donc sous l'arbre, et sut résister au
20	sommeil. Aux douze coups de minuit, un frémissement parcourut l'air. Il vit au clair de lune un oiseau qui venait vers lui à tire-d'aile, dont le plumage brillait comme de l'or. L'oiseau se percha sur l'arbre. Il venait juste de becqueter une pomme au moment de recevoir la
25	flèche que lui décocha le jeune homme. L'oiseau s'enfuit, mais la flèche l'avait atteint et l'une de ses plumes d'or tomba. Le jeune homme la ramassa.
	Quand il fit jour, il la porta à son père et lui raconta ce qu'il avait vu pendant qu'il montait la garde. Le roi
30	réunit son conseil. Tout le monde estima qu'une telle plume avait plus de valeur que le royaume tout entier. « Si cette plume est si précieuse, déclara le roi, il me faut tout l'oiseau, et je l'aurai. » [...]

1. a) **TRANSCRIS** à double interligne les dix phrases du texte de Lucie-Nimporte-Quoi qui contiennent des ensembles de mots qui expriment le temps (il y en a 15).

b) Dans les phrases que tu as transcrites en a), **METS** entre parenthèses les ensembles de mots qui expriment le temps.

c) Les ensembles de mots ci-dessous sont tirés du conte original.

① *quand les pommes furent mûres*   ② *la nuit*   ③ *sur le coup de minuit*   ④ *la nuit suivante*   ⑤ *quand minuit sonna*   ⑥ *quand minuit sonna*   ⑦ *le lendemain*   ⑧ *pendant la nuit*   ⑨ *bien avant que vous ne veniez au monde*   ⑩ *le lendemain matin*   ⑪ *à la nuit tombante*   ⑫ *le lendemain matin*   ⑬ *le matin*   ⑭ *l'aîné et le cadet ayant échoué*   ⑮ *quand le jeune homme lui décocha une flèche.*

RÉTABLIS le texte original en écrivant au-dessus des ensembles de mots que tu as mis entre parenthèses l'un ou l'autre des 15 ensembles de mots ci-dessus.

d) Lorsque Lucie-N'importe-Quoi a modifié le conte de Grimm, elle l'a fait avec méthode… Premièrement, tu l'as remarqué, elle n'a modifié que les ensembles de mots qui expriment le temps. **ESSAIE** de découvrir l'autre contrainte qu'elle s'est imposée au cours de sa réécriture : **COMPARE** la construction des passages récrits par Lucie-N'importe-Quoi à la construction des passages correspondants du texte original. Que remarques-tu ?

2. Maintenant que tu as repéré la plupart des éléments reliés au temps dans le conte, **RÉPONDS** aux questions suivantes :

a) L'histoire racontée se déroule-t-elle à notre époque ? **RELÈVE** une expression qui le révèle dans le texte.

b) À quelle saison se déroule cette histoire ? **RELÈVE** une expression qui le révèle dans le texte.

c) Combien de temps durent les événements racontés dans l'extrait du conte ? Quelques années ? Quelques semaines ? Quelques jours ?

d) Dans la dernière phrase de l'extrait du conte, quelque chose nous laisse deviner que d'autres événements se produiront dans la suite du conte. **INDIQUE** le moyen que l'auteur a utilisé pour exprimer le temps dans ce cas.

Applique tes connaissances
lorsque tu écris

Activité de révision de texte

Le paragraphe ci-dessous a été extrait d'un texte d'un élève de deuxième secondaire. Chaque phrase a été révisée à l'aide de la stratégie *Je révise et je corrige les phrases I* (page 30.) **LIS** le texte et **OBSERVE** les annotations qui l'accompagnent : en révisant son texte, l'élève a corrigé une erreur liée au fonctionnement de la subordonnée circonstancielle de temps.

> (Mon père) <u>travaille</u> dans la construction. (Il) <u>construit</u> toutes sortes d'édifices, même des gratte-ciel. (Son métier) <u>l'amène</u> à voyager partout dans le monde. Par exemple, quand (j'étais) encore dans le ventre de ma mère, (Mon père et ma mère) <u>ont dû</u> aller vivre durant six mois en Égypte.

Voici un autre extrait du même texte. **TRANSCRIS**-le à double interligne en n'y apportant aucune correction.

> Quand mon père revient de voyage nous avons l'habitude de nous rassembler autour de la grande table de la salle à manger. Il ouvre alors sa grosse valise et de beaux cadeaux en sortent. Quand que j'avais dix ans. Mon père a fait un voyage à Moscou. À son retour au moment où il a franchi le pas de la porte il a fait un clin d'oeil en direction de sa grosse valise. Les cadeaux qu'elle renfermait devaient être extraordinaires...

a) **APPLIQUE** la stratégie *Je révise et je corrige les phrases I* (page 30) en respectant toutes les étapes.

b) **ASSOCIE** à chacune des erreurs l'un des énoncés ci-dessous. **INSCRIS** en marge, vis-à-vis de l'erreur, la lettre correspondant à l'énoncé.

A. La subordonnée circonstancielle de temps est isolée : elle n'est pas enchâssée dans une autre phrase.

B. La subordonnée circonstancielle de temps se trouve ailleurs qu'en fin de phrase et ce déplacement n'est pas marqué par la virgule.

c) **COMPARE** les erreurs que tu as repérées et les corrections que tu as apportées au texte à celles d'un ou d'une de tes camarades. **FAIS** les modifications que tu juges nécessaires sur ta copie.

Activité d'écriture

C'est l'occasion maintenant de vérifier dans quelle mesure tu maîtrises l'emploi de la subordonnée circonstancielle de temps. Tu dois écrire un texte tout en respectant certaines contraintes d'écriture, puis réviser et corriger les phrases de ton texte à l'aide de la stratégie *Je révise et je corrige les phrases I*.

Contraintes d'écriture

❏ **ÉCRIS** (à double interligne et à la mine) un texte d'au moins dix phrases, intitulé :
- soit «Une journée de rêve»;
- soit «Une journée cauchemardesque».

❏ **COMMENCE** le texte ainsi : *Quand je me suis levé / levée ce matin-là…* , et **TERMINE**-le avec cette phrase : *Quelle journée !*

❏ **EMPLOIE** au moins quatre subordonnées circonstancielles de temps, en variant les subordonnants.

Tu trouveras une liste de subordonnants de temps à la page 110.

Étape de révision et de correction

❏ **RÉVISE** et **CORRIGE** tes phrases à l'aide de la stratégie *Je révise et je corrige les phrases I*.

❏ **ÉCHANGE** ton texte avec un ou une camarade.

❏ **LIS** le texte que tu as en main, **ÉVALUE** les corrections apportées par son auteur, puis, au besoin, **SUGGÈRE** d'autres modifications au texte.

❏ **RÉCUPÈRE** ton texte, puis **PRENDS CONNAISSANCE** des corrections que ton ou ta camarade te suggère et **ÉVALUE**-les.

❏ **RECOPIE** ton texte au propre.

Le renard et les raisins

Un renard qui mourait de faim aperçut des raisins qui pendaient sur le haut d'une treille assez élevée. Les appétissants raisins étaient mûrs, et le renard affamé en aurait volontiers fait son profit. Mais il eut beau sauter et ressauter, la treille se trouvait si haute qu'il ne put l'atteindre. Ces raisins, dit-il en se retirant, la tête haute, je les aurais fort aisément si je le voulais; mais ils sont si verts qu'ils ne valent pas la peine que je me donnerais pour les prendre.

J'AI TOUJOURS AIMÉ LES FABLES. À L'ÉCOLE, ON LES APPRENAIT PAR COEUR POUR DÉVELOPPER NOTRE MÉMOIRE.

CHAQUE FABLE EST COMME UNE PETITE BULLE DE SAGESSE HUMAINE. GLOU, GLOU, GLOU.

ATELIER 7

LE DÉTERMINANT

- Son fonctionnement
- Sa forme
- Sa valeur

Le renard et les raisins

① **Un renard** qui mourait de faim aperçut ② **des raisins** qui pendaient sur le haut d'une treille assez élevée. ③ **Les appétissants raisins** étaient mûrs, et ④ **le renard** affamé en aurait volontiers fait ⑤ **son profit**. Mais il eut beau sauter et ressauter, ⑥ **la treille** se trouvait si haute qu'il ne put l'atteindre. ⑦ **Ces raisins**, dit-il en se retirant, la tête haute, je les aurais fort aisément si je le voulais; mais ils sont si verts qu'ils ne valent pas la peine que je me donnerais pour les prendre.

⑧ *Ce renard, dans le fond, était au désespoir.*
Mais toujours on méprise ce qu'on ne peut avoir.

Ésope, trad. © Duculot, 1989.

Observe *et découvre*

J'observe...

1. Dans chacun des groupes de mots en gras du texte, **SUPPRIME** tous les mots qui peuvent l'être sans que la phrase devienne non grammaticale.

   Tu peux constater que deux mots sont non supprimables dans chaque groupe: un petit mot comme *un*, *des*, *les*, *son*, *la*…, suivi d'un mot tel que *renard*, *raisins*, *profit*, *treille*… Le premier est un déterminant, le second est un nom.

   Un groupe de mots ainsi constitué: DÉTERMINANT + NOM, ou pouvant être réduit à ces deux éléments, est ce qu'on appelle un groupe du nom (abrégé ainsi: GN).

La forme du déterminant

2. a) **COMPARE** le genre et le nombre des mots non supprimables dans les groupes du nom (GN) ①, ④, ⑤ et ⑧. Dans chacun de ces groupes, le genre et le nombre du nom et du déterminant sont-ils les mêmes ?

b) En est-il de même dans les groupes du nom (GN) suivants ?

> une ennemie — la renarde — sa partenaire — cette femme

c) **METS** au pluriel les groupes du nom (GN) énumérés en b).

d) **METS** au pluriel les mots non supprimables des groupes du nom (GN) ①, ④, ⑤ et ⑧.

e) **OBSERVE** les groupes du nom (GN) que tu as mis au pluriel en c) et en d). **COMPARE** les déterminants qui introduisent un nom masculin pluriel à ceux qui introduisent un nom féminin pluriel. Au pluriel, le déterminant nous renseigne-t-il encore sur le genre du nom qu'il introduit ?

3. a) Si on met au masculin les groupes du nom (GN) énumérés au numéro 2 b), on obtient :

> une ennemie   →   un ennemi   cette femme   →   cet homme
>
> sa partenaire   →   son partenaire   la renarde   →   le renard

PRONONCE les groupes du nom (GN) ci-dessus. À l'oral, qu'est-ce qui nous renseigne sur le genre du nom dans chacun des groupes ?

b) **METS** au pluriel tous les groupes du nom (GN) énumérés en a).
À l'oral, qu'est-ce qui nous renseigne sur le nombre du nom dans chacun de ces groupes ?

4. a) Dans le texte, **REPÈRE** la phrase contenant le groupe du nom (GN) *son profit*.
COMPARE cette phrase à la suivante :

> Les appétissants raisins étaient mûrs, et j'en aurais volontiers fait **mon profit**.

Les déterminants *son* et *mon* sont tous deux masculins singuliers, comme le nom qu'ils introduisent *(profit)*. Pourtant, la forme de ces deux déterminants est différente. Quel renseignement ces déterminants fournissent-ils en plus ?

b) À quelle personne grammaticale le déterminant *son* peut-il être associé ? Et le déterminant *mon* ?

5. a) Quels éléments de la liste ci-après peuvent remplacer le déterminant *des* dans la phrase *Un renard aperçut des raisins* sans rendre cette phrase non grammaticale ?

> quelques — quelques-uns — beaucoup — peu — beaucoup de
> — énormément de — plein de — certains — différents — peu de

b) Les éléments de la liste que tu as retenus en a) sont des déterminants. Qu'observes-tu à propos du nombre de mots de chacun de ces éléments ?

J'ai découvert...

LA FORME DU DÉTERMINANT

Le déterminant indique toujours le ✎ du nom qu'il introduit. Au singulier, le déterminant, en plus d'indiquer le ✎ du nom, renseigne sur le ✎ du nom. Lorsque le déterminant et le nom sont au pluriel, le déterminant ne nous permet pas de découvrir le ✎ du nom.
_____

À l'oral, parfois seul le déterminant peut nous renseigner sur le **genre** du nom qu'il introduit (exemple : ✎). À l'oral, c'est presque toujours le déterminant qui nous renseigne sur le **nombre** du nom (exemple : ✎).
_____

Les déterminants tels que ✎ , tout comme les autres déterminants, portent les marques du genre et du nombre du nom, mais indiquent en plus une personne grammaticale.
_____

Le déterminant peut être formé d'un seul mot, mais il peut aussi être formé de ✎ (exemple : ✎).

J'observe...

Le fonctionnement du déterminant

Voici un extrait modifié de la fable *Le renard et les raisins*.

> *Un renard* aperçut **des raisins**. **Les raisins** étaient mûrs, et **le renard** en aurait volontiers fait **son profit**. Mais il eut beau sauter et ressauter, **la treille** se trouvait si haute qu'il ne put l'atteindre.

6. Peux-tu changer l'ordre des mots dans les groupes du nom (GN) en gras ?

7. a) **REMPLACE** le déterminant de chaque groupe du nom (GN) en gras dans l'extrait par un déterminant du même genre et du même nombre. **UTILISE** au besoin les trois listes de déterminants suivantes.

MASCULIN / SINGULIER :	*le, un, ce, mon, ton, son, notre, votre, leur, chaque…*
FÉMININ / SINGULIER :	*la, une, cette, ma, ta, sa, notre, votre, leur, chaque…*
MASCULIN OU FÉMININ / PLURIEL :	*les, des, ces, mes, tes, ses, nos, vos, leurs, trois, vingt et un, plusieurs, quelques…*

b) Les remplacements que tu as faits rendent-ils la phrase non grammaticale ?

c) Ces remplacements peuvent-ils changer le sens des groupes du nom (GN) ou des phrases ?

J'ai découvert...

> **LE FONCTIONNEMENT DU DÉTERMINANT**
>
> Le déterminant est toujours placé ✎ le nom.
>
> Il est possible de remplacer un déterminant par un autre du même ✎ et du même ✎ que le nom qu'il introduit sans que la phrase devienne ✎. Cependant, ce remplacement peut changer le ✎ du groupe du nom (GN) et rendre parfois la phrase incompréhensible.

J'observe...

La valeur du déterminant

8. a) **CONSTRUIS** un tableau à deux colonnes : **INTITULE** l'une des deux colonnes *LE RENARD*, et l'autre *LES RAISINS*.

Dans le texte *Le renard et les raisins* de la page 118, **RELÈVE** tous les groupes du nom (GN) en gras qui contiennent les noms *renard* ou *raisins*, puis **PLACE** ces groupes dans la colonne qui convient dans ton tableau.

b) Dans ton tableau, **ENCERCLE** les déterminants introduisant les noms *renard* et *raisins*.

c) **SOULIGNE** :
- le déterminant utilisé par l'auteur lorsqu'il parle du renard pour la première fois dans le texte ;
- le déterminant qu'il utilise lorsqu'il parle des raisins pour la première fois.

d) **CONSTRUIS** maintenant un tableau semblable à celui ci-dessous et **CLASSES**-y les <u>déterminants</u> que tu as encerclés en b).

Le déterminant introduit un nom désignant…	
un être ou une chose dont on n'a pas encore parlé dans le texte	un être ou une chose dont on a déjà parlé dans le texte
…	…

J'ai découvert...

LA VALEUR DU DÉTERMINANT

On peut classer les déterminants en **deux grandes catégories** :

- ceux qui introduisent un nom désignant un être ou une chose qu'on ne peut identifier parce qu'on n'en a pas parlé précédemment (par exemple : ✎) ;

- ceux qui introduisent un nom désignant un être ou une chose qu'on peut identifier parce qu'on en a parlé précédemment (par exemple : ✎ , ✎).

Ma grammaire

1 LE **FONCTIONNEMENT** DU DÉTERMINANT

Le déterminant est un mot **non supprimable** et **non déplaçable** dans le groupe du nom (GN). Le déterminant se trouve toujours avant le nom.

<u>Sur le plan grammatical</u>, **les déterminants peuvent être remplacés par d'autres du même genre et du même nombre.**

> EXEMPLES :
>
> $\left.\begin{array}{l} Un \\ Le \\ Ce \\ Mon \end{array}\right\}$ *petit poisson rouge aperçut* $\left.\begin{array}{l} trois \\ les \\ ces \\ mes \end{array}\right\}$ *chats qui l'observaient.*

➤ Certains déterminants peuvent se combiner avec les déterminants du type *le*, du type *ce* ou du type *mon*.
  EXEMPLES :   *les **trois** poissons — **tous** mes poissons — ces **quelques** poissons*
  Ces déterminants sont supprimables dans le groupe du nom (GN).

2 LA **FORME** DU DÉTERMINANT

- Le déterminant peut être formé d'**un seul mot** ou de **plus d'un mot**.

> EXEMPLES :
>
> *La voisine a* $\left.\begin{array}{l} des \\ plusieurs \\ beaucoup\ de \\ je\ ne\ sais\ combien\ de \end{array}\right\}$ *chats.*
>
> *Je veux **un** poisson / **du** poisson / **de l'**eau.*

> ➤ Le déterminant formé d'un seul mot est un **déterminant simple** ; celui formé de plus d'un mot est un **déterminant complexe**.

- Le déterminant porte un **genre** (masculin ou féminin) et un **nombre** (singulier ou pluriel) qui correspondent au genre et au nombre du nom qu'il introduit.

  La forme du déterminant indique toujours le <u>nombre du nom</u> qu'il introduit.

> EXEMPLES :   *Hector aperçut **un chat** qui l'observait.*
>   *Hector aperçut **des chats** qui l'observaient.*

Lorsque le déterminant est au **singulier**, il nous renseigne généralement sur le genre du nom qu'il introduit, mais lorsqu'il est au **pluriel**, sa forme ne permet pas de connaître le genre du nom.

EXEMPLES :

un		*une*		*des*	
le	*poisson*	*la*	*chatte*	*les*	*poissons*
ce		*cette*		*ces*	*chattes*
mon		*ma*		*mes*	

➤ Quelques déterminants au pluriel indiquent le genre du nom. C'est le cas des déterminants *tous/toutes* et *certains/certaines*.

EXEMPLES : **tous** *les chats /* **toutes** *les chattes ;* **certains** *chats /* **certaines** *chattes.*

À l'oral, le déterminant peut être le seul mot dans le groupe du nom (GN) à indiquer le genre ou le nombre du nom qu'il introduit.

EXEMPLE :   **Les** *chats de* **la** *concierge observaient Hector.*

- Certains déterminants, en plus de porter le genre et le nombre du nom qu'ils introduisent, indiquent une **personne grammaticale**. Ce sont les déterminants du type *mon* (*mon, ton, son,* etc.), qu'on appelle *déterminants possessifs*.

EXEMPLES :   *Ces chats sont à moi ; ce sont* **mes** *chats.*
               Ces chats sont à la voisine ; ce sont **ses** *chats.*

- Les déterminants *le* et *les* sont inclus, avec les prépositions *à* et *de*, dans certains mots :
  – le mot *au* inclut la préposition *à* et le déterminant *le* ;
  – le mot *aux* inclut *à* et *les* ;
  – le mot *du* peut inclure *de* et *le* ;
  – le mot *des* peut inclure *de* et *les*.

Les mots qui incluent une préposition et un déterminant sont appelés *déterminants contractés*.

EXEMPLES :
                    (de le)   (de les)
          Hector observe la chatte **du** *voisin /* **des** *voisins.*

                    (à le)   (à les)
          Hector pense **au** *chat /* **aux** *chats du voisin.*

3 LA VALEUR DU DÉTERMINANT

Le déterminant est un mot qui **précise le sens du nom** qu'il introduit, qui lui donne une valeur.

Le déterminant a une **valeur quantifiante**, c'est-à-dire qu'il peut indiquer une quantité:

- soit de façon **précise**;

> EXEMPLES: ***le / ce / mon / un / pas un / aucun*** *chat*
> ***deux / trois / cent*** *chats*

- soit de façon **imprécise**.

> EXEMPLES: ***les / ces / mes / des / plusieurs / beaucoup de*** *chats*

On peut ranger les déterminants dans l'une ou l'autre des deux catégories suivantes: la catégorie des **déterminants référents** ou la catégorie des **déterminants non référents** (aussi appelés *déterminants quantifiants*).

3.1 LES DÉTERMINANTS **RÉFÉRENTS**

Les déterminants référents sont ceux qui **introduisent un nom désignant un être ou une chose qu'on peut identifier**:

- soit parce que le contexte le permet;

> EXEMPLE: LE CHAT ET LE POISSON
>
> *Un chat qui mourait de faim aperçut un poisson rouge qui rêvassait dans un bocal posé près d'une fenêtre ouverte.* ***Le poisson*** *était bien gras, et* ***le chat affamé*** *en aurait volontiers fait* ***son profit****. Mais il eut beau sauter et ressauter, la fenêtre se trouvait si haute qu'il ne put l'atteindre.* ***Ce poisson****, dit-il en se retirant, je l'aurais fort aisément si je le voulais; mais il est si maigre qu'il ne vaut pas la peine que je me donnerais pour le capturer.*

> ➤ Dans le texte ci-dessus:
>   - les animaux désignés dans les groupes du nom (GN) en gras peuvent être identifiés par le lecteur, car l'auteur a parlé d'un poisson et d'un chat dans la première phrase du texte. Le lecteur sait donc qu'il s'agit de ce poisson et de ce chat; l'auteur emploie les déterminants *le* et *ce*;
>   - ce que désigne le groupe *son profit* est également identifiable: il s'agit du profit du chat dont on a déjà parlé dans la phrase; l'auteur emploie le déterminant *son*.

- soit parce que la réalité dont on parle est **connue de tous**.

> EXEMPLE: ***Les poissons*** *vivent dans* ***l'eau****.*

Les déterminants du type *le* (*le / l', la / l', les*) sont généralement référents; ceux du type *ce* (*ce / cet, cette, ces*) et ceux du type *mon* (*mon, ton, son*, etc.) le sont toujours.

3.2 LES DÉTERMINANTS **NON RÉFÉRENTS**

Les déterminants non référents sont ceux qui **introduisent un nom désignant un être ou une chose qu'on ne peut pas identifier** parce que le contexte ne le permet pas.

➤ Dans la première phrase du texte *Le chat et le poisson*, les animaux désignés par les groupes du nom (GN) *un chat qui mourait de faim* et *un poisson rouge qui rêvassait dans un bocal posé près d'une fenêtre ouverte* ne peuvent être identifiés par le lecteur, car l'auteur n'en a pas encore parlé; c'est pourquoi l'auteur emploie le déterminant *un* pour introduire ces groupes du nom (GN).

Les déterminants comme *un (un, une, des), deux, aucun, chaque, plusieurs, quelques, beaucoup de…* sont généralement non référents.

Exerce-*toi*

Employer les différentes formes des déterminants

1. **a)** **Trouve** les déterminants du type *le* *(le / l', la / l', les)* qui peuvent remplacer les points de suspension dans les phrases ci-dessous, puis **transcris** chaque déterminant suivi seulement du nom qu'il introduit.

> ① ... insectes ont six pattes, alors que ... araignées en ont huit. ② ... appartement où il habite n'a pas été touché par ... incendie. ③ On dit que ... hirondelle annonce ... printemps. ④ Je préfère ... été à ... hiver ou à ... automne. ⑤ Je me rappelle tous ... héros de mon enfance.

b) **Inscris** entre parenthèses *le* ou *la* au-dessus des déterminants *l'* que tu as employés.

c) Dans les groupes du nom (GN) que tu as transcrits, **encercle** les déterminants qui, à l'oral comme à l'écrit, n'indiquent pas le genre du nom qu'ils introduisent.

2. **a)** **Certains déterminants ne peuvent être employés après les mots *de* et *à*.** **Complète** chacune des phrases ci-dessous en tentant d'y ajouter chacun des quatre groupes du nom (GN) suivants : *l'ami*, *la soeur*, *le frère*, *les parents*. Lorsque tu ne peux pas insérer le groupe du nom (GN), **fais** les modifications nécessaires pour y arriver.

> – J'ai fait la rencontre **de**... de ton voisin.
> – J'ai téléphoné **à**... de ton voisin.

b) Parmi les suites de mots ci-dessous, **relève** celles qu'on ne peut pas employer.

> ① *de l'* ② *de la* ③ *de le* ④ *de les*
> ⑤ *à l'* ⑥ *à la* ⑦ *à le* ⑧ *à les*

c) **Construis** un tableau semblable à celui ci-dessous, puis, en tenant compte de tes réponses en a) et en b), **remplace** les points de suspension par le déterminant qui convient.

DE	À
de + ... = du	*à + ... = au*
de + ... = des	*à + ... = aux*

3. **a)** **Trouve** les déterminants du type *ce* *(ce/cet, cette, ces)* qui peuvent remplacer les points de suspension dans les phrases ci-dessous, puis **transcris** chaque déterminant suivi seulement du nom qu'il introduit.

> ① ... montagnes ne sont-elles pas magnifiques ? ② Mon père semble très préoccupé ... jours-ci. ③ ... homme est très étrange, mais ... femme l'est encore plus. ④ À ... époque-là, les familles étaient plus nombreuses. ⑤ ... hibou semble blessé. ⑥ ... hiver, nous louerons ... chalet. ⑦ ... histoires de sorcières m'amusent. ⑧ ... homards sont vigoureux.

b) Dans les groupes du nom (GN) que tu as transcrits, **encercle** les déterminants qui, à l'oral, n'indiquent pas le genre du nom qu'ils introduisent.

4. a) **TROUVE** les déterminants du type *mon* (*mon, ma, mes; ton, ta, tes; son, sa, ses; notre, nos; votre, vos; leur, leurs*) qui peuvent remplacer les points de suspension dans les phrases ci-après, puis **TRANSCRIS** chaque déterminant suivi seulement du nom qu'il introduit.

TIENS COMPTE du contexte afin de déterminer la personne grammaticale du déterminant.

① *Je sais que tu as pleuré, car ... yeux sont rouges.* ② *Lara et Laudie sont les filles de ma tante; ce sont ... cousines.* ③ *C'est toi qui as rédigé ce texte; c'est ... texte.* ④ *Toi et moi, nous voyons le même dentiste; c'est ... dentiste.* ⑤ *Sandra et Véronique sont de bonnes amies: ... amitié dure depuis dix ans.* ⑥ *C'est moi qui ai proposé de faire une fête; c'est ... idée.* ⑦ *Annie et toi, vous avez réussi l'examen; ... parents doivent être fiers de vous.* ⑧ *M. et Mme Picard sont le père et la mère de Léo; ce sont ... parents.* ⑨ *Nos invités ont oublié ... chaussures.* ⑩ *Voici les amies de Christine et de Pascale; ce sont ... amies.*

b) **ENCERCLE** le déterminant pluriel qui, à l'oral, n'indique pas le nombre du nom qu'il introduit.

5. a) **TROUVE** les déterminants du type *un* (*un, une, des*) qui peuvent remplacer les points de suspension dans les phrases ci-après, puis **TRANSCRIS** chaque déterminant suivi seulement du nom qu'il introduit.

① *... météorite est ... corps céleste qui traverse l'atmosphère.* ② *Pourriez-vous me donner ... autographe ?* ③ *Sa grand-mère lui a légué ... immense armoire, ... horloge et ... ustensiles de jardinage.* ④ *C'est ... bel été que nous avons là !* ⑤ *La nuit dernière, ... incendie a ravagé ... hôpital pour enfants.* ⑥ *Il a su profiter ... hasards favorables qui se sont présentés.*

b) Dans les groupes du nom (GN) que tu as transcrits, **ENCERCLE** les déterminants qui, à l'oral comme à l'écrit, n'indiquent pas le genre du nom qu'ils introduisent.

6. a) Parmi les déterminants *un, une, des, de / d'*, **CHOISIS** celui qui est le plus approprié pour remplacer les points de suspension dans les phrases B ci-dessous.

① **A** *J'ai **un** chien.*
   B *Je n'ai pas ... chien.*
② **A** *Le suspect avait **une** moustache.*
   B *Le suspect n'avait pas ... moustache.*
③ **A** *Ce petit garçon fait toujours **des** bêtises.*
   B *Ce petit garçon ne fait jamais ... bêtises.*
④ **A** *Il y a **une** erreur.*
   B *Il n'y a pas ... erreur.*

b) Les phrases B sont de forme négative. Quelles formes peuvent prendre les déterminants *un, une, des* dans une phrase négative ?

7. a) RÉCRIS les phrases ci-dessous en insérant l'adjectif entre parenthèses à l'endroit indiqué par les points de suspension et en modifiant la forme du déterminant *des*.

> ① *Elle a fait des … confitures.* (délicieuses)
> ② *Des … nuages obscurcissent le ciel.* (énormes) ③ *Mon frère m'a offert des … boucles d'oreilles.* (belles)

b) Quelles formes peut prendre le déterminant *des* lorsqu'il est séparé du nom par un adjectif ?

8. a) Dans chacune des phrases ci-après, **REPÈRE** le déterminant qui peut être remplacé par les déterminants *des* et *ces* (la phrase doit demeurer grammaticale), **TRANSCRIS** ce déterminant suivi seulement du nom qu'il introduit, puis **ENCERCLE** le déterminant.

EXEMPLE :

Elle a lu je ne sais combien de romans.
→ je ne sais combien de romans

> ① *Il avait tellement de choses à dire.*
> ② *D'après mon calcul, ma soeur a, jusqu'à ce jour, livré mille journaux.* ③ *Sophan a lu plusieurs romans cet été.* ④ *Le professeur s'adressait à certains élèves.*
> ⑤ *Beaucoup de personnes souffrent de la solitude.* ⑥ *Elle éprouve énormément de difficultés à s'exprimer.* ⑦ *Quelques élèves ont manifesté leur mécontentement.*
> ⑧ *Peu de gens approuvent votre attitude.*

b) Parmi les déterminants que tu as encerclés, **SURLIGNE** ceux qui sont formés de plus d'un mot.

c) Quel mot est présent dans tous les déterminants que tu as surlignés ?

9. a) Dans les deux courts textes ci-dessous, **EMPLOIE** les huit déterminants que tu as repérés en 8 a). Ne **TRANSCRIS** que le déterminant et le nom qu'il introduit.

Défi !

> **RENDONS HOMMAGE À M. UNTEL**
> *Cher M. Untel, vous méritez pleinement l'hommage que nous vous rendons aujourd'hui, car vous avez déployé ① … énergie pour mener votre oeuvre à terme. Nous savons qu'il vous a fallu ② … courage et ③ … persévérance pour aller jusqu'au bout de votre entreprise. ④ … monde aurait pu accomplir ce que vous avez fait. Toutes nos félicitations, monsieur !*

> **À PROPOS DU CONCOURS DE POÉSIE**
> ⑤ *… personnes nous ont rapporté qu'au moins ⑥ … élèves s'étaient inscrits au concours de poésie. ⑦ … membres du jury disent qu'ils ont même déjà reçu ⑧ … poèmes. Espérons que nos poèmes les étonneront par leur qualité !*

b) Dans chaque groupe du nom (GN) que tu as obtenu, **SOULIGNE** les noms pouvant être introduits par *de la*, *de l'* ou *du*.

c) *De la*, *de l'* et *du* sont-ils des déterminants ?

d) COMPARE les noms soulignés aux noms qui ne le sont pas : lesquels désignent quelque chose qu'on ne peut pas compter ?

Défi! **10.** Quelques-uns des sept mots en gras dans les phrases ci-dessous se prononcent ou s'écrivent de la même façon que certains déterminants, mais n'appartiennent pas à cette classe de mots.

> Personne ne ① **sait** exactement comment l'espèce des dinosaures ② **s'est** éteinte. — Lorsque les savants découvrirent les dinosaures, ils ③ **leur** donnèrent des noms parfois difficiles à prononcer. — Un chercheur scientifique donne toujours un nom latin à ④ **ses** découvertes animales ou végétales, car ⑤ **c'est** le nom qui sera utilisé par tous ⑥ **ses** collègues partout dans le monde, quelle que soit ⑦ **leur** langue maternelle.

a) **OBSERVE** les mots en gras dans les phrases et **CLASSE**-les en deux ensembles :
- ceux qui sont des déterminants ;
- ceux qui ne sont pas des déterminants.
  INSCRIS chaque fois le mot précédé de son numéro.

b) **EXPLIQUE** comment tu as procédé pour reconnaître les mots qui appartiennent à la classe des déterminants.

Défi! **11. APPLIQUE** la consigne a) du numéro 10 aux mots en gras dans les phrases ci-après.

> Les insectes n'ont pas ① **de** poumons. — Les insectes nous ② **sont** souvent utiles, parfois ils nous nuisent. — La plupart ③ **des** insectes meurent ④ **dès** la fin ⑤ **de** l'été. — L'abeille meurt une fois qu'elle ⑥ **t'a** piqué, car ⑦ **son** dard reste dans ⑧ **ta** peau.

12. APPLIQUE la consigne a) du numéro 10 aux mots en gras dans les phrases suivantes.

> Le coeur diffuse le sang à travers tout le corps pour nourrir ① **les** cellules, ② **les** nettoyer et ③ **les** préserver. — Le coeur est un muscle qui ④ **se** contracte et ⑤ **se** relâche pour pomper le sang. C'est ⑥ **ce** mouvement que l'on appelle le battement de coeur. — Le sang paraît bien rouge, ⑦ **mais** il ne ⑧ **l'est** pas.

Reconnaître le déterminant référent et le déterminant non référent ⟵

13. a) **CLASSE** les groupes du nom (GN) en gras selon qu'ils désignent une ruelle, un chat ou un chien.

> Dans **une ruelle, un petit chat** se désaltérait dans une flaque d'eau. Tout à coup, **un énorme chien** surgit au bout de **la ruelle.** Il vit **le chaton,** il se rua vers lui. **Le chat** aperçut **le chien qui courait vers lui** et se réfugia aussitôt sous un balcon.

b) Dans chaque groupe du nom (GN), **ENCADRE** le déterminant et le nom qu'il introduit.

c) **SOULIGNE** les groupes du nom (GN) désignant une réalité que le contexte ne permet pas d'identifier, puis **SURLIGNE** ceux qui, au contraire, désignent une réalité que le contexte permet d'identifier.

d) Parmi les déterminants que tu as encadrés, **RELÈVE** ceux qui sont référents.

e) Parmi les déterminants que tu as encadrés, **RELÈVE** ceux qui sont non référents.

14. Tu sais que les déterminants comme *le / l'*, *la / l'*, *les* peuvent introduire un nom dont on n'a pas parlé précédemment. Par exemple, si un adulte explique à un enfant: «**Les étoiles** sont comme de petits soleils» ou «**Le Soleil** est une étoile», il fait comme si l'enfant connaissait les réalités (les étoiles, le Soleil) dont il parle.

a) Parmi les phrases des numéros 10, 11 ou 12, RELÈVE quatre phrases contenant au moins un déterminant qui introduit un nom désignant une réalité connue de tous, puis, dans chaque phrase, ENCADRE ce déterminant et ce nom.

b) Les déterminants que tu as encadrés en a) sont-ils référents ou non référents ?

15. a) IMAGINE une suite au texte du numéro 13 (quatre phrases maximum):
• où tu parleras du balcon dont il est question dans le texte;
• où tu feras intervenir un troisième personnage qui sera une souris;
• où tu utiliseras un nom qui désigne une réalité connue de tous.

b) Dans tes phrases, ENCADRE les noms désignant:
• le balcon;
• la souris;
• une réalité connue de tous;
et le déterminant introduisant chacun de ces noms.

c) Parmi les groupes du nom (GN) que tu as encadrés en b), SOULIGNE celui ou ceux qui désignent une réalité qu'on ne peut pas identifier, puis VÉRIFIE si le déterminant dans ce ou ces groupes est bien un déterminant non référent. S'il y a lieu, REMPLACE le déterminant.

d) Parmi les groupes du nom (GN) que tu as encadrés en b), SOULIGNE ceux qui désignent une réalité qu'on peut identifier, puis VÉRIFIE si le déterminant, dans chacun de ces groupes, est bien un déterminant référent. S'il y a lieu, REMPLACE le déterminant.

Ces ou *ses*?

Les déterminants *ces* et *ses* se prononcent de la même façon. Pour cette raison, il arrive parfois qu'on les confonde à l'écrit.

- *Ces* introduit généralement un nom qui désigne **un être ou une chose dont on a déjà parlé ou qu'on peut désigner par un geste**.

    *Flavia connaît deux Argentins. Ce sont **ces personnes** qui l'ont initiée au tango.*

- *Ses* introduit un nom qui désigne **un être ou une chose en rapport avec un autre être ou une autre chose**.

    *Les Argentins qui ont initié Flavia au tango sont devenus **ses amis**.*

    *Ses amis = les amis **de Flavia**.*

Dans tes phrases, lorsque tu emploies les déterminants *ces* ou *ses*, utilise cette **stratégie de révision** pour en vérifier l'orthographe.

Attention ! *C'est, s'est*, *sais* et *sait* ne sont pas des déterminants, mais se prononcent comme *ces* et *ses*.

1. **ENCADRE** le déterminant *ces* ou *ses* et le nom qu'il introduit.

2. **METS** au singulier le déterminant et le nom qu'il introduit, puis d'autres mots de la phrase au besoin.

    • Les formes *son* ou *sa* au singulier correspondent à la forme plurielle *ses*.
    • Les formes *ce/cet* ou *cette* au singulier correspondent à la forme plurielle *ces*.

3. **VÉRIFIE** l'orthographe du déterminant et, s'il y a lieu, **CORRIGE**-la.

    EXEMPLE:
    Ces
    Ses Argentins connaissent Flavia; ils sont *ces amis*.
    ses
    Cet Argentin connaît   il est son ami

Exercice

RÉCRIS ces phrases en remplaçant les points de suspension par *ces* ou *ses*. **APPLIQUE** ensuite la stratégie de révision ci-dessus.

① *Elle a reçu la visite de … fils.* ② *… rues ne sont pas encore déneigées.* ③ *Annie mit … bottes, puis … gants.* ④ *Regarde … montagnes !* ⑤ *Je me souviendrai de … personnes toute ma vie.* ⑥ *Mon père égare toujours … lunettes et … clés.* ⑦ *Ah ! … chaudes journées d'été.* ⑧ *Le chat tombe souvent sur … pattes.* ⑨ *J'ai visité … petits pays d'Europe.* ⑩ *Rémi nous a présenté … frères.* ⑪ *Que font … gens ?* ⑫ *Les orchidées sont … fleurs préférées.* ⑬ *Pour toutes … raisons, je ne vais plus les voir.* ⑭ *À qui appartiennent … disques ?* ⑮ *Juan sait tirer profit de … erreurs.*

Le déterminant *leur* : *leur* ou *leurs* ?

Lorsque le déterminant *leurs* est suivi d'un mot commençant par une consonne, il se prononce de la même façon que *leur*. Prononce ces groupes de mots pour comparer :

leurs amis / leur ami — leurs meilleurs amis / leur meilleur ami

Pour cette raison, il arrive qu'on orthographie *leur* de façon incorrecte.

Les déterminants *leur* et *leurs* indiquent que ce que désigne le nom qu'ils introduisent est en rapport avec plusieurs êtres ou plusieurs choses :

- **le nom introduit par *leur* est au singulier;**

  *L'Argentin qui a initié Flavia et Léa au tango est devenu **leur ami**.*

  Leur ami = **l'ami** de Flavia et de Léa.

- **le nom introduit par *leurs* est au pluriel.**

  *Les Argentins qui ont initié Flavia et Léa au tango sont devenus **leurs amis**.*

  Leurs amis = **les amis** de Flavia et de Léa.

Dans tes phrases, lorsque tu emploies le déterminant *leur*, utilise cette **stratégie de révision** pour en vérifier l'orthographe.

Attention ! *Leur* peut aussi être un pronom.
Dans ce cas, il est placé devant un verbe et ne prend jamais de *s*.

1. **ENCADRE** le déterminant *leur(s)* et le nom qu'il introduit.

2. **DÉTERMINE** si le nom qu'il introduit est ou doit être au singulier ou au pluriel puis, au-dessus, **INDIQUE** son nombre (S ou P).

   Leur(s) doit indiquer le nombre du nom qu'il introduit :
   • si le nom est ou doit être au singulier, il doit être introduit par *leur*;
   • si le nom est ou doit être au pluriel, il doit être introduit par *leurs*.

3. **VÉRIFIE** l'orthographe de *leur(s)* (et au besoin celle du nom qu'il introduit) et, s'il y a lieu, **CORRIGE**-la.

   EXEMPLE : *Ces Argentins connaissent Flavia et Léa; ils sont* [*leur partenaire*] *de danse.*

Exercice

RÉCRIS ces phrases en remplaçant les points de suspension par l'une des formes du déterminant *leur* et en choisissant, s'il y a lieu, la forme du singulier ou du pluriel du nom. **APPLIQUE** ensuite la stratégie de révision ci-dessus.

① *Cette fille est l'amie de mes fils : c'est … amie(s).* ② *Mes cousines déménagent bientôt; j'appréhende … départ(s).* ③ *Les Corses sont fiers de … pays.* ④ *Ces livres ne sont pas à moi; ce sont … livre(s).* ⑤ *Samia et Théo vont à la même garderie; c'est … garderie(s).* ⑥ *Les clients n'ont pas terminé … repas.* ⑦ *Dans les coulisses, les acrobates attendent … tour(s).* ⑧ *Mes amis se sont fait voler … ski(s).*

Applique tes connaissances
lorsque tu lis

Ton meilleur ami a une vilaine grippe et il a dû manquer une journée de classe. Comme tu habites près de chez lui, tu lui as offert de lui apporter ses devoirs et de lui expliquer le contenu du cours de français d'aujourd'hui : les déterminants.

Ce que tu as trouvé d'intéressant dans ce cours, c'est **le rôle que jouent les déterminants dans la compréhension d'un texte**. Pour démontrer à ton ami que les déterminants ont un sens, tu as choisi cette fable de La Fontaine. **FAIS** les activités qui suivent pour t'assurer que tu seras en mesure de lui faire ta démonstration.

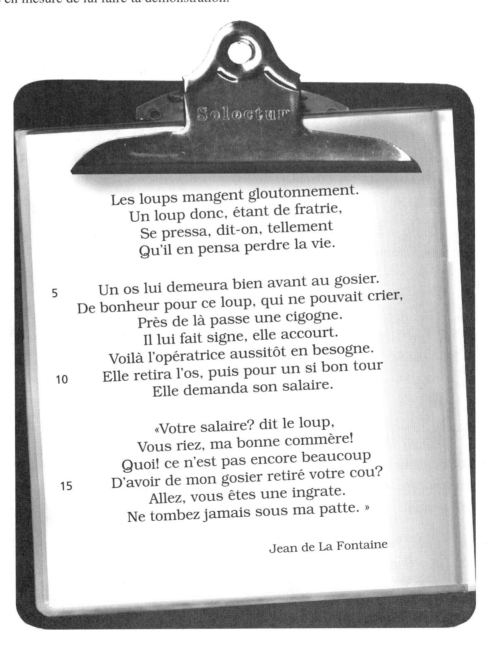

Les loups mangent gloutonnement.
Un loup donc, étant de fratrie,
Se pressa, dit-on, tellement
Qu'il en pensa perdre la vie.

5   Un os lui demeura bien avant au gosier.
De bonheur pour ce loup, qui ne pouvait crier,
Près de là passe une cigogne.
Il lui fait signe, elle accourt.
Voilà l'opératrice aussitôt en besogne.
10   Elle retira l'os, puis pour un si bon tour
Elle demanda son salaire.

«Votre salaire? dit le loup,
Vous riez, ma bonne commère!
Quoi! ce n'est pas encore beaucoup
15   D'avoir de mon gosier retiré votre cou?
Allez, vous êtes une ingrate.
Ne tombez jamais sous ma patte. »

Jean de La Fontaine

1. Comme tu dois expliquer à ton ami ce qu'apportent les déterminants au sens du texte, il est important que tu les aies repérés auparavant. **RELÈVE** tous les déterminants de la fable ainsi que le nom que chacun introduit.

2. Tu as remarqué que le nom *loup* est utilisé plusieurs fois, et qu'il est chaque fois introduit par un déterminant différent. **FAIS** les activités qui suivent pour faire comprendre à ton ami le choix de l'auteur.

   a) L'auteur a commencé son texte ainsi: *Les loups mangent gloutonnement…*
   Aurait-il pu le commencer ainsi: *Des loups mangent gloutonnement…*? Pourquoi?

   b) **EXPLIQUE** le choix de l'auteur lorsque, pour introduire le nom *loup*:
   • il emploie d'abord le déterminant *un*;
   • puis les déterminants *ce* et *le*.

3. Tu as sans doute remarqué que, pour éviter les répétitions dans son texte, l'auteur recourt à des noms différents pour désigner une même réalité.

   a) **RELÈVE**, dans la fable, le groupe du nom (GN) contenant le nom *cigogne*.
   Pourquoi l'auteur n'a-t-il pas introduit le nom *cigogne* par le déterminant *la* ou *cette*?

   b) Quel animal de la fable le groupe du nom (GN) *l'opératrice* désigne-t-il?

   c) Pourquoi l'auteur a-t-il introduit ce groupe du nom (GN) par le déterminant *l'*?

   d) **RELÈVE**, dans la dernière strophe, deux autres groupes du nom (GN) qui désignent la cigogne.

4. Tu sais que les déterminants du type *mon* indiquent que ce que désigne le nom qu'ils introduisent est en rapport avec un autre ou d'autres êtres, ou encore une autre ou d'autres choses. Tu veux démontrer à ton ami que, pour bien saisir le sens d'un texte qui contient ce type de déterminants, il faut être capable de reconnaître le sens de ces déterminants.

   a) La fable demeurerait-elle compréhensible si, dans le dernier paragraphe, on remplaçait le groupe *mon gosier* par *son gosier*, et le groupe *ma patte* par *sa patte*? Qui, dans la fable, prononce les groupes de mots suivants: *mon gosier, ma patte*?

   b) Les groupes *mon gosier* et *ma patte* désignent le gosier et la patte de qui?

   c) Dans la fable, on trouve deux fois le nom *salaire*. Dans les deux cas, il s'agit du salaire de qui?

   d) Pourquoi le déterminant introduisant le nom *salaire* est-il tantôt *son*, tantôt *votre*?

5. **TRANSCRIS** et **COMPLÈTE** le titre de la fable de Jean de La Fontaine en y ajoutant les déterminants qui conviennent: ✎ loup et ✎ cigogne.

Applique tes connaissances
lorsque tu écris

➤ *Stratégie de révision de texte*

Voici une stratégie de révision de texte te rappelant l'essentiel des connaissances que tu as acquises sur les déterminants.

Je révise et je corrige les déterminants

1. **ENCADRE** le déterminant et le nom qu'il introduit.

2. **VÉRIFIE** l'orthographe du déterminant puis, s'il y a lieu, **CORRIGE**-la.

   ☞ **FAIS** particulièrement attention à l'orthographe des déterminants *ces* et *ses*, et à celle du déterminant *leur(s)*.

3. *Ce que désigne le nom que tu as encadré peut-il être identifié par le lecteur (soit parce que le contexte le permet, soit parce que ce dont on parle est connu de tous)?*

OUI

Le déterminant devrait être référent.
4. **REMPLACE** le déterminant s'il y a lieu.

NON

Le déterminant devrait être non référent.
4. **REMPLACE** le déterminant s'il y a lieu.

➤ *Activité de révision de texte*

1. Le paragraphe de l'encadré ci-dessous a été extrait d'un texte d'une élève de troisième secondaire. Chaque phrase a été révisée à l'aide de la stratégie *Je révise et je corrige les déterminants*. **LIS** le texte et **OBSERVE** les annotations qui l'accompagnent : l'élève a corrigé des erreurs liées à l'emploi et à l'orthographe du déterminant.

> Josée a deux petits frères. Parfois, ~~ces~~ *ses* frères l'exaspèrent, car ils se conduisent en enfants gâtés. Par exemple, hier, ils voulaient absolument ~~les~~ *des* bandes dessinées... Aujourd'hui, ~~ses~~ *ces* bandes dessinées traînent dans un coin, elles ne les intéressent déjà plus. Demain, ils voudront que ~~leur~~ *leurs* parents leur achètent ~~ce~~ *un* ballon et, après-demain, ils l'auront sans doute égaré.

2. Voici le début d'une légende. Ce texte n'a pas été écrit exactement comme il t'est proposé ici : dans la version originale, on a su choisir les bons déterminants afin d'assurer la cohérence du texte.

Attention ! Les déterminants dans les groupes du nom (GN) en gras peuvent ne pas être les bons.

L'HISTOIRE DE L'OURS AMOUREUX

*[...] Il y a longtemps de cela, dans ① **le Grand Nord canadien**, ② **le jeune ours** tombe follement amoureux de ③ **la jeune Inuite**. C'est ainsi que, chaque jour lorsque le mari de ④ **la femme** sort dans ⑤ **l'espoir** de tuer ⑥ **l'animal**, ⑦ **un ours** se glisse dans l'iglou du couple. ⑧ **Un jour**, ⑨ **un ours** dit à ⑩ **une jeune Inuite** : «Petite, je vis très haut dans ⑪ **ses montagnes**. Tu dois prendre à gauche, puis à droite et encore à gauche. ⑫ **Mon iglou** est superbe, mais j'ai besoin d'une femme telle que toi pour le partager !» Il ajoute : Ne dis surtout pas ⑬ **au mari** où j'habite, car il veut me tuer. N'oublie pas que si tu me trahis, je l'entendrai au fond de mon coeur.» [...]*

D'après *Hibou*, vol. 16, n° 4, avril 1995.

---

a) **TRANSCRIS** chacun des groupes de mots en gras, précédé de son numéro, puis **APPLIQUE** la stratégie *Je révise et je corrige les déterminants* en tenant compte du contexte.

b) **COMPARE** les erreurs que tu as repérées et les corrections que tu as apportées à celles d'un ou d'une de tes camarades. **FAIS** les modifications que tu juges nécessaires sur ta copie.

Activité d'écriture

Tu dois maintenant prouver que tu es capable de choisir les bons déterminants pour introduire les noms que tu emploies dans tes textes et de bien orthographier ces déterminants. Tu dois écrire le début d'une histoire tout en respectant certaines contraintes d'écriture, puis réviser et corriger ton texte à l'aide de la stratégie *Je révise et je corrige les déterminants*.

La situation

Arthur, le petit garçon que tu gardes, te demande de lui raconter l'histoire du Petit Chaperon rouge. «Bien sûr, où est le conte ?» lui dis-tu. «Je l'ai prêté à mon ami…» Tu suggères de lui lire autre chose : rien à faire, il veut entendre l'histoire du Petit Chaperon rouge ! Il insiste encore, menace de faire une crise si tu ne te soumets pas à son caprice. Tu te résignes alors à la lui raconter de mémoire.

Arthur s'endormira avant la fin de l'histoire.

Contraintes d'écriture

❏ En au moins huit phrases, ÉCRIS de mémoire le début du Petit Chaperon rouge.

❏ COMMENCE ton texte ainsi :

Je vais te raconter l'histoire du Petit Chaperon rouge. Ouvre grandes tes oreilles et écoute bien. Il était une fois…

❏ PRÉSENTE (ou mentionne) les personnages suivants : le Petit Chaperon rouge, sa mère, sa grand-mère et le loup.

Étape de révision et de correction

❏ RÉVISE tes phrases à l'aide de la stratégie *Je révise et je corrige les déterminants*.

❏ ÉCHANGE ton texte avec un ou une camarade.

❏ LIS le texte que tu as en main, ÉVALUE les corrections apportées par son auteur, puis, au besoin, SUGGÈRE d'autres modifications au texte.

❏ RÉCUPÈRE ton texte, puis PRENDS CONNAISSANCE des corrections que ton ou ta camarade te suggère et ÉVALUE-les.

❏ RECOPIE ton texte au propre.

La cage sans oiseau

Félix ne comprend pas qu'on tienne des oiseaux dans une cage.

— De même, dit-il, que c'est un crime de cueillir une fleur, et, personnellement, je ne veux la respirer que sur sa tige, de même les oiseaux sont faits pour voler.

ON NE DEVRAIT JAMAIS METTRE LES OISEAUX EN CAGE. NI AUCUN AUTRE ANIMAL D'AILLEURS.

JE L'AIME BIEN, MON BOCAL, MOI.

LE NOM

- Son fonctionnement
- Sa forme
- Son sens
- Une procédure pour repérer le nom

ATELIER 8

La cage sans oiseau

Félix ne comprend pas qu'on tienne des oiseaux dans une cage.

— De même, dit-il, que c'est un crime de cueillir une ① **fleur**, et, personnellement, je ne veux la ② **respirer** que sur sa tige, de même les oiseaux sont faits pour voler.

Cependant, il achète une cage; il l'③ **accroche** à sa fenêtre. Il y dépose un nid d'ouate, une soucoupe de graines, une tasse d'④ **eau** pure et renouvelable. Il y suspend une balançoire et une petite ⑤ **glace**.

Et comme on l'interroge avec surprise:

— Je me félicite de ma ⑥ **générosité**, dit-il, ⑦ **chaque** fois que je regarde cette cage. Je pourrais y mettre un oiseau et je la laisse vide. Si je voulais, telle ⑧ **grive** brune, tel bouvreuil pimpant, qui sautille, ou tel autre de nos oiseaux variés serait esclave. Mais grâce à ⑨ **moi**, l'un d'eux au moins reste ⑩ **libre**. C'est toujours ça.

Jules Renard, *Histoires naturelles.*

Observe *et découvre*

J'observe...

Le fonctionnement du nom

REPRODUIS un tableau semblable à celui qui suit, puis **INSCRIS** dans la première colonne les quinze mots en gras du texte, précédés de leur numéro.

	A Dans la phrase, le mot est précédé d'un déterminant.	**B** Le mot est accompagné d'un adjectif ou pourrait l'être.	**C** Le mot est sujet ou pourrait l'être.
① *fleur*			
...			

1. Parmi les mots numérotés, **REPÈRE** ceux qui sont introduits par un déterminant.

> Attention !
> • Le déterminant et le nom peuvent être séparés par un mot supprimable dans la phrase.
> • **ASSURE**-toi que les mots du texte que tu crois être des déterminants en sont bien.

INSCRIS les mots notés dans la colonne **A** de ton tableau, précédés de leur déterminant.

		A	**B**	**C**
EXEMPLE:	① *fleur*	*une fleur*		

2. a) Parmi les mots numérotés, **REPÈRE** ceux qui sont précédés ou suivis d'un adjectif (par exemple : *beau/belle*, *petit/petite*, *grand/grande*).

   INSCRIS ces mots dans la colonne **B** de ton tableau, précédés d'un déterminant et avec l'adjectif qui les accompagne dans le texte.

   b) Parmi les autres mots numérotés, **REPÈRE** ceux qui pourraient être accompagnés d'un adjectif dans la phrase.

   INSCRIS ces mots dans la colonne **B** de ton tableau, précédés d'un déterminant et accompagnés d'un adjectif de ton choix.

		A	**B**	**C**
EXEMPLE:	① *fleur*	*une fleur*	*une belle fleur*	

3. Parmi les mots numérotés, REPÈRE ceux qui, précédés d'un déterminant, peuvent être sujets d'un verbe.

> • Tu peux essayer de placer chaque mot numéroté devant le verbe *être* et imaginer le reste de la phrase.
> • Le mot doit être non supprimable dans le GNs.

Dans la colonne **C** de ton tableau, INSCRIS ces mots en les insérant dans une phrase dont ils sont le sujet.

	A	B	C
EXEMPLE :	① *fleur*	*une fleur*	*une belle fleur*	*Cette fleur est belle.*

4. Dans ton tableau, BARRE tous les mots qui ne correspondent à aucun des fonctionnements observés aux numéros 1, 2 et 3. Les mots que tu n'as pas barrés sont des **noms**.

J'ai découvert...

LE FONCTIONNEMENT DU NOM

Le nom :

- est généralement précédé d'un ✎ dans la phrase ;

- peut être précédé ou suivi d'un ✎ dans la phrase ;

- peut être ✎ d'un verbe : il doit alors être précédé d'un ✎ et être un mot non supprimable dans le groupe du nom sujet (GNs).

J'observe...

Le genre du nom

5. a) REPRODUIS un tableau semblable à celui-ci, puis CLASSES-y les groupes du nom (GN) de la liste ci-dessous.

MASCULIN	FÉMININ
	① *une allée*
② *un pétale*	

Comme dans l'exemple ci-dessus, n'INSCRIS qu'un groupe du nom (GN) par ligne.

---

① *une alliée* ② *un pétale* ③ *une écolière* ④ *une lapine* ⑤ *une chienne*
⑥ *une vendeuse* ⑦ *un incendie* ⑧ *un regard* ⑨ *une élève* ⑩ *une horloge*
⑪ *une actrice* ⑫ *une qualité* ⑬ *un amoureux* ⑭ *un athlète* ⑮ *un ami*

---

b) Chaque fois que cela est possible, **DONNE,** dans ton tableau, la forme correspondante du nom dans l'autre genre (masculin / féminin).

PLACE le déterminant *un* ou *une* devant les noms.

6. a) **METS** entre parenthèses les noms de ton tableau qui ne sont que masculins ou que féminins.

b) **SOULIGNE** les noms qui s'écrivent différemment au masculin et au féminin.

c) Parmi les noms que tu as soulignés, **SURLIGNE** ceux qui se prononcent de la même façon au masculin et au féminin.

d) **ENCERCLE** les noms qui, à l'écrit comme à l'oral, ont la même forme au masculin et au féminin.

7. a) Les déterminants qui introduisent les noms que tu as mis entre parenthèses t'ont-ils aidé à déterminer le genre de ces noms lorsque tu les as classés ?

b) À l'oral, quel mot, dans le groupe du nom (GN), permet de connaître le genre des noms que tu as surlignés ?

c) Quel mot, dans le groupe du nom (GN), permet, à l'oral comme à l'écrit, de distinguer le genre des noms que tu as encerclés ?

d) Si les groupes du nom (GN) de la liste étaient au pluriel *(des alliées, des pétales…)*, le déterminant indiquerait-il encore le genre du nom qu'il introduit ?

J'ai découvert...

LE GENRE DU NOM

Les noms ont obligatoirement un genre (masculin / féminin). Certains ont une forme qui varie selon le genre, d'autres non.

- Certains noms ne sont que masculins ou que féminins (exemple : *un* ✎ , *une* ✎).

- D'autres s'écrivent différement au masculin et au féminin (exemple : *un* ✎ / *une* ✎). Parmi ces noms, certains se prononcent de la même façon au masculin et au féminin (exemple : *un* ✎ / *une* ✎).

- D'autres encore s'écrivent et se prononcent de la même manière au masculin et au féminin (exemple : *un / une* ✎).

Dans le groupe du nom (GN), le déterminant qui est au ✎ nous renseigne sur le genre du nom qu'il introduit. Parfois, c'est le seul indice que nous avons pour déterminer le genre du ✎ .

J'observe...

Le nombre du nom

8. a) REPRODUIS un tableau semblable à celui-ci, puis **CLASSES**-y les groupes du nom (GN) de la liste ci-dessous.

SINGULIER	PLURIEL
	① *des journaux*
② *un Québécois*	

Comme dans l'exemple ci-dessus, n'**INSCRIS** qu'un groupe du nom (GN) par ligne.

---

① *des journaux* ② *un Québécois* ③ *des festivals* ④ *des bijoux* ⑤ *des clous*
⑥ *un baiser* ⑦ *une voix* ⑧ *des nez* ⑨ *un sourire* ⑩ *une pensée* ⑪ *des nouveaux* ⑫ *des tuyaux* ⑬ *des cheveux* ⑭ *un chandail* ⑮ *des travaux*

---

b) REMPLIS les cases vides de ton tableau en donnant pour chaque nom singulier le nom pluriel correspondant, et vice-versa.

PLACE le déterminant *un* ou *des* devant les noms.

9. a) SOULIGNE les noms de ton tableau qui s'écrivent différemment au singulier et au pluriel.

b) Parmi les noms que tu as soulignés, **SURLIGNE** ceux qui se prononcent de la même façon au singulier et au pluriel.

c) **ENCERCLE** les noms qui, à l'écrit comme à l'oral, ont la même forme au singulier et au pluriel.

d) Pourquoi les noms que tu as encerclés s'écrivent-ils de la même façon au singulier et au pluriel ?

10. a) À l'oral, quel mot, dans le groupe du nom (GN), permet de connaître le nombre des noms que tu as surlignés ?

b) Quel mot, dans le groupe du nom (GN), permet, à l'oral comme à l'écrit, de distinguer le nombre des noms que tu as encerclés ?

c) Le déterminant et le nom qu'il introduit sont-ils toujours du même nombre ?

11. OBSERVE les noms pluriels que tu as soulignés dans ton tableau. Quelle est la marque de pluriel la plus fréquente ?

12. a) Dans ton tableau, **RELÈVE** les noms au singulier auxquels on doit ajouter un *-x* pour former leur pluriel.

b) Quelles sont les voyelles qui terminent ces noms au singulier ?

c) Dans ton tableau, **RELÈVE** un nom qui se termine par *-ou* au singulier et auquel on ajoute un *-s* pour former son pluriel.

d) **TROUVE** au moins deux noms en *-ou* qui forment leur pluriel comme *bijou*, puis un autre qui forme son pluriel comme *clou*.

13. a) Dans ton tableau, **RELÈVE** les noms au singulier dont on doit <u>changer les dernières lettres</u> pour former leur pluriel.

b) Quelles sont les voyelles qui terminent ces noms au singulier ? Et au pluriel ?

c) Dans ton tableau, **RELÈVE** un nom qui se termine par *-al* au singulier, mais dont les dernières lettres ne changent pas au pluriel.

d) **TROUVE** au moins deux noms en *-al* qui forment leur pluriel comme *journal*, puis un autre qui forme son pluriel comme *festival*.

e) Dans ton tableau, **RELÈVE** un nom qui se termine par *-ail* au singulier, mais dont les dernières lettres ne changent pas au pluriel.

f) **TROUVE** au moins un nom en *-ail* qui forme son pluriel comme *travail*, puis un autre qui forme son pluriel comme *chandail*.

J'ai découvert...

LE NOMBRE DU NOM

Les noms se mettent au singulier ou au pluriel. Ils ont donc obligatoirement un nombre.

- La plupart des noms s'écrivent différemment au singulier et au pluriel, mais un grand nombre d'entre eux se prononcent de la même façon au _✎_ et au _✎_ (exemple : *un* _✎_ / *des* _✎_).

- Quelques noms s'écrivent et se prononcent de la même façon au singulier et au pluriel : ce sont les noms terminés par _✎_ , _✎_ ou _✎_ .

Dans le groupe du nom (GN), le déterminant, qu'il soit _✎_ ou _✎_ , correspond au nombre du _✎_ qu'il introduit. Parfois, c'est le seul indice que nous avons pour déterminer le nombre du _✎_ .

Il existe différentes manières de former le pluriel des noms :

- Le plus souvent, on ajoute un _✎_ au nom.
- On ajoute un _✎_ aux noms terminés en *-eau*, à la plupart des noms terminés en *-au* et *-eu* et à quelques noms terminés en *-ou*.
- On change les _✎_ de la plupart des noms terminés en *-al* et de quelques noms terminés en *-ail* pour les lettres _✎_ .

J'observe...

→ | *Le sens du nom*

14. a) Voici les titres de deux histoires. Que peut-on imaginer à la lecture de chacun de ces titres ?

*Le coeur de **Pierre** — Le coeur de **pierre**.*

b) Pourquoi peut-on interpréter ces titres de façon différente ?

c) **CLASSE** les noms de la liste ci-dessous en deux ensembles, selon :
   - qu'ils peuvent être attribués à une série de choses ou d'êtres;
   - ou, au contraire, qu'ils sont associés à une chose ou à un être particulier.

   > ① PAYS ② CANADA ③ PLUTON ④ PLANÈTE ⑤ FÊTE ⑥ NOËL
   > ⑦ VILLE ⑧ TORONTO ⑨ ÉPOQUE ⑩ MOYEN ÂGE

d) Comment appelle-t-on les noms qui ne sont associés qu'à une chose ou à un être particulier ? Et ceux qui peuvent être attribués à une série de choses ou d'êtres ?

e) Dans une phrase, **ESSAIE** d'employer les noms propres de la liste en plaçant le déterminant *le* ou *la* devant. Est-ce toujours possible ?

---

15. a) Parmi les noms énumérés au numéro 5, à la page 142, **REPÈRE** ceux :
   - qui désignent des personnes ou des animaux;
   - qui ne désignent ni des personnes ni des animaux.

b) Quels noms ont un genre qui peut varier : ceux qui désignent des personnes ou des animaux, ou ceux qui ne désignent ni des personnes ni des animaux ?

c) Quels noms ont un genre fixe : ceux qui désignent des personnes ou des animaux, ou ceux qui ne désignent ni des personnes ni des animaux ?

---

16. a) **CLASSE** les noms en gras dans les groupes du nom (GN) ci-dessous en deux ensembles, selon qu'ils peuvent ou non être introduits par les déterminants *un*, *deux*, *vingt*.

   > ① beaucoup de **plages** ② beaucoup de **sable** ③ énormément de **qualités**
   > ④ énormément de **courage** ⑤ trop de **sacs** ⑥ trop de **farine** ⑦ assez de
   > **pots** ⑧ assez de **moutarde**.

b) Pourquoi peut-on dire *un/deux/vingt* plages, mais non *un/deux/vingt* sables ?

c) Dans les groupes du nom (GN) énumérés en a), **COMPARE** le nombre (singulier / pluriel) des noms pouvant être introduits par les déterminants *un*, *deux*, *vingt* à celui des autres noms. Que remarques-tu ?

17. a) CLASSE les noms en gras dans les phrases ci-dessous en deux ensembles, selon que, au singulier :

- ils désignent un seul être ou une seule chose ;
- ils désignent un ensemble regroupant plusieurs êtres ou plusieurs choses.

> ① Les **clients** <u>se plaignent</u> continuellement. ② La **clientèle** <u>est</u> manifestement <u>insatisfaite</u>. ③ Les **vaches** <u>partent</u> pour les pâturages. ④ Les **troupeaux** <u>traversent</u> la route. ⑤ Le **public** <u>applaudissait</u>. ⑥ Les **spectateurs** <u>étaient</u> <u>ravis</u>.

b) Dans chacune de ces phrases, les noms en gras commandent l'accord du mot ou des mots soulignés.

REPÈRE les noms qui désignent un ensemble d'êtres ou de choses. Lorsque ces noms sont au singulier, quel nombre imposent-ils aux mots soulignés ?

J'ai découvert...

LE SENS DU NOM

Certains noms peuvent être attribués à ✎ (exemple : *un pays*) ; ce sont des noms ✎ .
D'autres noms sont associés à ✎ (exemple : *le Canada*) ; ce sont des noms ✎ .
À l'écrit, la ✎ permet de mettre en évidence les noms propres.

Les noms qui désignent des ✎ ou des ✎ peuvent avoir une forme pour le masculin et une pour le féminin.

Seuls les noms qui désignent quelque chose qu'on peut ✎ peuvent être introduits par des déterminants comme *deux*, *vingt*. Les noms qui désignent quelque chose qu'on ne peut pas ✎ , même s'ils sont précédés d'un déterminant comme *beaucoup de*, *assez de*..., s'emploient au ✎ .

Certains noms désignent un ensemble regroupant plusieurs êtres ou plusieurs choses (exemple : ✎). Ces noms, lorsqu'ils sont au singulier, imposent le ✎ aux mots de la phrase qui s'accordent avec eux.

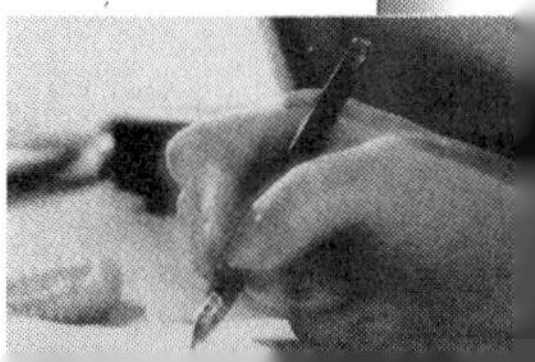

Ma grammaire

1 LE **FONCTIONNEMENT** DU NOM

- Le nom est le mot noyau du groupe du nom (GN). Dans une phrase, le nom est habituellement précédé d'un <u>déterminant</u>.

> **EXEMPLE :** *Même s'il vit dans <u>un</u> **bocal**, <u>mon</u> **poisson** semble heureux.*

> ➤ Certains noms propres n'ont pas besoin d'être introduits par un déterminant.
> EXEMPLE : ***Hector** semble heureux.*

> ➤ Dans certains contextes, le nom n'a pas besoin d'être introduit par un déterminant.
> EXEMPLES : *Hector est bon **nageur**. — Hector a une faim de **loup**.*

- Dans une phrase, le nom peut être précédé ou suivi d'un <u>adjectif</u> qui le complète.

> **EXEMPLE :** *Même s'il vit dans son <u>petit</u> **bocal**, mon **poisson** <u>rouge</u> semble heureux.*

> ➤ Dans certains contextes, le nom ne peut pas être accompagé d'un adjectif.
> EXEMPLES : *Hector a **faim** et mange avec **voracité**.*

- Le nom peut être <u>sujet</u> d'un verbe : il peut donc faire partie d'un groupe du nom sujet (GNs) dans une phrase. Il est alors non supprimable dans le groupe.

> | GNs | + | GV |
> |---|---|---|
> | *Hector* | | *semble heureux.* |
> | *Un ~~petit~~ **bocal*** | | *est posé sur le rebord de ma fenêtre.* |

2 LA **FORME** DU NOM

- Le nom peut être formé d'**un seul mot** ou de **plus d'un mot**, liés ou non par un trait d'union.

> **EXEMPLES :** *une **pomme***   *une **pomme de terre***
> *un **cerf***   *un **cerf-volant***

> ➤ Le nom formé d'un seul mot est un **nom simple** ; celui formé de plus d'un mot est un **nom composé**. Sur le plan de la formation des mots, on peut aussi considérer comme un nom composé un nom qui a été formé en soudant des mots existants.
> EXEMPLE : *vinaigre (vin / aigre).*

- **Le nom a obligatoirement un genre** (masculin ou féminin):
  - la plupart des noms ont un genre fixe (ils ne sont que masculins ou que féminins);

> EXEMPLES: *une **bouteille** — un **bocal***

  - certains noms ont un genre variable (ils ont une forme pour le masculin et une autre pour le féminin, ou encore une forme unique pour le masculin et le féminin).

> EXEMPLES: *un **chat**/une **chatte** — un **ennemi**/une **ennemie** — un/une **élève***

➤ Généralement, le déterminant singulier nous renseigne sur le genre du nom qu'il introduit. À l'oral, parfois aussi à l'écrit, il peut être le seul mot dans le groupe du nom (GN) à indiquer le genre du nom.

- Selon les besoins de la communication, **le nom se met au singulier ou au pluriel**. Il a donc obligatoirement un nombre (singulier ou pluriel).

> EXEMPLES: *une **chatte**/des **chattes** — un **bocal**/des **bocaux***

➤ Généralement, le déterminant nous renseigne sur le nombre du nom qu'il introduit. À l'oral, parfois aussi à l'écrit, il peut être le seul mot dans le groupe du nom (GN) à indiquer le nombre du nom.

2.1 LA **FORMATION DU FÉMININ** DES NOMS

Il existe différentes manières de former le féminin des noms ayant une forme pour le masculin et une autre pour le féminin:
- le plus souvent, on doit ajouter un -*e* à la forme masculine;
- quelquefois, il faut changer les dernières lettres du nom;
- parfois, il faut changer complètement la forme du nom masculin.

Tu trouveras en annexe un tableau intitulé
Formation du féminin des noms et des adjectifs (page 325).

Attention !

Certains noms qui changent de forme à l'écrit ne changent pas de forme à l'oral.
Lorsque tu écris, porte une attention particulière aux noms qui se prononcent de la même manière au masculin et au féminin. Tu éviteras ainsi de commettre ce genre d'erreur:

*Mon ami Annie ne comprend pas que je garde un poisson dans un bocal.

2.2 LA **FORMATION DU PLURIEL** DES NOMS

Les noms s'écrivent différemment au singulier et au pluriel, sauf ceux qui se terminent par -*s*, -*x*, -*z* au singulier.

Il existe différentes manières de former le pluriel des noms :

- le plus souvent, on ajoute un -*s* au nom singulier ;
- quelquefois, on doit ajouter un -*x* ;
- parfois, il faut changer les dernières lettres du nom.

Tu trouveras en annexe un tableau intitulé
Formation du pluriel des noms et des adjectifs (page 327).

Attention !

Le plus souvent, les marques du pluriel dans le code écrit ne se font pas entendre.

Lorsque tu écris, porte une attention particulière au pluriel des noms. Tu éviteras ainsi de commettre ce genre d'erreur :

*Elle pense que les poisson ne sont pas faits pour vivre dans des bocaux.

---

3 LE SENS DU NOM

Les traits caractéristiques de ce que désigne un nom permettent de le décrire : un nom est **commun** ou **propre**, **animé** ou **non animé**, **comptable** ou **non comptable**, **individuel** ou **collectif**.

3.1 LE NOM **COMMUN** / LE NOM **PROPRE**

Un nom qui peut être attribué à une série de choses ou d'êtres est un nom **commun**. Un nom **propre** est un nom qu'on associe à une chose ou à un être particulier.

Le nom **propre** s'écrit avec une majuscule. Certains noms propres n'ont pas besoin de déterminant pour fonctionner dans la phrase.

> EXEMPLE : *Mon **poisson** s'appelle **Hector**.*
>
> Le nom commun *poisson* peut être attribué à une série d'êtres, tandis que le nom propre *Hector* est associé à un être en particulier.

➤ **Attention !** Les noms d'habitants s'écrivent toujours avec une majuscule (même s'ils peuvent désigner une série d'êtres) et les adjectifs formés à partir de ces noms s'écrivent avec une minuscule.

EXEMPLE : *Des **Hawaïennes** — Des jupes **hawaïennes***

3.2 LE NOM **ANIMÉ** / LE NOM **NON ANIMÉ**

Un nom qui désigne une personne ou un animal est dit **animé**. Un nom qui ne désigne ni une personne ni un animal est un nom **non animé**.

La plupart des noms **animés** ont un genre variable, qui est déterminé par le sexe de l'être désigné. Le nom **non animé**, lui, a toujours un genre fixe.

EXEMPLES :	noms animés :	un **ami** / une **amie** — un **homme** / une **femme**
	noms non animés :	l'**avenir** — un **bocal** — une **fleur**

➤ Selon qu'il s'agit d'un nom animé ou d'un nom non animé, le pronom qui remplace le nom prend parfois une forme différente.

EXEMPLE : *Il pense à son **ami**.* → *À **qui** pense-t-il ?*

*Il pense à son **avenir**.* → *À **quoi** pense-t-il ?*

3.3 LE NOM **COMPTABLE** / LE NOM **NON COMPTABLE**

Un nom est dit **comptable** s'il désigne quelque chose qui peut être compté. Un nom **non comptable** désigne quelque chose qu'on ne peut pas compter.

EXEMPLES :	noms comptables :	Il faut une **banane**, des **bleuets** et deux **poires**.
	noms non comptables :	Il faut de la **crème**, du **miel** et beaucoup de **sucre**.

On peut employer des déterminants comme *deux*, *trois*, *cent* pour introduire un nom **comptable**, mais c'est impossible avec un nom **non comptable**. Le nom non comptable s'emploie avec :

- les déterminants *de la*, *de l'* ou *du* ;
- les déterminants formés de plus d'un mot, dont le mot *de* (*beaucoup de*, *assez de*, *un peu de*, etc.).

Le nom **non comptable** s'emploie généralement au singulier.

3.4 LE NOM **INDIVIDUEL** / LE NOM **COLLECTIF**

Un nom est dit **collectif** si, au singulier, il désigne un ensemble d'êtres ou de choses. Un nom **individuel** est un nom qui, au singulier, désigne un seul être ou une seule chose.

EXEMPLES :	noms individuels :	une **personne** — des **oeufs** — plusieurs **moutons**
	noms collectifs :	une **foule** — une **équipe** — des **troupeaux**

➤ Le nom **collectif** singulier, même s'il désigne un ensemble regroupant plusieurs êtres ou plusieurs choses, impose le singulier aux mots de la phrase qui s'accordent avec lui.

EXEMPLES : ** Un petit **groupe** seulement viendront manifester.*

*Un petit **groupe** seulement viendra manifester.*

4 UNE **PROCÉDURE** POUR REPÉRER LE NOM

La première condition pour orthographier correctement un nom est d'être capable de le repérer dans la phrase. La procédure qui suit te rappelle trois critères qui peuvent t'aider à reconnaître un nom.

PROCÉDURE POUR REPÉRER UN **NOM** COMMUN

Dans la phrase, **RELÈVE** un mot que tu crois être un nom, puis **VÉRIFIE** s'il répond aux critères ci-dessous.

❶ Dans la phrase, le mot est introduit par un déterminant.

➤ Attention ! Dans certains contextes, le nom peut ne pas être introduit par un déterminant. EXEMPLE : *Apporte-moi un verrre d'eau*.

❷ Dans la phrase, le mot est ou pourrait être accompagné d'un adjectif.

❸ Dans la phrase, le mot est sujet d'un verbe ou il pourrait l'être dans une autre phrase.

➤ Il doit alors être introduit par un déterminant et être non supprimable dans le groupe du nom sujet (GNs).

Exerce-*toi*

Reconnaître le nom

1. a) **ÉNUMÈRE** les critères qui peuvent t'aider à reconnaître les noms contenus dans les phrases.

b) **RELÈVE** le ou les noms que contient chacune des phrases ci-dessous.

> ① J'ai été remboursé par le fabricant.
> ② De gros nuages obscurcissent le ciel.
> ③ C'est ma soeur qui lui a appris la nouvelle. ④ Les commerçants se préparent pour la rentrée scolaire.
> ⑤ Quel magnifique sourire elle m'a adressé ! ⑥ Les gros mangent les petits.

Défi !

2. a) **OBSERVE** le fonctionnement de chacun des mots en gras dans les phrases ci-dessous et **CLASSE**-les en deux ensembles :
- ceux qui sont des noms ;
- ceux qui ne sont pas des noms.

INSCRIS chaque fois le mot et le numéro qui le précède.

> L'homme marche d'un pas ① **ferme** vers la ② **ferme**, y entre, puis ③ **ferme** la ④ **porte** derrière lui. Il en ressort quelques minutes plus tard avec un veau qu'il ⑤ **porte** sur son dos.

b) Le fonctionnement de certains mots t'a permis de les classer comme des noms. **DÉCRIS** en quoi ces mots fonctionnent comme des noms dans la phrase.

Défi !

3. **APPLIQUE** la consigne a) du numéro 2 aux mots en gras dans les phrases suivantes.

> Le professeur se mit à ① **rire**, d'un ② **rire** énorme et joyeux, qui retentit dans tous les couloirs de l'école. — J'évite de manger le ③ **gras** de la viande, et les aliments ④ **gras** en général. — La mère de cet ⑤ **élève** ⑥ **élève** des chiens. — Quand je lui ai dit que le ⑦ **rouge** lui allait à ravir, elle est devenue ⑧ **rouge** comme un coquelicot. — Charles les ⑨ **visite** régulièrement, ses grands-parents; il leur rend ⑩ **visite** tous les dimanches, sans exception.

Identifier le genre et le nombre du nom

4. a) **METS** ces groupes du nom (GN) au féminin.

CONSULTE au besoin le tableau *Formation du féminin des noms et des adjectifs* (page 325).

> ① un concierge ② un invité ③ un jaloux ④ un instituteur ⑤ un débutant ⑥ un ennemi ⑦ un cuisinier ⑧ un veuf ⑨ un héros ⑩ un voleur ⑪ un cycliste ⑫ un prince ⑬ un habitué ⑭ un jumeau ⑮ un criminel

b) **SURLIGNE** les noms qui, au féminin, changent de forme à l'écrit, mais non à l'oral.

c) **DONNE** le numéro des groupes du nom (GN) dans lesquels le déterminant est le seul indice que nous avons à l'oral pour connaître le genre du nom.

5. a) **METS** ces groupes du nom (GN) au pluriel.

CONSULTE au besoin le tableau *Formation du pluriel des noms et des adjectifs* (page 327).

> ① *un détail* ② *un corps* ③ *un carnaval*
> ④ *un bateau* ⑤ *un oral* ⑥ *un curieux*
> ⑦ *un travail* ⑧ *un fou* ⑨ *un neveu*
> ⑩ *un oeuf* ⑪ *un champ* ⑫ *un gaz* ⑬ *un genou* ⑭ *un animal* ⑮ *un mouvement*

b) **SURLIGNE** les noms qui, au pluriel, changent de forme à l'écrit, mais non à l'oral.

c) **DONNE** le numéro des groupes du nom (GN) dans lesquels le déterminant est le seul indice que nous avons à l'oral pour connaître le nombre du nom.

6. a) **TRANSCRIS** ces phrases, puis **ENCADRE** le nom que chacune contient.

> ① *Votre nièce a téléphoné.* ② *Je connais leur concierge.* ③ *Comme mes amies sont honnêtes !* ④ *Elle est mon alliée.* ⑤ *Nous avons rencontré plusieurs professionnelles.*

b) Dans chaque phrase, **ENCERCLE** ce qui, à l'oral, nous renseigne sur le genre du nom.

c) Dans chaque phrase, **SOULIGNE** tout ce qui, à l'écrit, nous renseigne sur le genre du nom.

7. a) **TRANSCRIS** ces phrases, puis **ENCADRE** le nom que chacune contient.

> ① *Connais-tu leurs frères ?* ② *Ces enfants boudent.* ③ *Ces oeufs ne sont pas frais.* ④ *Ils préparent leur oral.* ⑤ *On affiche des prix imbattables.*

b) Dans chaque phrase, **ENCERCLE** ce qui, à l'oral, nous renseigne sur le nombre du nom.

c) Dans chaque phrase, **SOULIGNE** ce qui, à l'écrit, nous renseigne sur le nombre du nom.

8. a) **TRANSCRIS** les noms de la liste ci-dessous en les faisant précéder du déterminant *un* ou *une*, puis **SOULIGNE** les noms dont tu n'es pas certain ou certaine du genre.

> ① *appartement* ② *autobus* ③ *avion*
> ④ *escalier* ⑤ *été* ⑥ *hiver* ⑦ *opinion*
> ⑧ *espèce* ⑨ *oreille* ⑩ *orteil*

b) **VÉRIFIE** dans un dictionnaire le genre de tous les noms de la liste et, s'il y a lieu, **CORRIGE** le déterminant.

c) Comme tu as pu le constater, certains noms ont un genre difficile à retenir. **DÉCOUVRE** ce que ces noms ont en commun en observant leur lettre initiale. **FORMULE** une phrase qui rend compte de ton observation.

Comprendre le sens du nom

9. a) Les noms énumérés au numéro 4, page 153, sont-ils tous des noms animés ?

b) Ces noms ont-ils tous un genre variable ?

c) Parmi ces noms, **RELÈVE** ceux qui ont une forme unique, même s'ils ont un genre variable.

10. a) Parmi les noms énumérés au numéro 5, **RELÈVE** les noms animés.

b) Parmi les noms relevés en a), **SOULIGNE** celui qui a un genre fixe, même s'il est un nom animé.

11. **Relève** les noms propres dans les phrases ci-dessous, puis **emploie** chacun comme nom commun dans une phrase.

> ① *La Terre a une lune, tandis que Mars en a deux.* ② *Elle habite rue des Framboisiers.* ③ *Avez-vous déjà vu la statue de la Liberté ?* ④ *Je n'oublie jamais la fête des Mères.*

12. Dans une phrase, **emploie** comme nom propre chacun des mots en gras dans ces phrases.

> *Quel beau coucher de* ① **soleil** *! — Samir préfère la cuisine* ② **mexicaine** *et Rachelle, la cuisine* ③ **italienne**. *— On utilise le* ④ **mercure** *pour mesurer la température. — On m'a offert des gants en* ⑤ **suède**.

13. **Transcris** les noms entre parenthèses avec ou sans majuscule, selon qu'ils sont des noms propres ou des noms communs.

> *Au sommet du mont* ① *(washington), aux* ② *(états-unis), les vents peuvent atteindre près de quatre cents* ③ *(kilomètres) à l'heure. — Le requin-baleine peut atteindre dix-huit* ④ *(mètres) de long et peser près de vingt* ⑤ *(tonnes), soit deux fois plus qu'un éléphant d'* ⑥ *(afrique). — Au* ⑦ *(québec), la plupart des gens utilisent le thermomètre inventé par* ⑧ *(anders celcius). — Les* ⑨ *(américains), eux, utilisent celui inventé par* ⑩ *(gabriel fahrenheit).*

14. a) **Observe** le sens des noms en gras dans les phrases ci-après, puis **donne** le numéro des noms comptables.

> *Il n'aime pas le* ① **café**. *— Ce client a bu un* ② **café**. *— Coupez le* ③ **citron** *en deux. — Il y a du* ④ **citron** *dans ce muffin. — J'ai acheté un* ⑤ **fromage**. *— Cette sauce goûte le* ⑥ **fromage**. *— Il a dessiné un* ⑦ **porc**. *— Il y a du* ⑧ **porc** *au menu. — Il aime manger sa soupe avec du* ⑨ **pain**. *— Achète un* ⑩ **pain**, *s'il te plaît.*

b) **Récris** les phrases contenant les noms repérés en a) en remplaçant dans chacune le déterminant qui introduit le nom comptable par *dix* et en faisant les modifications qui s'imposent.

15. **Transcris** les groupes du nom (GN) en gras dans les phrases ci-dessous en accordant correctement le nom entre parenthèses.

> ① *Elle a lu* **peu de** *(roman).* ② *Ajoutez* **un peu de** *(poivre).* ③ *Ce garçon a* **tellement de** *(problème) !* ④ *Il y avait* **tellement de** *(vent) que nous n'avons pas pu sortir.* ⑤ *Elle a* **plein d'**(encre) *sur les doigts.* ⑥ *Il y a* **plein de** *(moustique) dans cette région.* ⑦ *Il y avait* **trop de** *(monde).* ⑧ *Cet enfant mange* **trop de** *(bonbon).* ⑨ *Avez-vous* **assez de** *(feuille) ?* ⑩ *Il ne boit pas* **assez de** *(lait).*

16. Les phrases ci-dessous contiennent chacune au moins une erreur.

Attention ! Erreurs

> ① *La majorité ont voté contre.* ② *La foule lançaient des confettis aux nouveaux mariés.* ③ *De nombreux étudiants se plaignent, mais un petit groupe seulement ont signé la pétition.* ④ *C'est de leur faute, à ma famille.* ⑤ *Tout le monde ont droit à leur opinion.*

a) Dans ces phrases, **relève** les noms collectifs.

b) **Repère** dans ces phrases les erreurs liées à l'emploi du nom collectif, puis **transcris** chaque phrase en la corrigeant.

Applique tes connaissances
lorsque tu lis

Dans le cadre de son cours de grammaire, Carlos devait souligner tous les noms du texte *Les arbres parlent-ils ?* Voici son travail.

Nom : _Carlos_   Date : _30 septembre_

Souligne tous les noms dans le texte suivant.

LES ARBRES PARLENT-ILS ?
Certains scientifiques le pensent.

«Il est dit que les **pierres** bougent et que les **arbres** parlent», écrit Shakespeare dans *Macbeth*. Une équipe de chercheurs de l'Université de Washington, à **Seattle**, affirme que les arbres se «parlent».

Ces scientifiques fondent leur théorie sur des expériences concernant les effets d'une agression sur un arbre. Le stress de l'arbre peut tenir à la sécheresse, au gel, à la **pollution** ou à un manque d'éléments nutritifs dans le sol. Dans ces conditions, les défenses naturelles de l'arbre sont diminuées. Il est dès lors plus vulnérable aux attaques d'**insectes**.

Comme celui des humains, le stress des arbres s'accompagne de modifications chimiques. Les chercheurs ont découvert qu'ils produisent alors davantage de substances nutritives au détriment des éléments qui les protègent des ravages des insectes.

Les expériences du professeur Rhoades et de ses collègues ont démontré que les arbres attaqués par des insectes multipliaient leurs éléments chimiques défensifs, une sorte d'insecticide naturel, et que les arbres sains de leur entourage, comme s'ils étaient informés de cette agression par les arbres malades, réagissaient de la même façon.

L'équipe de chercheurs s'est demandée si les arbres «communiquaient» par leurs racines, au travers du sol, mais ses tests ont été négatifs. Cette **équipe** a alors supposé que la solution se trouvait peut-être dans les phéromones transportées par l'air. Ces substances chimiques, émises par les plantes et les animaux, jouent le rôle de signaux entre les membres d'une même espèce.

De plus amples recherches ont conduit le professeur Rhoades à la conclusion que les arbres émettent à travers leurs feuilles une phéromone porteuse des signaux de danger. Les études dans cette voie se poursuivent.

D'après *Faits étranges et récits extraordinaires*,
© Reader's Digest, 1988.

1. Après avoir révisé le travail de Carlos, on constate qu'il a fait trois erreurs.

   a) Carlos a souligné le mot *pensent* (dans le titre) et le mot *protègent* (dans le troisième paragraphe). **EXPLIQUE** la raison qui a fait que Carlos a commis ces erreurs.

   b) Dans le quatrième paragraphe, Carlos a souligné le mot *malades*. Or, le mot *malades* est ici un adjectif. **EXPLIQUE** pourquoi Carlos a pu commettre cette erreur.

2. L'enseignante de Carlos lui a aussi demandé de s'attarder au sens des noms qu'il a repérés dans le texte en les classant en différentes catégories.

   Voici l'organisateur graphique qu'a dessiné Carlos pour faire ce classement. **REPRODUIS** cet organisateur graphique, puis **CLASSE** les noms en gras dans le texte dans les catégories dans lesquelles ils peuvent être rangés.

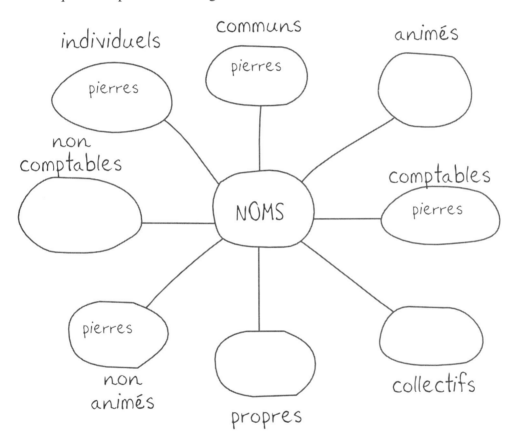

3. Au cours de sa lecture, Carlos a remarqué que certains noms désignent quelque chose dont il a déjà été question dans le texte, mais dans des termes différents. Par exemple, dans la phrase *Ces scientifiques fondent leur théorie sur des expériences […]*, le nom *scientifiques* fait référence à l'équipe de chercheurs dont on a parlé dans le premier paragraphe. Le déterminant référent *ces* indique d'ailleurs qu'on doit pouvoir identifier ce que désigne le nom *scientifiques*.

   a) Dans le cinquième paragraphe, **RELÈVE** ce à quoi fait référence le groupe du nom (GN) *ces substances chimiques*.

b) Dans le texte, **RELÈVE** ce à quoi font référence les groupes du nom (GN) suivants.

> ① *leur théorie* (2e paragraphe) ② *ces conditions* (2e paragraphe) ③ *cette agression* (4e paragraphe) ④ *la même façon* (4e paragraphe) ⑤ *cette équipe* (5e paragraphe)

Défi ! **4.** Dans le paragraphe indiqué entre parenthèses, **RELÈVE** ce à quoi pourraient faire référence les groupes du nom (GN) suivants.

Attention ! Ces groupes du nom (GN) n'apparaissent pas dans le texte.

> ① *cette diminution* (2e paragraphe) ② *ces transformations* (3e paragraphe) ③ *ces agresseurs* (3e paragraphe) ④ *cette hypothèse* (5e paragraphe)

Défi ! **5.** Dans les phrases ci-dessous, remplace les points de suspension par un nom qui pourrait faire référence au groupe de mots en gras qui précède.

> ① **Le professeur Rhoades et ses collègues** ont procédé à divers tests. Ces... ont fait des découvertes surprenantes.
> ② Le professeur Rhoades et ses collègues **affirment que les arbres parlent.** Cette... a créé un émoi dans la communauté scientifique.
> ③ Lorsque les défenses naturelles de l'arbre diminuent, celui-ci devient plus **vulnérable.** Sa... est étroitement liée au stress qu'il subit.
> ④ Dans l'entourage des arbres malades, les arbres sains **réagissent** comme ceux qui sont attaqués. Leur... laisse croire qu'ils sont informés de cette agression.

Applique tes connaissances
lorsque tu écris

Stratégie de révision de texte

Maintenant, tu dois prouver que, lorsque tu écris, tu es capable :

- de reconnaître un nom;
- de rechercher le ou les mots qui fournissent des indices sur l'accord du nom (déterminant ou autres) et déterminer correctement le genre et le nombre du nom;
- d'orthographier le nom avec les marques de genre ou de nombre appropriées.

Voici une stratégie de révision de texte qui t'aidera à appliquer certaines des connaissances acquises dans cet atelier.

Je révise et je corrige les noms

1. **ENCADRE** le nom et, s'il y a lieu, le déterminant qui l'introduit.

2. **REPÈRE** le ou les mots qui fournissent des indices sur le genre et le nombre du nom, **DÉTERMINE** le genre et le nombre du nom, puis, au-dessus du nom, **INDIQUE** son genre (M ou F) et son nombre (S ou P).

   ☞ **FAIS** particulièrement attention aux noms qui commencent par une voyelle ou la lettre *h*; au besoin, **CONSULTE** un dictionnaire.

3. **VÉRIFIE** l'orthographe du nom et, s'il y a lieu, du déterminant qui l'introduit, puis **CORRIGE**-la au besoin.

   ☞ Attention ! Les noms non comptables s'emploient au singulier.

4. **VÉRIFIE** la lettre initiale du nom et, s'il y a lieu, **REMPLACE**-la par une minuscule ou une majuscule.

Activité de révision de texte

1. Le paragraphe figurant dans l'encadré ci-dessous a été extrait d'un texte d'un élève de première secondaire, produit dans un cours de géographie.

   Chaque phrase a été révisée à l'aide de la stratégie *Je révise et je corrige les noms*. **Lis** le texte et **observe** les annotations qui l'accompagnent.

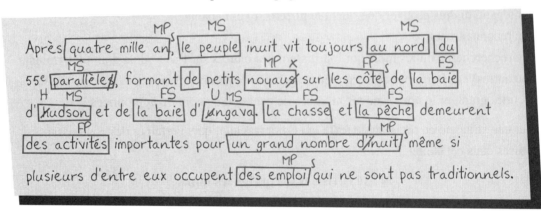

2. Voici un extrait d'une autre rédaction produite dans un cours de géographie. **Transcris**-le à double interligne en n'y apportant aucune correction.

> Les touaregs sont des nomade vivant de l'élevage. Pour nourrir leurs troupeau de mouton, de chèvre et de dromadaire, ils se déplacent dans le sahara en fonction des source d'eau. Comme le sahara a connu quelques sécheresse durant les dernières années, plusieurs sources d'eau se sont asséchées, entraînant ainsi la mort de plusieurs troupeaus. Pour sauver leurs animals, certains touareg ont été obligés de migrer vers une oasis.

a) **Applique** la stratégie *Je révise et je corrige les noms* en respectant toutes les étapes.

b) **Compare** les erreurs que tu as repérées et les corrections que tu as apportées au texte à celles d'un ou d'une de tes camarades. **Fais** les modifications que tu juges nécessaires sur ta copie.

À toi de prendre la plume maintenant ! Tu vas écrire deux courts textes tout en respectant certaines contraintes d'écriture, puis réviser et corriger ces textes à l'aide de la stratégie *Je révise et je corrige les noms*.

Contraintes d'écriture pour le premier texte

- **ÉCRIS** un court texte dans lequel tu emploieras 20 noms en tout, soit :
  - 10 noms choisis parmi ceux de la liste ci-dessous ;
    > Tu peux employer au masculin ou au féminin les noms de la liste qui ont un genre variable.
  - 8 noms de ton choix, qui peuvent être ceux de la liste ;
  - 2 noms propres.

affolement	*chien*	*danger*	*magicien*	*supérieur*
alarme	*coupable*	*ennemi*	*menteur*	*tueur*
ami	*courage*	*escalier*	*peur*	*veuf*
appartement	*criminel*	*foule*	*peureux*	*victime*
ascenseur	*curieux*	*invité*	*policier*	*voisin*

- **EMPLOIE** autant de noms masculins que de noms féminins en alternant les genres.

Voici une courte histoire construite à partir de contraintes d'écriture semblables à celles que tu dois respecter.

> Les noms sont en gras. Remarque que l'auteur a alterné les noms masculins et les noms féminins dans son histoire.

> *Le **chat** a vu une **souris** dans le **grenier**. La **souris** rentra dans son **trou**. La **maîtresse** du **chat** arriva avec une **casserole**. Elle frappa le **chat** une **fois** sur le **dos** et une **fois** sur le **ventre**. Elle le prit par la **queue** [...]*
>
> Yak Rivais, *Jeux de langage et d'écriture*, © Retz, 1992.

Étape de révision et de correction

❑ **RÉVISE** et **CORRIGE** ton texte à l'aide de la stratégie *Je révise et je corrige les noms*.

❑ **ÉCHANGE** ton texte avec un ou une camarade.

❑ **LIS** le texte que tu as en main, **ÉVALUE** les corrections apportées par son auteur, puis, au besoin, **SUGGÈRE** d'autres modifications au texte.

❑ **RÉCUPÈRE** ton texte, puis **PRENDS CONNAISSANCE** des corrections que ton ou ta camarade te suggère et **ÉVALUE**-les.

❑ **RECOPIE** ton texte au propre.

Contraintes d'écriture pour le deuxième texte

● **ÉCRIS** un court texte dans lequel tu emploieras 20 noms en tout, soit:
  – 10 noms choisis parmi ceux de la liste ci-dessous;

> Tu peux employer au singulier ou au pluriel les noms de la liste.

  – 8 noms de ton choix, qui peuvent être ceux de la liste;
  – 2 noms propres.

animal	*courage*	*crainte*	*monstre*	*pou*
bras	*dent*	*fou*	*nez*	*salive*
carnaval	*corps*	*genou*	*oeil*	*sang*
centimètre	*cou*	*journal*	*peur*	*sourire*
cheveu	*couleur*	*liquide*	*pied*	*trou*

● **EMPLOIE** autant de noms au singulier que de noms au pluriel en alternant le nombre des noms.

Étape de révision et de correction

PROCÈDE de la même façon que pour le premier texte.

L'opossum

L'opossum d'Amérique est plus grand qu'un lapin. Son poids est comparable à celui d'un gros chat. Sa queue, presque nue et écailleuse, est aussi longue que son corps. Ses pattes sont courtes. Son pelage doux et fourni, d'où dépassent quelques longs poils durs, est gris et noir. Il présente parfois de légères teintes rousses. Ses grandes oreilles sont aussi nues que sa queue et son museau est pointu. L'opossum femelle a une poche ventrale comme les kangourous, où il abrite ses petits après qu'ils ont achevé leur gestation.

 J'AIMERAIS BIEN QUE MON LIVRE SOIT TRÈS APPRÉCIÉ, TRÈS UTILE, TRÈS STIMULANT...

POURQUOI PAS TRÈS... GRAMMATICAL?

ATELIER 9

LE GROUPE DE L'ADJECTIF

- Le fonctionnement et la valeur de l'adjectif
- La construction du groupe de l'adjectif
- Sa fonction
- La règle d'accord de l'adjectif
- La forme de l'adjectif
- Une procédure pour repérer l'adjectif

L'opossum

L'opossum d'Amérique est plus ① **grand** qu'un lapin. Son poids est ② **comparable** à celui d'un ③ **gros** chat. Sa queue, ④ **presque** nue et ⑤ **écailleuse**, est ⑥ **aussi** longue que son corps. Ses pattes sont courtes. Son pelage ⑦ **doux** et ⑧ **fourni**, d'où dépassent quelques longs poils ⑨ **durs**, est ⑩ **gris** et noir. Il présente parfois de légères ⑪ **teintes** rousses. Ses grandes oreilles sont aussi nues que sa queue et son museau est pointu. L'opossum femelle a une poche ventrale comme les kangourous, où il abrite ses ⑫ **petits** après qu'ils ont ⑬ **achevé** leur gestation.

L'habitat de l'opossum d'Amérique s'étend du sud de l'Argentine jusqu'au sud du Canada. Ce ⑭ **petit** mammifère ⑮ **omnivore** peut vivre aussi bien dans les forêts tropicales que dans les plaines arides et inhospitalières.

Observe et découvre

J'observe...

Le fonctionnement de l'adjectif

1. a) Dans chacun des deux groupes de mots soulignés dans le texte, REPÈRE le mot que tu peux supprimer sans rendre la phrase non grammaticale.

   Ces deux mots appartiennent à la classe des adjectifs.

   b) À quelles <u>classes</u> appartiennent les mots qui ne peuvent être supprimés dans chacun des groupes soulignés ?

   c) Comment appelle-t-on un groupe de mots qui peut être réduit à ces deux éléments ?

REPRODUIS un tableau semblable à celui qui suit, puis **INSCRIS** dans la première colonne les quinze mots en gras dans le texte, précédés de leur numéro.

	A Le mot fait partie d'un GN et est supprimable dans ce groupe.	**B** Le mot est placé après le verbe *être* et peut apparaître seul à la suite de ce verbe.	**C** Le mot peut être précédé d'un adverbe comme *très*.
① *grand*			
...			

2. a) Parmi les mots numérotés, **REPÈRE** ceux qui font partie d'un groupe du nom (GN) et qui sont supprimables dans ce groupe (comme les adjectifs *grandes* et *ventrale*).

   > Si le mot est rattaché à un autre par un marqueur de relation comme *et*, **SUPPRIME** ce marqueur.

   Dans la colonne **A** de ton tableau, **METS** un crochet vis-à-vis de ces mots.

   b) **BARRE** les mots de ton tableau qui font partie d'un groupe du nom (GN) et qui ne sont pas supprimables dans ce groupe. Tu n'auras plus à tenir compte de ces mots : ce sont des noms.

   c) Parmi les mots que tu as repérés en a) se trouve un adverbe qui est remplaçable par *très*, un autre adverbe. **REPÈRE** cet adverbe et **BARRE**-le.

3. a) Parmi les mots numérotés, **REPÈRE** ceux qui sont placés après le verbe *être* et qui peuvent apparaître seuls à la suite de ce verbe.

   > EXEMPLE : *L'opossum d'Amérique est ~~plus~~ ① **grand** ~~qu'un lapin~~.*

   Dans la colonne **B** de ton tableau, **METS** un crochet vis-à-vis de ces mots.

   b) **PLACE** les adjectifs *grandes* et *ventrale* à la suite du verbe *être* : **UTILISE** l'un des contextes suivants : *Elle est ... / Elles sont ...*

   Lequel des deux adjectifs ne peut être placé à la suite du verbe *être* ?

4. a) **BARRE** les mots de ton tableau vis-à-vis desquels tu n'as mis aucun crochet.

   Les mots qui ne sont pas barrés dans ton tableau sont des **adjectifs**.

   b) Chacun des mots qui ne sont pas barrés dans ton tableau devrait pouvoir faire partie d'un groupe du nom (GN) et être supprimable dans ce groupe : **FAIS**-en la vérification.

5. a) **PLACE** un adverbe comme *très (peu, assez, presque...)* devant les adjectifs *grandes* et *ventrale*.

   Lequel des deux adjectifs peut être précédé de *très* ?

b) Parmi les mots de ton tableau qui ne sont pas barrés, REPÈRE ceux qui fonctionnent comme l'adjectif *grandes*, c'est-à-dire ceux qui peuvent être précédés d'un adverbe comme *très*.

Dans la colonne **C** de ton tableau, METS un crochet vis-à-vis de ces mots.

6. En t'aidant des critères **A** et **B** du tableau, RELÈVE les six adjectifs qui n'ont pas été repérés dans les deux dernières phrases du premier paragraphe et dans le dernier paragraphe.

7. Seulement en quelques lignes, l'auteur a eu recours à 25 adjectifs pour parler de la taille de l'opossum, de son poids, des différentes parties de son corps, de son type d'alimentation et de son habitat.

a) Sur le plan du sens, et de façon générale, à quoi servent les adjectifs selon toi ?

b) Certains adjectifs ont un rôle particulier sur le plan du sens : ils permettent de classer, de ranger un être, une chose dans une catégorie. Ces adjectifs ne fonctionnent pas tout à fait comme la plupart des autres adjectifs : entre autres, ils ne peuvent pas être précédés d'un adverbe comme *très*.

Parmi les adjectifs que tu as repérés au numéro 6, RELÈVE ceux qui servent à classer un être ou une chose.

J'ai découvert...

> **LE FONCTIONNEMENT DE L'ADJECTIF**
>
> Tous les adjectifs peuvent faire partie d'un groupe du ✎ . Ils sont alors ✎ dans ce groupe. Certains adjectifs peuvent apparaître seuls après le verbe ✎ .
>
> Parmi les adjectifs, certains ne peuvent pas être précédés d'un adverbe comme *très*. Ces adjectifs permettent de ✎ .

J'observe...

Le ou les mots qui forment un groupe avec l'adjectif

8. a) Laquelle de ces phrases devient non grammaticale si on supprime l'adjectif en gras sans supprimer aussi l'ensemble de mots souligné ?

> ① *L'opossum a un poids* **comparable** *à celui d'un gros lapin.*
> ② *L'opossum a une poche* **ventrale** *comme les kangourous.*
> ③ *L'opossum a une poche* **ventrale** *comme celle des kangourous.*

b) Dans la phrase relevée en a), l'ensemble de mots souligné peut-il être placé ailleurs qu'après l'adjectif?

c) Dans la phrase relevée en a), l'adjectif n'est pas seul : l'ensemble de mots souligné ne peut fonctionner sans l'adjectif et est non déplaçable. De quel mot cet ensemble de mots dépend-il?

d) Lorsque c'est possible, FAIS suivre les adjectifs ci-dessous d'un ensemble de mots non déplaçable, puis RELÈVE l'adjectif qui n'accepte pas cette construction.

> Cet homme est { *âgé ...*
> *attentif ...*
> *furieux ...*
> *doué ...*
> *célibataire ...*

e) **RELÈVE** le mot par lequel commence chacun des ensembles de mots que tu as ajoutés en d).

f) Sur le plan du sens, à quoi servent les ensembles de mots que tu as placés après les adjectifs en d)?

9. a) **TROUVE** au moins trois mots pouvant entrer dans le contexte ci-dessous et ÉCRIS les phrases ainsi obtenues.

> *Le pelage de l'opossum est ... **beau**.*

b) La phrase ci-dessus est-elle grammaticale sans les mots que tu as ajoutés?

10. a) **TROUVE** trois mots pouvant entrer dans le contexte ci-dessous et ÉCRIS les phrases ainsi obtenues.

> *Le pelage de l'opossum est ... **beau** que celui du renard.*

b) La phrase ci-dessus est-elle grammaticale sans les mots que tu as ajoutés?

c) Dans chacune des trois phrases que tu as formées en a), SUPPRIME :
- le mot que tu as placé avant l'adjectif;
- et l'ensemble de mots qui suit l'adjectif.

Les phrases demeurent-elles grammaticales?

11. a) Parmi les phrases que tu as formées en 9 a) et en 10 a), lesquelles renferment une idée de comparaison : celles en 9 a) ou celles en 10 a)?

b) Les mots que tu as ajoutés aux phrases en 9 a) et en 10 a) sont des <u>adverbes</u>. Ces adverbes servent à <u>modifier le sens de l'adjectif</u>.

Dans le texte *L'opossum*, à la page 164, RELÈVE les quatre adjectifs qui sont précédés d'un adverbe qui en modifie le sens.

c) CLASSE les phrases dont ces adjectifs font partie selon que la phrase renferme ou non une <u>idée de comparaison</u>.

d) Dans les phrases qui contiennent une idée de comparaison, RELÈVE l'ensemble de mots placé après l'adjectif et lié à l'adverbe placé avant cet adjectif.

e) Par quel mot commence chacun des ensembles de mots que tu as relevés en d)?

J'ai découvert...

> ### LE OU LES MOTS
> #### QUI FORMENT UN GROUPE AVEC L'ADJECTIF
>
> L'adjectif peut être accompagné d'un ou de plusieurs éléments qui dépendent de lui. Il peut s'agir:
>
> - d'un ensemble de mots placé après l'adjectif et qui sert à préciser le sens de ✎.
>   Cet ensemble de mots peut commencer par un mot comme ✎ , ✎.
>
> - d'un adverbe comme ✎ , ✎ , placé avant l'adjectif et qui sert à modifier le sens de ✎ .
>
> Certains adverbes expriment une idée de comparaison: ✎ , ✎ , ✎ . Ces adverbes sont souvent liés à un ensemble de mots commençant par ✎ , placé ✎ l'adjectif.

J'observe...

L'accord de l'adjectif

12. a) TRANSCRIS les phrases ci-dessous, ENCERCLE l'adjectif que chacune contient et SOULIGNE le mot qui forme un groupe avec lui.

> ① *L'opossum a un museau très court.*　③ *Son museau est très court.*
> ② *L'opossum a des pattes assez courtes.*　④ *Elles sont assez courtes.*

b) OBSERVE la forme de chaque adjectif, puis RELIE-le par une flèche au mot qui lui donne ses marques de genre (masculin / féminin) et de nombre (singulier / pluriel).

13. a) **BARRE** les groupes de l'adjectif que tu peux supprimer sans rendre la phrase non grammaticale.

b) Les groupes de l'adjectif supprimables complètent un mot avec lequel l'adjectif s'accorde. À quelle classe appartient ce mot ?

14. a) Un verbe sépare les adjectifs non supprimables du mot avec lequel ils s'accordent. **REPÈRE** ce verbe, puis **DONNE** sa forme à l'infinitif.

b) Quelle est la fonction des mots avec lesquels les adjectifs non supprimables s'accordent ?

c) À quelles classes ces mots appartiennent-ils ?

J'ai découvert...

L'ACCORD DE L'ADJECTIF

L'adjectif est toujours en relation avec un ✎ ou un pronom avec lequel il s'accorde en ✎ et en ✎ .

Selon le contexte, l'adjectif est supprimable ou non :

- lorsqu'il est supprimable, l'adjectif complète un ✎ . Dans ce cas, l'adjectif s'accorde avec le ✎ qu'il complète ;

- lorsqu'il est non supprimable, l'adjectif est placé à la suite d'un verbe comme le verbe ✎ . Il s'accorde alors avec le ✎ de ce verbe.

1 LE FONCTIONNEMENT ET LA VALEUR DE L'ADJECTIF

1.1 LE FONCTIONNEMENT DE L'ADJECTIF

L'adjectif est le mot noyau du groupe de l'adjectif (abrégé ainsi : GAdj.). Il peut servir à exprimer une qualité, à désigner une classe, une catégorie.

Selon la manière dont un adjectif fonctionne, on le range dans l'une ou l'autre des deux catégories suivantes : la catégorie des **adjectifs qualifiants** ou la catégorie des **adjectifs classifiants**.

L'adjectif qualifiant

L'adjectif qualifiant fonctionne de la façon suivante :

- il se place parfois avant le nom, parfois après ;

> **EXEMPLES :** *Hector est un **petit** <u>poisson</u> **sympathique**.*

- il peut être placé à la suite du verbe *être* ;

> **EXEMPLES :** *Mon poisson <u>est</u> **petit**. — Hector <u>est</u> **sympathique**.*

- il peut être précédé d'un adverbe comme *très (peu, assez, presque…).*

> **EXEMPLES :** *Hector est un <u>très</u> **petit** poisson. — Hector est <u>assez</u> **sympathique**.*

L'adjectif classifiant

L'adjectif classifiant fonctionne de la façon suivante :

- il se place presque toujours après le nom ;

> **EXEMPLES :** *Hector est un animal **aquatique omnivore**.*

- il ne peut généralement pas être placé à la suite du verbe *être* ;

> **EXEMPLES :** **Cet animal <u>est aquatique</u>.*
> mais *La plupart des poissons <u>sont</u> **omnivores**.*

- il ne peut pas être précédé d'un adverbe comme *très (peu, assez, presque…).*

> **EXEMPLES :** **Hector est un animal <u>très</u> **aquatique**. — *C'est un poisson <u>assez</u> **omnivore**.*

1.2 LA **VALEUR** DE L'ADJECTIF

- L'adjectif qualifiant permet de **qualifier** un être ou une chose, de lui attribuer une caractéristique. Il peut avoir une **valeur neutre** ou une **valeur expressive**.

> **EXEMPLES:** *Un **petit** / un **gros** poisson — Un animal **sympathique** / **détestable***

- L'adjectif classifiant permet de **classer** un être ou une chose, de les ranger dans une classe, une catégorie. Il a toujours une **valeur neutre**.

> **EXEMPLES:** *Un animal **aquatique** / **terrestre** — Un poisson **omnivore** / **herbivore***

➤ Certains adjectifs qualifiants peuvent être employés comme des classifiants.
   EXEMPLE: *Hector est un poisson d'eau **douce**.* (par opposition à *l'eau salée*)

➤ Certains adjectifs classifiants peuvent être employés comme des qualifiants.
   EXEMPLE: *Avec son chapeau melon, Hector a l'air très **britannique**.*

2 LA **CONSTRUCTION** DU GROUPE DE L'ADJECTIF

L'adjectif, qui est le noyau du groupe de l'adjectif (GAdj.), peut être accompagné d'un ou de plusieurs éléments qui dépendent de lui. Cet élément ou ces éléments qui dépendent de l'adjectif sont non déplaçables, mais généralement supprimables. Il peut s'agir:

- d'un groupe ou d'un ensemble de mots introduit par une préposition *(à, de, en…)* ou par *que*, placé après l'adjectif. Ce groupe ou cet ensemble de mots précise le sens de l'adjectif. Il est un **complément de l'adjectif**: c'est sa fonction dans la phrase;

> GAdj.
> **EXEMPLES:** *Mon carassin est **âgé** de 12 ans.*
> GAdj.
> *Je suis **certaine** qu'il vivra encore longtemps.*

➤ On appelle *groupe prépositionnel* le groupe de mots introduit par une préposition. L'ensemble de mots introduit par le mot *que* est une subordonnée.

- d'un adverbe comme *très (peu, assez, presque, extrêmement…)*, placé avant l'adjectif. Cet adverbe exprime un degré d'intensité. Il est un **modificateur de l'adjectif**: c'est sa fonction dans la phrase;

> GAdj.   GAdj.
> **EXEMPLES:** *Mon carassin est assez **âgé**, mais il semble en très **bonne** santé.*

- d'un ensemble de mots exprimant une idée de comparaison:

  - l'adverbe *moins, aussi* ou *plus*, placé avant l'adjectif, lié à un ensemble de mots introduit par *que*, placé après l'adjectif;

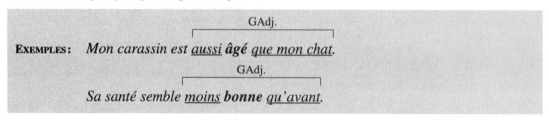

  EXEMPLES: *Mon carassin est <u>aussi</u> **âgé** <u>que mon chat</u>.*

  *Sa santé semble <u>moins</u> **bonne** <u>qu'avant</u>.*

  ➤ Certains adjectifs tels que *bon* ou *mauvais* ne peuvent être précédés de l'adverbe *plus*.
  On utilise alors les adjectifs *meilleur* et *pire*, qui ont en eux-mêmes une valeur de comparaison.
  EXEMPLE: **Sa santé est <u>plus</u> **bonne** <u>que je ne le croyais</u>.*
  *Sa santé est **meilleure** <u>que je ne le croyais</u>.*

  ➤ L'ensemble de mots commençant par *que* peut ne pas être exprimé si le contexte le permet.
  EXEMPLE: *Depuis quelque temps, Hector semble <u>moins</u> **vigoureux**.*

  - l'adverbe *moins* ou *plus*, précédé d'un déterminant comme *le (le, la, les)* ou *mon (mon, ma, mes)*. Cet élément, placé avant l'adjectif, peut être lié à un groupe de mots qui commence généralement par la préposition *de*, placé après l'adjectif.

  GAdj.

  EXEMPLE: *Le poisson rouge est <u>le plus</u> **populaire** <u>de tous les animaux de compagnie</u>.*

  ➤ Le contexte permet souvent de ne pas exprimer le groupe de mots introduit par *de*.
  EXEMPLE: *Le poisson rouge est l'animal de compagnie <u>le plus</u> **populaire**.*

3 LA FONCTION DU GROUPE DE L'ADJECTIF

Le groupe de l'adjectif (GAdj.) est toujours en relation avec un nom ou un pronom dans la phrase. On peut découvrir la fonction du groupe de l'adjectif (GAdj.) en observant cette relation.

- Le groupe de l'adjectif (GAdj.) peut dépendre d'un nom. Dans ce cas, il fait partie d'un groupe du nom (GN).

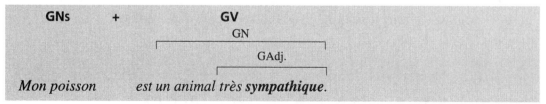

GNs	+	GV
		GN
		GAdj.
Mon poisson		*est un animal très **sympathique**.*

Lorsque le groupe de l'adjectif (GAdj.) dépend d'un nom, il est supprimable. Il est alors **complément du nom**: c'est sa fonction dans la phrase.

➤ Le groupe de l'adjectif (GAdj.) est parfois détaché du nom qu'il complète. Ce groupe complément se déplace autour du groupe du nom (GN) et non à l'intérieur de ce même groupe.

EXEMPLE : *Mon carassin, **âgé de 12 ans**, est encore en très bonne santé.*

***Âgé de 12 ans**, mon carassin est encore en très bonne santé.*

P À l'écrit, le détachement du groupe de l'adjectif (GAdj.) est marqué par la <u>virgule</u>. À l'oral, il est marqué par une pause et par l'intonation.

● Le groupe de l'adjectif (GAdj.) <u>peut être introduit par le verbe *être*</u>, ou par un verbe pouvant être remplacé par *être*. Dans ce cas, le groupe de l'adjectif (GAdj.) est <u>non supprimable</u>.

GNs	+	GV
		GAdj.
Mon poisson		*est très **sympathique**.*

Lorsque le groupe de l'adjectif (GAdj.) dépend d'un verbe comme *être*, il est non supprimable et est en relation avec un nom ou un pronom faisant partie d'un groupe du nom sujet (GNs). Le groupe de l'adjectif (GAdj.) est alors **attribut du sujet** : c'est sa fonction dans la phrase.

➤ Le verbe *être* introduit généralement un attribut : c'est un verbe dit **attributif**, qui sert à attribuer une caractéristique à une personne ou à une chose. D'autres verbes que le verbe *être* peuvent aussi introduire un attribut.

Une manière de **reconnaître un verbe attributif** consiste à vérifier s'il peut être remplacé par le verbe *être* sans que la phrase devienne non grammaticale et change complètement de sens.

EXEMPLE : *Hector ~~se croit~~ sympathique.*
      est

Voici quelques verbes attributifs parmi les plus fréquemment utilisés : *être, paraître, avoir l'air, sembler, (re)devenir, demeurer, rester, tomber, être considéré comme, être nommé, passer pour, s'avérer, s'avouer, se dire, se montrer, se révéler.*

4 LA RÈGLE D'ACCORD DE L'ADJECTIF

L'adjectif s'accorde en genre (masculin / féminin) et en nombre (singulier / pluriel) avec le nom ou le pronom dont il est le complément ou l'attribut.

● L'adjectif **complément du nom** s'accorde donc avec le nom qu'il complète, c'est-à-dire le nom noyau du groupe du nom (GN) dont il fait partie.

EXEMPLES : FS
*Hector fait sa gymnastique **matinale**.*
MP
*Hector fait ses exercices **matinaux**.*

- L'adjectif **attribut du sujet**, lui, s'accorde avec le noyau du groupe du nom sujet (GNs).

> **EXEMPLES :**
> MS
> *Hector est bien **matinal** aujourd'hui.*
> FP
> *Elles sont bien **matinales** aujourd'hui.*

5 LA FORME DE L'ADJECTIF

- L'adjectif peut être formé d'**un seul mot** ou de **plus d'un mot**, liés ou non par un trait d'union.

> **EXEMPLES :**
> | | |
> |---|---|
> | *un mur **vert*** | *un mur **vert pomme*** |
> | *la **dernière** page* | *l'**avant-dernière** page* |

➤ L'adjectif formé d'un seul mot est un **adjectif simple** ; celui formé de plus d'un mot est appelé **adjectif composé**.

- L'adjectif est un mot dont la forme peut varier en **genre** (masculin / féminin) et en **nombre** (singulier / pluriel).

5.1 LA FORMATION DU FÉMININ DES ADJECTIFS

- La plupart des adjectifs s'écrivent différemment au masculin et au féminin.

  Il existe différentes manières de former le féminin de ces adjectifs :
  – le plus souvent, il faut ajouter un *-e* à la forme masculine ;
  – quelquefois, il faut changer les dernières lettres de l'adjectif.

  Tu trouveras en annexe un tableau intitulé
  Formation du féminin des noms et des adjectifs (page 325).

Attention !

Trois adjectifs sur quatre ont une forme variable à l'écrit, mais non à l'oral.
Lorsque tu écris, porte une attention particulière aux adjectifs qui se prononcent de la même manière au masculin et au féminin. Tu éviteras ainsi de commettre ce genre d'erreur :

*La nourriture du poisson rouge doit être immédiatement <u>consommé</u>.

- Certains adjectifs ont la même forme au masculin et au féminin : ce sont ceux terminés par *-e* au masculin.

> **EXEMPLES :**
> *Hector est **sympathique / formidable / agile**.*
> *Ma voisine est **sympathique / formidable / agile**.*

5.2 LA **FORMATION DU PLURIEL** DES ADJECTIFS

Les adjectifs s'écrivent différemment au singulier et au pluriel, sauf ceux terminés par -*s* et -*x* au singulier.

Il existe différentes manières de former le pluriel des adjectifs :

– le plus souvent, on ajoute un -*s* à l'adjectif ;

– quelquefois, on doit ajouter un -*x* ;

– d'autres fois encore, il faut changer les dernières lettres de l'adjectif.

Tu trouveras en annexe un tableau intitulé
Formation du pluriel des noms et des adjectifs (page 327).

Attention !

Le plus souvent, les marques du pluriel à l'écrit ne se font pas entendre. Lorsque tu écris, porte une attention particulière au pluriel des adjectifs. Tu éviteras ainsi de commettre ce genre d'erreur :

*Les poissons rouge sont capable d'émettre des sons.

---

6 UNE PROCÉDURE POUR REPÉRER L'ADJECTIF

La première condition pour orthographier correctement un adjectif est d'être capable de le repérer dans la phrase. La procédure qui suit te rappelle quelques critères qui peuvent t'aider à reconnaître un adjectif.

PROCÉDURE POUR REPÉRER UN **ADJECTIF**

Dans la phrase, RELÈVE un mot que tu crois être un adjectif, puis VÉRIFIE s'il répond à l'un ou l'autre des deux critères ci-dessous.

❶ Le mot dépend d'un nom dans un groupe du nom (GN) et :
  - il est supprimable (avec les éléments qui forment un groupe avec lui, s'il y a lieu) ;
    ➤ Attention ! Dans certains contextes, l'adjectif complément du nom n'est pas supprimable.
      EXEMPLE : *Il m'a parlé de façon **bête** et **méchante**.*
    ➤ Attention ! Un déterminant, lorsqu'il se combine à un autre, est supprimable dans le groupe du nom (GN).
      EXEMPLE : *Mes **quatre** amis ont perdu **tous** mes livres.*
  - il ne peut pas être remplacé par l'adverbe *très*.

❷ Le mot est placé à la suite d'un verbe attributif et :
  - il peut apparaître seul à la suite de ce verbe et est non supprimable ;
    ➤ Attention ! Certains mots placés à la suite d'un verbe attributif peuvent avoir un fonctionnement semblable à l'adjectif, mais n'appartiennent pas à cette classe de mots.
      EXEMPLES : *Ils sont **quatre** / **debout**.*
  - il pourrait faire partie d'un groupe du nom (GN) et être supprimable dans ce groupe.

Exerce-*toi*

Reconnaître le groupe de l'adjectif

1. a) **RELÈVE** l'adjectif que contient chacune de ces phrases.

> ① En septembre, la durée du jour est égale à celle de la nuit. ② La durée du jour et de la nuit est inégale dans les deux hémisphères. ③ Deux fois par année, les rayons du Soleil à midi sont perpendiculaires à l'équateur. ④ Les gens qui habitent ailleurs dans le monde ont une heure différente de la tienne. ⑤ On a divisé le globe en 24 fuseaux horaires afin de connaître l'heure en tout point de la Terre.

b) Les adjectifs que tu as relevés sont suivis d'un groupe de mots. **RELÈVE** les groupes qui ne sont pas déplaçables dans la phrase.

c) Quelle est la fonction des groupes relevés en b)?

2. a) **TRANSCRIS** les phrases suivantes, puis **ENCERCLE** l'adjectif que chacune contient.

> ① Ce problème a l'air assez difficile à résoudre. ② Le moment était peu favorable pour parler d'argent. ③ La chemise de Paula est presque identique à celle de sa soeur. ④ Tes amis semblaient extrêmement contents que tu aies gagné. ⑤ Même les élèves très forts en mathématiques ont échoué à cet examen.

b) **SOULIGNE** le groupe de mots qui complète l'adjectif.

c) **SOULIGNE** le mot qui modifie l'adjectif.

d) Dans chaque phrase, **ENCADRE** tout le groupe de l'adjectif (GAdj.).

3. a) **TRANSCRIS** ces phrases, puis **ENCERCLE** l'adjectif que chacune contient.

> ① Mes parents avaient l'air furieux. ② Voilà un choix intelligent ! ③ L'entraîneur semblait satisfait. ④ Consultez votre grammaire française. ⑤ C'est un homme indifférent. ⑥ Je vais à la piscine municipale tous les soirs. ⑦ Restez attentifs en tout temps. ⑧ Cette femme est cruelle. ⑨ Ce spectacle est drôle. ⑩ Cette petite a toujours été timide.

b) Chaque fois que cela est possible, **AJOUTE** un modificateur avant l'adjectif.

> **UTILISE** chaque fois un adverbe différent.

c) Chaque fois que cela est possible, **AJOUTE** un complément après l'adjectif.

> Voici une liste de prépositions que tu peux employer : *à*, *de*, *en*, *contre*, *envers*.

d) Dans les phrases que tu as enrichies, **ENCADRE** le groupe de l'adjectif (GAdj.).

4. a) **TRANSCRIS** ces phrases, puis **ENCERCLE** *Défi !* les adjectifs qu'elles contiennent.

> ① Neptune est très éloignée de la Terre. ② Les savants ne sont pas sûrs de la taille de certaines planètes. ③ Plusieurs anneaux entourent Saturne, qui est la plus majestueuse des planètes. ④ Notre Lune est presque aussi grosse que Mercure.

b) **REPÈRE** les phrases qui contiennent une idée de comparaison, puis **RÉCRIS**-les en supprimant :

- le ou les adverbes (et, s'il y a lieu, le déterminant qui précède) placés avant l'adjectif;
- l'ensemble de mots auquel ce ou ces adverbes (précédés d'un déterminant ou non) sont liés et qui suit l'adjectif.

c) **RÉCRIS** les autres phrases en supprimant, s'il y a lieu :

- le modificateur de l'adjectif;
- le complément de l'adjectif.

d) **ENCADRE** les groupes de l'adjectif (GAdj.) dans les phrases que tu as transcrites en a).

5. a) **OBSERVE** le fonctionnement de chacun des mots en gras et **CLASSE**-les en deux ensembles :

- ceux qui sont des adjectifs;
- ceux qui ne sont pas des adjectifs.

INSCRIS chaque fois le le mot et le numéro qui le précède.

> Les ① *travailleurs*, épuisés, rentrent du chantier. — Ces hommes ont l'air ② *forts* et ils sont ③ *travailleurs*. — Mon père est un homme ④ *fort* ⑤ *occupé*. — Les Allemands ont ⑥ *occupé* Paris de 1940 à 1944. — Ces chercheurs pratiquent leurs expériences sur des ⑦ *morts*, mais aussi sur des animaux ⑧ *vivants*. — Des feuilles ⑨ *mortes* jonchent le sol. — En ⑩ *vivant* trop dans les livres, on s'éloigne de la réalité.

b) Le fonctionnement de certains mots t'a permis de les classer comme des adjectifs. **DÉCRIS** en quoi ces mots fonctionnent comme des adjectifs dans la phrase.

6. a) **LIS** le texte ci-dessous, puis **ÉNUMÈRE** les neuf planètes de notre système solaire, de la plus petite à la plus grosse.

> ### LA GROSSEUR DES PLANÈTES
> On pense en général que la plus petite planète est Mercure, mais les savants pensent que ce serait Pluton, sans en être très sûrs. Jupiter est la plus imposante des planètes : elle pourrait facilement contenir toutes les autres.
> La Terre est plus grosse que Pluton, mais elle est beaucoup plus petite que Jupiter. Elle est moins petite que Vénus,

> Mars et Mercure, mais nettement moins grosse que Saturne, Uranus et Neptune.
> Saturne est la deuxième plus grosse planète, suivie d'Uranus et de Neptune. Mars est presque aussi petite que Mercure, mais elle moins grosse que Vénus.

b) **RELÈVE** tous les groupes de l'adjectif (GAdj.) qui t'ont permis de classer les planètes par ordre de grosseur.

Reconnaître la fonction du groupe de l'adjectif et accorder correctement l'adjectif

7. a) **RÉCRIS** le poème ci-dessous à double interligne en remplaçant le pronom *il* par *elles* et le nom *poème* par *histoires*. **FAIS** les modifications qui s'imposent.

> Il est rêveur et romantique
> Il aimerait écrire un poème bleu
> Un long poème bleu
> Un beau poème triste, mélancolique et
>   touchant
>
> Il est vif et espiègle
> Il aimerait écrire un poème jaune
> Un court poème jaune
> Un beau poème joyeux, ensoleillé et
>   amusant

b) Dans le poème que tu as récrit, **VÉRIFIE** l'accord de chaque adjectif en suivant les étapes ci-après.

> 1. **ENCERCLE** l'adjectif.
> 2. **DÉTERMINE** si l'adjectif est complément du nom ou attribut du sujet.
>   Si l'adjectif est complément du nom, **ENCADRE** le groupe du nom (GN) dont il fait partie.
>   Si l'adjectif est attribut du sujet, **ENCERCLE** le groupe du nom sujet (GNs) qui commande son accord.

3. **DÉTERMINE** le genre et le nombre du noyau (nom ou pronom) du groupe du nom (GN) ou du groupe du nom sujet (GNs) puis, au-dessus, **INDIQUE** son genre (M ou F) et son nombre (S ou P).

4. **RELIE** par une flèche l'adjectif et le nom ou le pronom avec lequel il s'accorde.

5. **VÉRIFIE** l'accord de l'adjectif avec le nom ou le pronom et, s'il y a lieu, corrige-le.

c) **SURLIGNE** les adjectifs qui, au féminin, changent de forme à l'écrit, mais non à l'oral.

8. a) **RELÈVE** les adjectifs dans ces phrases.

> ① *Elle porte un chemisier et un pantalon noirs.* ② *Une écharpe et une veste blanches traînaient sur une chaise.* ③ *Une femme et un homme cordiaux et très hospitaliers m'ont accueillie.* ④ *Son chemisier et son pantalon sont noirs.* ⑤ *Est-ce que cette veste et cette écharpe sont blanches ?* ⑥ *Cette femme et cet homme ont été cordiaux et extrêmement hospitaliers avec moi.*

b) Quelle est la fonction des adjectifs dans les phrases ① à ③ ?

c) Quelle est la fonction des adjectifs dans les phrases ④ à ⑥ ?

d) Pourquoi l'adjectif est-il au masculin pluriel dans les phrases ① et ④ ?

e) Pourquoi l'adjectif est-il au féminin pluriel dans les phrases ② et ⑤ ?

f) Pourquoi les adjectifs sont-ils au masculin pluriel dans les phrases ③ et ⑥ ?

9. a) Parmi les phrases ci-après, cinq seulement contiennent un verbe attributif. **EXPLIQUE** comment on peut procéder pour distinguer les verbes attributifs des autres verbes.

> ① *Il crie fort.* ② *Il paraît fort.* ③ *Il a frappé fort.* ④ *Il a mangé froid.* ⑤ *Il a froid.* ⑥ *Il reste froid.* ⑦ *Il devient rouge.* ⑧ *Il a vu rouge.* ⑨ *Il a l'air bon à rien.* ⑩ *Il sent bon.*

b) **DONNE** le numéro des phrases contenant un verbe attributif.

c) **RÉCRIS** les dix phrases en remplaçant les pronoms sujets *il* par *elles*. **FAIS** les modifications qui s'imposent.

> Attention ! Dans ces phrases, les verbes qui ne sont pas attributifs sont suivis d'un adverbe, qui est un mot invariable.

d) **VÉRIFIE** l'accord de chaque adjectif.

> **SUIS** les étapes énumérées au numéro 7 b).

10. Dans les phrases ci-dessous, seuls les trois adjectifs en gras sont bien orthographiés.

Défi !

a) **TRANSCRIS** ces phrases en n'y apportant aucune correction.

*Attention
Erreurs*

> ① *Les grottes sont des cavités naturels creusés dans un rocher, assez grande pour laisser passer un humain.* ② *Dans les glaciers, on trouve parfois des grottes de glace **formées** par des filets d'eau **combinés** avec de l'air chaude.* ③ *Le spéléologue porte un casque et un vêtement **résistants** pour se protéger des arêtes pointu des rochers.* ④ *Dans les grottes, on trouve souvent de grosse colonies de chauves-souris.* ⑤ *Les chauves-souris dorment suspendu à la voûte de la grotte.*

b) Dans les phrases ci-dessus, **REPÈRE** les sept adjectifs qui ne sont pas en gras, puis **VÉRIFIES**-en l'accord.

> **SUIS** les étapes énumérées au numéro 7 b).

c) **RELÈVE** les mots qui commandent l'accord des adjectifs en gras.

Applique tes connaissances
lorsque tu lis

Dans le cadre d'une activité d'écriture, ton professeur t'a demandé de composer un poème sur les baleines qui laisse voir ce que ces mammifères aquatiques suscitent chez toi. Dans ton poème, tu dois utiliser un grand nombre d'adjectifs. Pour t'aider, ton professeur t'a remis deux textes sur les baleines dans lesquels tu peux puiser des idées.

1. **LIS** les deux textes, puis **INDIQUE** lequel, à première vue, pourrait t'être le plus utile pour composer un poème. **EXPLIQUE** pourquoi.

TEXTE 1

La plus petite des baleines

Le béluga *Delphinapterus leucas* est un odontocète, c'est-à-dire un animal muni d'une dentition, comme le cachalot, le dauphin ou le narval. À l'instar de ce dernier, il possède des vertèbres cervicales non soudées qui lui permettent de mouvoir sa tête, horizontalement et verticalement. Le béluga se distingue également et surtout de ses cousins cétacés par l'absence de nageoire dorsale et par la couleur de sa robe. [...]

Les bélougas mesurent entre 3 m et 4 m de longueur et pèsent de 350 kg à près d'une tonne. Ils ont une alimentation variée, composée de diverses espèces de poissons et de crustacés (morues, harengs, calmars, crevettes, etc.). Pour capturer leurs proies, ils n'hésitent pas à plonger jusqu'à 300 m de profondeur, exploit qu'ils réalisent grâce à une remarquable adaptation physiologique.

Leur survie dans les eaux très froides de l'Arctique est assurée par une couche de graisse. [...] Cette accumulation de lipides permet aux bélougas de conserver une température interne constante, proche de 37 °C. Leur peau, dix fois plus épaisse que celle des autres delphinés, joue également un rôle non négligeable dans leur régulation thermique.

Pierre Beland,
© *Sciences et nature*, n° 10, mars 1991.

Moby Dick

[...] ce n'était pas tant sa taille exceptionnellement gigan-tesque qui le distinguait entre tous les cachalots, que la blancheur de neige [...] de son énorme front ridé et sa haute bosse pyramidale, elle aussi d'un blanc immaculé. C'était là son caractère unique, le trait parfaitement singulier par lequel, du plus lointain horizon et dans les eaux les plus reculées, au milieu des espaces infinis, il signalait indubitablement son identité. Le reste de son corps était sur toute sa longueur tellement strié, taché, marbré partout de cette même couleur de suaire, que son nom de Cachalot Blanc lui en était venu tout naturel-lement, le distinguant personnellement de tous les autres; et c'était un nom simplement mérité, on peut dire, lors-qu'on voyait sa géante masse vivante s'avancer dans les eaux de cobalt, en plein midi, laissant derrière elle comme une voie lactée, son sillage d'écume toute crémeuse et pailletée d'or.

Et encore n'était-ce pas sa taille géante et son extraordinaire couleur qui avaient revêtu ce cachalot d'un pouvoir naturel si terrifiant, ni même sa mâchoire infé-rieure difforme, mais bien cette intelligente malignité absolument sans exemple chez les autres léviathans [...].

Herman Melville, *Moby Dick*,
trad. Armel Guerne,
© Le Club français du livre, 1955.

2. Tu sais maintenant qu'il y a deux sortes d'adjectifs:
- ceux qui permettent d'attribuer une caractéristique à un être, une chose: les adjectifs **qualifiants**;
- ceux qui permettent de classer un être, une chose dans une catégorie: les adjectifs **classifiants**.

Tu sais aussi que les adjectifs peuvent avoir une valeur **neutre** (c'est le cas des adjectifs classifiants ainsi que de certains adjectifs qualifiants) ou une valeur **expressive** (cette valeur étant propre aux adjectifs qualifiants).

a) Dans le texte 1, **TROUVE** deux adjectifs utilisés pour décrire les parties du corps du bélouga.

b) **TROUVE** deux adjectifs utilisés pour décrire la température du corps du bélouga.

c) Est-ce que les adjectifs trouvés en a) et b) ont une valeur expressive ou neutre ? Pourquoi ?

d) Dans le groupe du nom (GN) *des vertèbres cervicales*, l'adjectif *cervicales* sert à identifier une catégorie de vertèbres. Si on remplaçait cet adjectif par un autre (par exemple : *des vertèbres lombaires*), le groupe désignerait une autre catégorie de vertèbres. L'adjectif permet donc ici de classer ce que désigne le nom dans une catégorie.

Dans le texte 1, **TROUVE** au moins trois autres groupes du nom (GN) contenant un adjectif qui joue le même rôle.

e) Si tu prêtes attention aux différents adjectifs utilisés dans le texte 1, un seul laisse voir le point de vue de l'auteur. Peux-tu le trouver ?

3. Lorsqu'on lit, les mots n'ont pas tous le même impact sur nous. Certains mots nous laissent indifférents, alors que d'autres nous touchent, et cela à des degrés divers. Les mots qui produisent la plus forte impression sur nous sont généralement les mots les plus expressifs.

a) **CONSTRUIS** un tableau semblable à celui-ci, puis **TRANSCRIS**, dans la première colonne, les adjectifs contenus dans le texte 2.

ADJECTIFS	Expressifs	Neutres
gigantesque		
…		

b) Dans la colonne intitulée *Expressifs*, **METS** un crochet vis-à-vis des adjectifs qui traduisent une émotion, un point de vue, et qui sont susceptibles de toucher le lecteur ou la lectrice.

c) Dans la colonne intitulée *Neutres*, **METS** un crochet vis-à-vis des adjectifs qui ne révèlent aucune émotion, aucun point de vue.

d) **RELÈVE** trois adjectifs, parmi ceux de ton tableau, qui ont pour toi une grande valeur expressive.

4. Parmi les adjectifs expressifs que tu as relevés, certains sont accompagnés, dans le texte, d'un adverbe qui en modifie le sens de manière à lui donner une valeur expressive encore plus grande.

Relève trois groupes de l'adjectif (GAdj.) ainsi formés.

Applique tes connaissances
lorsque tu écris

Stratégie de révision de texte

Maintenant, tu dois prouver que, lorsque tu écris, tu es capable :

- de reconnaître un adjectif ;
- de rechercher le ou les noms ou pronoms qui commandent l'accord de l'adjectif ;
- d'orthographier l'adjectif avec les marques de genre et de nombre appropriées.

Voici une stratégie de révision de texte te rappelant l'essentiel des connaissances que tu as acquises sur l'accord de l'adjectif.

Je révise et je corrige les adjectifs

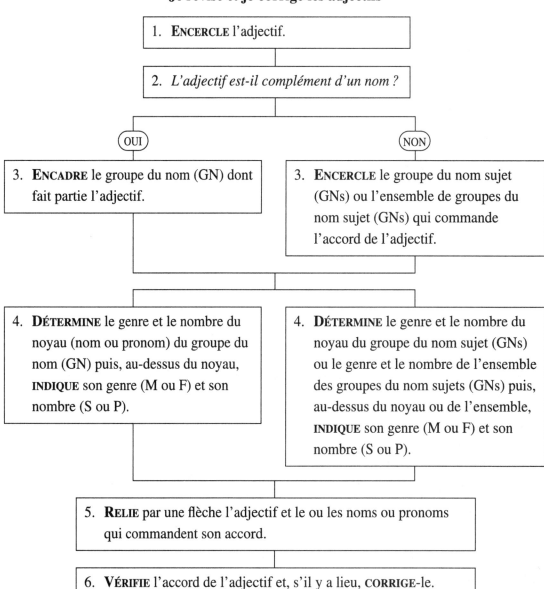

1. **ENCERCLE** l'adjectif.

2. *L'adjectif est-il complément d'un nom ?*

OUI

3. **ENCADRE** le groupe du nom (GN) dont fait partie l'adjectif.

NON

3. **ENCERCLE** le groupe du nom sujet (GNs) ou l'ensemble de groupes du nom sujet (GNs) qui commande l'accord de l'adjectif.

4. **DÉTERMINE** le genre et le nombre du noyau (nom ou pronom) du groupe du nom (GN) puis, au-dessus du noyau, **INDIQUE** son genre (M ou F) et son nombre (S ou P).

4. **DÉTERMINE** le genre et le nombre du noyau du groupe du nom sujet (GNs) ou le genre et le nombre de l'ensemble des groupes du nom sujets (GNs) puis, au-dessus du noyau ou de l'ensemble, **INDIQUE** son genre (M ou F) et son nombre (S ou P).

5. **RELIE** par une flèche l'adjectif et le ou les noms ou pronoms qui commandent son accord.

6. **VÉRIFIE** l'accord de l'adjectif et, s'il y a lieu, **CORRIGE**-le.

Activité de révision de texte

1. Le paragraphe de l'encadré ci-dessous a été extrait d'un texte d'un élève de première secondaire. Chaque phrase a été révisée à l'aide de la stratégie *Je révise et je corrige les adjectifs*. **Lis** le texte et **observe** les annotations qui l'accompagnent.

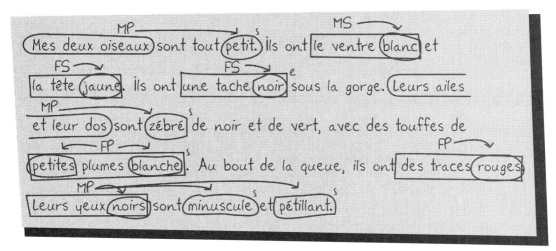

2. Voici un autre extrait du même texte. **Transcris**-le à double interligne en n'y apportant aucune correction.

Mes oiseaux adorent prendre de long bains de soleil et se régalent lorsqu'on leur offre de la mie sec. Ils dorment perché sur un barreau, la tête enfoui dans leur plumage. Au petit matin, ils lancent des cris bien agréable à entendre. L'un s'appelle Piccolo, l'autre Diabolo.

a) **Applique** la stratégie *Je révise et je corrige les adjectifs* en respectant toutes les étapes.

b) **Compare** les erreurs que tu as repérées et les corrections que tu as apportées au texte à celles d'un ou d'une de tes camarades. **Fais** les modifications que tu juges nécessaires sur ta copie.

Activité d'écriture

Tu dois maintenant écrire un court texte tout en respectant certaines contraintes d'écriture, puis réviser et corriger ce texte à l'aide de la stratégie *Je révise et je corrige les adjectifs*.

La situation

En deux paragraphes, tu dois faire la description de ton animal de compagnie ou d'un animal que tu aimerais adopter.

Contraintes d'écriture

❏ **ÉCRIS** deux paragraphes d'au moins cinq phrases chacun :
- dans le premier paragraphe, **FAIS** la description de l'aspect physique de l'animal ;
- dans le second paragraphe, **DÉCRIS** ses habitudes, ses préférences, etc.

Si tu parles d'un animal que tu aimerais adopter, **DÉCRIS** le comportement ou l'attitude que tu attends de cet animal.

❏ **EMPLOIE** au moins un adjectif par phrase.

Étape de révision et de correction

❏ **RÉVISE** tes phrases à l'aide de la stratégie *Je révise et je corrige les adjectifs*.

❏ **ÉCHANGE** ton texte avec un ou une camarade.

❏ **LIS** le texte que tu as en main, **ÉVALUE** les corrections apportées par son auteur, puis, au besoin, **SUGGÈRE** d'autres modifications au texte.

❏ **RÉCUPÈRE** ton texte, puis **PRENDS CONNAISSANCE** des corrections que ton ou ta camarade te suggère et **ÉVALUE**-les.

❏ **RECOPIE** ton texte au propre.

Sans queue ni tête

Il est né un soir de printemps, aux îles Canaries [...]

Son père, G. Le Hoquet, seul et unique luthier spécialisé dans les instruments à vent et à bec, était le conteur le plus demandé dans les îles. Sa mère, O. Truche, chanteuse d'opéra bien connue, s'était rendue célèbre en interprétant un extrait de Wagner dans les sables du Sahara.

Quant au fils, pour suivre les traces de ses parents, il se distingua dès sa naissance. [...] Au lieu de crier comme le font les bébés en général, il se mit à siffler les premières notes d'une berceuse de Brahms...

LE GROUPE PRÉPOSITIONNEL

- Sa construction
- Son rôle et sa fonction

Sans queue ni tête

Il est né un soir ① (de) printemps, ② (aux) îles Canaries [...]

Son père, G. Le Hoquet, seul et unique luthier spécialisé
③ (dans) les instruments à vent et à bec, était le conteur
le plus demandé ④ (dans) les îles. Sa mère, O. Truche,
chanteuse ⑤ (d'opéra) bien connue, s'était rendue célèbre
⑥ (en) interprétant un extrait de Wagner ⑦ (dans) les
sables du Sahara.

⑧ (Quant au) fils, ⑨ (pour) suivre les traces de ses parents,
il se distingua ⑩ (dès) sa naissance. [...] ⑪ (Au lieu de)
crier comme le font les bébés en général, il se mit ⑫ (à)
siffler les premières notes d'une berceuse de Brahms...

La mère, fière et émue, encouragea le talent ⑬ (de) son
enfant. ⑭ (À) l'âge de dix ans, il accompagnait sa mère
⑮ (en) sifflant les plus grands airs d'opéra. L'étonnant duo
attirait les foules ⑯ (dans) les salles de concert les plus
réputées au monde.

Mais le fils se lassa ⑰ (de) cette vie trop sage pour lui.
Il se lança ⑱ (avec) succès ⑲ (dans) la musique rock.
C'est lui qui est ⑳ (à) l'origine d'un nouveau style musical,
le «birdy metal».

Jacques Pasquet, *Sans queue ni tête*,
© Québec/Amérique, coll. *CLIP*.

Observe et découvre

J'observe...

La forme de la préposition

Tous les groupes de mots numérotés ont un élément en commun : ils commencent par un mot de relation appelé **préposition**. Les éléments encerclés dans le texte sont des prépositions.

1. Qu'observes-tu à propos du <u>nombre de mots</u> de chacune des prépositions encerclées dans le texte ?

2. a) **RÉCRIS** le groupe de mots précédé du numéro ② en remplaçant le nom *îles* par *île*.

   b) Quelle modification as-tu dû apporter dans ce groupe de mots ?

   c) Dans le groupe de mots en gras ci-dessous, pourquoi le mot encerclé n'a-t-il pas la même orthographe que dans le groupe de mots précédé du numéro ② dans le texte ?

   Il est né un soir de printemps, ⓐ**lac Canarie.**

   d) **COMPLÈTE** chacune des phrases ci-après en tentant d'y ajouter, après la préposition encerclée, chacun des groupes du nom (GN) suivants : *la représentation, le concert, l'opéra, les concerts*. Lorsque tu ne peux pas ajouter le groupe du nom (GN) tel quel, **FAIS** les modifications nécessaires pour y arriver.

   > ① *Hier, j'ai assisté* ⓐ...
   > ② *Je te parlerai* ⓓⓔ...

   e) **FAIS** la liste des formes que peuvent prendre les prépositions *à* et *de*, puis **INDIQUE**, à côté de chaque forme, la préposition et le déterminant qu'elle représente.

3. Le mot *de (d')* n'est pas toujours une préposition.

   a) **RÉCRIS** les phrases ci-dessous en supprimant les marques de négation en gras et en faisant les modifications qui s'imposent pour que les phrases demeurent grammaticales.

   > ① *Je* **ne** *connais* **pas** *de chanteuse d'opéra.*
   > ② *Je* **n'***ai* **plus** *d'instrument de musique.*

   b) À quelle classe appartiennent les mots *de (d')* qui ont changé de forme dans les phrases que tu as récrites ?

Observe et découvre   **187**

c) **Récris** les phrases ci-dessous en supprimant l'adjectif en gras.

> ① *Dès sa naissance, il pouvait produire d'**admirables** sons en sifflant.*
>
> ② *De **nombreuses** personnes venaient entendre l'enfant et sa mère.*

d) Dans les phrases que tu as récrites, quelle forme prennent les mots *de (d')*?

e) À quelle classe ces mots appartiennent-ils ?

J'ai découvert...

**LA FORME
DE LA PRÉPOSITION**

La préposition peut être formée d'un seul mot, mais elle peut aussi être formée de ✐ (exemple : ✐).

_____

On peut employer les prépositions *à* et *de* devant les déterminants *la* et *l'*, mais non devant les déterminants ✐ et ✐ . Au lieu de la suite :

- *à le*, on trouve le mot ✐ ;
- *à les*, on trouve le mot ✐ ;
- *de le*, on trouve le mot ✐ ;
- *de les*, on trouve le mot ✐ .

_____

Le mot *de (d')* n'est pas toujours une préposition, il peut aussi être un ✐ .

J'observe...

La construction du groupe prépositionnel

Puisque les groupes de mots numérotés dans le texte (page 186) commencent par une préposition, on les appelle **groupes prépositionnels** (abrégé ainsi : **GPrép.**).

4. Dans le texte, certains groupes prépositionnels (GPrép.) sont formés d'une préposition suivie d'un groupe du nom (GN), qui contient parfois un ou plusieurs éléments qui dépendent du nom.

Donne le numéro des groupes prépositionnels (GPrép.) dans lesquels la préposition est immédiatement suivie d'un groupe du nom (GN).

5. Dans d'autres groupes prépositionnels (GPrép.), la préposition est suivie d'un groupe du verbe (GV) à l'infinitif ou au participe, contenant, en plus du verbe, un groupe de mots qui dépend de ce verbe.

Donne le numéro de ces groupes prépositionnels (GPrép.).

6. Un groupe prépositionnel (GPrép.) peut contenir un ou plusieurs autres groupes prépositionnels (GPrép.).

TRANSCRIS les groupes prépositionnels (GPrép.) du deuxième paragraphe qui, en plus de la préposition encerclée, en contiennent une ou deux autres, puis ENCERCLE cette ou ces prépositions.

J'ai découvert...

> **LA CONSTRUCTION**
> **DU GROUPE PRÉPOSITIONNEL**
>
> Un groupe de mots commençant par une ✎ est ce qu'on appelle un *groupe prépositionnel* (GPrép.).
>
> Dans le groupe prépositionnel (GPrép.), la préposition peut introduire :
> - un groupe du ✎ (exemple : ✎);
> - un groupe du verbe (GV) à l'✎ (exemple : ✎);
> - un groupe du verbe (GV) au ✎ (exemple : ✎).

J'observe...

Le rôle et la fonction du groupe prépositionnel

7. LIS les deux premiers paragraphes du texte de la page 186 en omettant les groupes prépositionnels (GPrép.).

a) Sur le plan du sens, le texte que tu viens de lire est-il aussi précis et cohérent ?

b) As-tu remarqué que certains groupes prépositionnels (GPrép.) sont essentiels sur le plan grammatical ?

8. a) TRANSCRIS les phrases ci-après à double interligne, puis :
- SOULIGNE le ou les verbes conjugués ;
- ENCERCLE le groupe du nom sujet (GNs) de chaque verbe.

> ① *Il donna son premier concert à l'âge de dix ans.*
> ② *Il accompagnait sa mère tous les soirs.*
> ③ *Au fil des ans, le garçon se lassa de cette vie trop sage pour lui.*
> ④ *Quand il était dans la coulisse, il montrait son ennui à sa mère.*
> ⑤ *Sur la scène, il paraissait de bonne humeur.*
> ⑥ *À l'âge de vingt ans, il s'intéressa au journalisme.*

b) Dans les phrases ④, ⑤ et ⑥, **REPÈRE** le groupe de mots qui peut être remplacé par le pronom *y*, **BARRE**-le, puis **INSÈRE** le pronom à l'endroit qui convient dans la phrase.

> EXEMPLE: *Quand il* ^y^ *habitait aux îles Canaries, il était peu connu.*

c) Parmi les groupes de mots remplaçables par *y*, quels sont ceux qui indiquent un *lieu* ?

d) Parmi les groupes de mots remplaçables par *y*, lequel est déplaçable et supprimable ? Lesquels ne sont ni déplaçables ni supprimables ?

e) Dans les phrases que tu as transcrites en a), **METS** entre parenthèses les groupes ou ensembles de mots qui ont la fonction de complément de phrase (Compl. P).

f) Quels sont les critères qui t'ont permis d'identifier les groupes ou ensembles de mots ayant la fonction de complément de phrase (Compl. P)?

g) Parmi les ensembles de mots que tu as mis entre parenthèses, **RELÈVE** ceux qui sont des groupes prépositionnels (GPrép.).

9. a) Dans les phrases que tu as transcrites au numéro 8, **BARRE** le ou les groupes de mots qui peuvent être remplacés par l'un des pronoms suivants: *le, la, l', les, lui, leur, en,* puis **INSÈRE** le pronom à l'endroit qui convient dans la phrase.

> EXEMPLE: ① *Il* ^le^ *donna son premier concert (à l'âge de dix ans).*

b) Les groupes de mots que tu as remplacés par un pronom en a) sont-ils tous non déplaçables ? Sont-ils tous non supprimables ?

c) Ces groupes de mots ont-ils la fonction de complément de phrase ?

d) **RELÈVE** le mot dont dépend chacun de ces groupes de mots et **DIS** à quelle classe il appartient.

e) De quel groupe constituant de la phrase ces groupes de mots font-ils partie ?

f) Parmi les groupes de mots que tu as remplacés par un pronom en 8 b) et en 9 a), **RELÈVE** ceux qui sont des groupes prépositionnels (GPrép.).

10. a) Le verbe de la phrase ⑤ peut-il être remplacé par le verbe *être* sans que la phrase devienne non grammaticale et change complètement de sens ?

b) Le verbe de la phrase ⑤ est un verbe attributif. Il sert à dénoter une caractéristique du sujet ou à lui en attribuer une.

Quelle est la fonction d'un groupe de mots qui dépend d'un verbe attributif ?

c) Lequel des énoncés ci-dessous contient deux verbes attributifs ? Lequel contient deux verbes qui ont le sens de *se trouver* (dans un lieu)?

> ① *Il* <u>*est*</u> / <u>*restera*</u> **en forme.**
> ② *Il* <u>*est*</u> / <u>*reste*</u> **sur la scène.**

d) Dans les énoncés ci-dessus, lequel des deux groupes prépositionnels (GPrép.) en gras peut être remplacé par le pronom *le (l')*? Lequel peut être remplacé par le pronom *y*?

e) Lequel de ces deux groupes prépositionnels (GPrép.) a la fonction d'<u>attribut du sujet</u> ?

f) La phrase ④ du numéro 8 contient un verbe qui peut être employé comme verbe attributif, mais qui n'est pas employé de cette façon dans la phrase. **RELÈVE** ce verbe.

---

11. a) Les quatre groupes de mots en gras dans la phrase ci-dessous sont-ils supprimables ?

> *L'* ① *étonnant duo* ② *des îles Canaries attirait les foules dans les salles* ③ *de concert* ④ *les plus réputées.*

b) **RELÈVE** le mot dont dépendent les groupes de mots ① et ②.

c) **RELÈVE** le mot dont dépendent les groupes de mots ③ et ④.

d) À quelle <u>classe</u> appartiennent les mots relevés en b) et en c)?

e) Quelle est la <u>fonction</u> des groupes de mots en gras dans la phrase ?

f) Parmi les groupes de mots en gras, **RELÈVE** ceux qui sont des groupes prépositionnels (GPrép.).

---

12. a) Dans les phrases ci-dessous, **RELÈVE** le groupe prépositionnel (GPrép.) qui complète chacun des noms en gras.

> ① *Sa mère, fière et émue, encouragea le **talent** de son enfant.*
> ② *À l'**âge** de dix ans, il accompagnait sa mère en sifflant les plus grands airs d'opéra.*

b) Un groupe prépositionnel (GPrép.) qui complète un nom est généralement supprimable. Dans les phrases ci-dessus, peut-on supprimer les groupes prépositionnels (GPrép.) qui complètent les noms *talent* et *âge*?

c) **COMPARE** les phrases ci-dessous aux phrases en a). Pourquoi les groupes prépositionnels (GPrép.) ont-ils pu être supprimés ?

> ① *Sa mère, fière et émue, encouragea son talent.*
> ② *À cet âge, il accompagnait sa mère en sifflant les plus grands airs d'opéra.*

13. a) **Relève** le mot dont dépendent les ensembles de mots en gras dans les phrases ci-dessous, puis **indique** à quelle classe appartient ce mot.

> ① *O. Truche était certaine **de la réussite de son fils**.*
> ② *O. Truche était certaine **que son fils réussirait**.*

b) Quelle est la fonction des ensembles de mots en gras dans la phrase ?

c) Lequel des deux ensembles de mots en gras est un groupe prépositionnel (GPrép.)?

14. Au numéro 7 (page 189), tu as constaté que le groupe prépositionnel (GPrép.), de façon générale, sert à apporter une précision (parfois essentielle) dans une phrase ou dans un texte.

Parmi les groupes prépositionnels (GPrép.) précédés d'un numéro dans le texte de la page 186, **relèves**-en au moins un qui :

a) enrichit un groupe du nom (GN) en précisant le sens d'un nom ;

b) enrichit un groupe de l'adjectif (GAdj.) en précisant le sens d'un adjectif ;

c) apporte une information au sens d'un verbe ;

d) apporte une information supplémentaire à toute la phrase.

J'ai découvert...

> ### LA FONCTION
> ### DU GROUPE PRÉPOSITIONNEL
>
> Le groupe prépositionnel (GPrép.) peut avoir différentes fonctions dans la phrase.
>
> - Le groupe prépositionnel (GPrép.) peut être un groupe constituant facultatif de la phrase. Dans ce cas, il a la fonction de ✎ .
>
> - Le groupe prépositionnel (GPrép.) peut dépendre d'un verbe.
>   Dans ce cas, il fait partie d'un groupe du ✎ et peut avoir la fonction :
>   – de complément de verbe ;
>   – ou d' ✎ , s'il est introduit par un verbe attributif.
>
> - Le groupe prépositionnel (GPrép.) peut aussi dépendre d'un nom.
>   Dans ce cas, il fait partie d'un groupe du ✎ et a la fonction de ✎ .
>
> - Le groupe prépositionnel (GPrép.) peut aussi dépendre d'un adjectif.
>   Dans ce cas, il fait partie d'un groupe de l' ✎ et a la fonction de ✎ .

Ma grammaire

1 LA CONSTRUCTION DU GROUPE PRÉPOSITIONNEL

Un groupe de mots commençant par une **préposition** est ce qu'on appelle un **groupe prépositionnel** (abrégé ainsi : **GPrép.**). Dans le groupe prépositionnel (GPrép.), la **préposition** joue un rôle essentiel.

1.1 LA PRÉPOSITION

- La préposition peut être formée d'**un seul mot**, mais elle peut aussi être formée de **plus d'un mot**.

> **EXEMPLES :**
>
> *Quand Hector siffle, tout le voisinage est ravi* $\left\{\begin{array}{l} \textit{sauf} \\ \textit{à part} \\ \textit{à l'exception de} \end{array}\right\}$ *cette chatte.*

> ➤ La préposition formée d'un seul mot est une **préposition simple** ; celle formée de plus d'un mot est une **préposition complexe**. Les prépositions *à* ou *de* sont présentes dans la plupart des prépositions complexes.
>
> Voici une liste des principales prépositions simples.

à	*chez*	*depuis*	*durant*	*malgré*	*pendant*	*selon*
après	*contre*	*derrière*	*en*	*outre*	*pour*	*sous*
avant	*dans*	*dès*	*entre*	*par*	*sans*	*sur*
avec	*de*	*devant*	*envers*	*parmi*	*sauf*	*vers …*

- On peut employer les prépositions *à* ou *de* devant le déterminant *la* ou *l'*, mais non devant les déterminants *le* et *les*. Au lieu de la suite *à le*, on trouve le mot ***au*** ; au lieu de *à les* : ***aux*** ; au lieu de *de le* : ***du*** ; au lieu de *de les* : ***des***. Les mots qui incluent ainsi et une préposition et un déterminant sont appelés **déterminants contractés**.

> (à le)   (à les)
>
> **EXEMPLES :** *Pendant qu'il siffle, Hector pense **à la** chatte / **au** chat / **aux** chats du voisin.*
>
> (de le)   (de les)
>
> *Hector siffle pour embêter la chatte **de la** voisine / **du** voisin / **des** voisins.*

> ➤ Attention !
>
> - Le mot *de (d')* sert à former certains <u>déterminants</u> complexes.
>   EXEMPLE : *Hector a **beaucoup de** facilité à siffler.*
> - Dans certains contextes, le mot *de (d')* est une forme des <u>déterminants</u> *un, une, des*, par exemple dans une phrase négative ou lorsque le déterminant et le nom sont séparés par un adjectif.
>   EXEMPLES : *Hector n'a pas **d'**admiratrice.*   →   *Hector a **une** admiratrice.*
>   *Hector a **de** fidèles admiratrices.*   →   *Hector a **des** admiratrices.*

- Les suites *de la* et *de le* et le mot *du* sont parfois des <u>déterminants</u> qui introduisent un nom non comptable. Lorsque c'est le cas, ils sont remplaçables par un autre déterminant comme *beaucoup de*.

  EXEMPLES : *Hector a ~~de la~~ facilité à siffler.* — *Hector a ~~du~~ talent.*

  (beaucoup de / beaucoup de)

- Les prépositions sont **invariables**. Seuls les mots *au / aux* et *du / des* (qui incluent et une préposition et un déterminant) sont **variables en nombre** : ils prennent le <u>nombre du nom qu'ils introduisent</u>.

1.2 LE GROUPE PRÉPOSITIONNEL

Dans le groupe prépositionnel (GPrép.), la préposition peut introduire :

- un <u>groupe du nom</u> (GN) ;

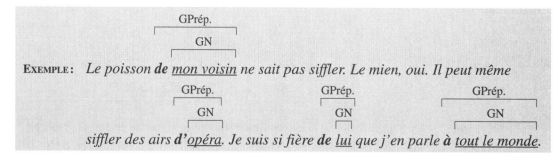

EXEMPLE : *Le poisson **de** <u>mon voisin</u> ne sait pas siffler. Le mien, oui. Il peut même siffler des airs **d'**<u>opéra</u>. Je suis si fière **de** <u>lui</u> que j'en parle **à** <u>tout le monde</u>.*

- un <u>groupe du verbe</u> (GV) <u>à l'infinitif</u> ;

  GPrép.
  GV à l'infinitif

  EXEMPLE : *Ce ne sont pas tous les poissons qui sont capables **d'**<u>émettre des sons</u>.*

- un <u>groupe du verbe</u> (GV) <u>au participe</u>.

  GPrép.
  GV au participe

  EXEMPLE : *Hector fait ses longueurs **en** <u>sifflant un air connu</u>.*

Un groupe prépositionnel (GPrép.) peut en contenir un autre.

  GPrép.
  GPrép.

  EXEMPLE : *Hector fait ses longueurs **en** sifflant un air **d'**opéra.*

Dans le groupe prépositionnel (GPrép.), les prépositions *à (au / aux)*, *de (du / des)* et *en* sont **non supprimables**, même lorsque plusieurs groupes prépositionnels (GPrép.) commençant par la même préposition sont rattachés par un signe de ponctuation ou un marqueur de relation du type *et, ou, mais…* Les prépositions *à (au / aux)*, *de (du / des)* et *en* doivent donc être répétées au début de chaque groupe.

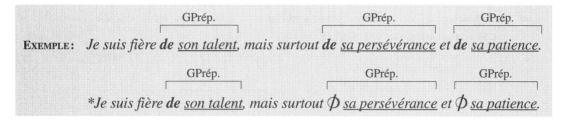

EXEMPLE: *Je suis fière **de** <u>son talent</u>, mais surtout **de** <u>sa persévérance</u> et **de** <u>sa patience</u>.*

Je suis fière **de <u>son talent</u>, mais surtout ⌀ <u>sa persévérance</u> et ⌀ <u>sa patience</u>.*

Les prépositions autres que *à (au / aux), de (du / des)* ou *en* peuvent, elles, apparaître dans le premier groupe prépositionnel (GPrép.) seulement et être supprimées dans le ou les groupes qui suivent.

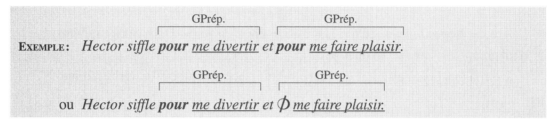

EXEMPLE: *Hector siffle **pour** <u>me divertir</u> et **pour** <u>me faire plaisir</u>.*

ou *Hector siffle **pour** <u>me divertir</u> et ⌀ <u>me faire plaisir.</u>*

C'est en deuxième secondaire que tu étudieras les règles de la coordination et de la juxtaposition.

2 LE **RÔLE** ET LA **FONCTION** DU GROUPE PRÉPOSITIONNEL

2.1 LE **RÔLE** DU GROUPE PRÉPOSITIONNEL

Dans une phrase, le groupe prépositionnel (GPrép.) peut servir:
- à <u>enrichir un groupe du nom</u> (GN) en précisant le sens d'un nom (ou d'un pronom);
- à <u>enrichir un groupe de l'adjectif</u> (GAdj.) en précisant le sens d'un adjectif;
- à <u>apporter une information (souvent essentielle) au sens d'un verbe</u>;
- à <u>apporter une information supplémentaire à toute la phrase</u>.

2.2 LA **FONCTION** DU GROUPE PRÉPOSITIONNEL

Le groupe prépositionnel (GPrép.) peut avoir différentes fonctions dans la phrase. On peut découvrir sa fonction en observant son fonctionnement dans la phrase.

- Le groupe prépositionnel (GPrép.) peut être un groupe constituant de la phrase ayant la fonction de **complément de phrase**.

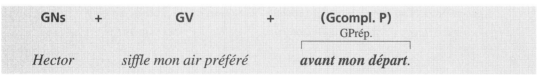

GNs	+	GV	+	(Gcompl. P) GPrép.
Hector		*siffle mon air préféré*		***avant mon départ.***

À la page 22, tu trouveras une procédure qui peut t'aider à repérer un groupe complément de phrase (Gcompl. P).

P Le déplacement d'un groupe prépositionnel (GPrép.) ayant la fonction de complément de phrase est généralement marqué par la **virgule**.

	GNs	+	GV	+	(Gcompl. P)
EXEMPLE :	***Avant mon départ,*** *Hector*		*siffle mon air préféré*		.

déplacement du Gcompl. P

➤ La préposition qui introduit un groupe prépositionnel (GPrép.) complément de phrase est souvent remplaçable par une autre préposition.

EXEMPLE : *Hector siffle mon air préféré* { ***avant*** / ***après*** / ***pour*** } *mon départ.*

- Le groupe prépositionnel (GPrép.) peut dépendre d'un verbe. Dans ce cas, il fait partie d'un groupe du verbe (GV) où il peut :
  - avoir la fonction d'**attribut du sujet**, s'il est placé à la suite d'un verbe attributif ;

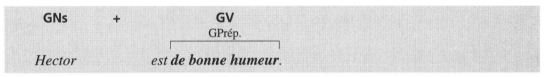

GNs	+	**GV**
		GPrép.
Hector		*est **de bonne humeur**.*

➤ Un attribut du sujet n'est <u>ni déplaçable ni supprimable</u>. Il <u>peut généralement être remplacé par le pronom *le (l')*</u>.

EXEMPLE : *Hector est **de bonne humeur**.* → *Hector **l'**est.*

Attention ! Lorsqu'un groupe prépositionnel (GPrép.) dépend des verbes *être*, *rester*, *demeurer*… et peut être remplacé par le pronom *y*, il ne s'agit pas d'un attribut du sujet, mais d'un complément indirect du verbe. Les verbes *être*, *rester*, *demeurer* signifient alors *se trouver* (dans un lieu).

EXEMPLE : *Hector est **dans son bocal**.* → *Hector **y** est.*

➤ Un adjectif peut généralement occuper la même position qu'un groupe prépositionnel (GPrép.) ayant la fonction d'attribut du sujet.

EXEMPLE : *Hector est **de bonne humeur**.* → *Hector est **petit**.*

- avoir la fonction de **complément du verbe**. On dit qu'un groupe prépositionnel (GPrép.) qui complète un verbe est un **complément indirect du verbe**, car il commence par une préposition.

GNs	+	**GV**
		GPrép.
Hector		*participera **à un concours**.*

➤ Un complément indirect du verbe n'est <u>généralement ni déplaçable ni supprimable</u>. Il peut généralement être remplacé par les pronoms *lui* ou *leur*, ou les pronoms *en* ou *y*.

EXEMPLE : *Hector participera **à un concours**.* → *Hector **y** participera.*

- Le groupe prépositionnel (GPrép.) peut dépendre d'un nom. Dans ce cas, il fait partie d'un groupe du nom (GN) et il a la fonction de **complément du nom**.

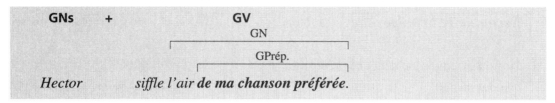

➤ Un groupe prépositionnel (GPrép.) peut aussi dépendre d'un pronom dans un groupe du nom (GN). Dans ce cas, il a la fonction de **complément du pronom**.

EXEMPLE : *L'air qu'Hector siffle est celui **de ma chanson préférée**.*

- Le groupe prépositionnel (GPrép.) peut dépendre d'un adjectif. Dans ce cas, il fait partie d'un groupe de l'adjectif (GAdj.) et il a la fonction de **complément de l'adjectif**.

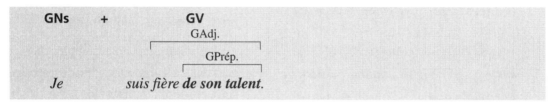

Exerce-*toi*

Reconnaître la préposition

1. Certains mots incluent une préposition et un déterminant.

a) **RÉCRIS** les phrases ci-dessous en remplaçant le nom en gras par le groupe de mots placé entre parenthèses et en faisant les modifications qui s'imposent pour que les phrases demeurent grammaticales.

> ① *Croyez-vous aux* **extraterrestres** *(vie après la mort)?* ② *Mon frère croit au* **Père Noël** *(fée des dents).* ③ *J'ai lu un texte qui parle des* **vampires** *(sorcière de l'île Saint-Louis).* ④ *Mon chien a peur du* **tonnerre** *(eau).*

b) Dans les phrases de l'encadré, **RELÈVE** les mots qui représentent la préposition *à* ou *de* suivie d'un déterminant, puis, au-dessus de chacun, **INSCRIS** la préposition et le déterminant qu'il représente.

2. Les mots *de* et *des* peuvent être des déterminants.

a) Parmi les mots en gras dans les phrases ci-dessous, **RELÈVE** ceux qui sont remplaçables par un déterminant (par exemple: *ton*, *ta*, *tes*, *ce*, *cette*, *ces*).

INSCRIS chaque fois le numéro et le mot.

> *Tu as* ① *de beaux crayons. — Moi, je n'ai pas* ② *de crayons. — J'ai envie* ③ *de t'emprunter ce crayon rouge. — J'aurais besoin* ④ *de ce crayon bleu. — J'ai besoin aussi* ⑤ *des crayons qui sont là. — Je devrais m'acheter* ⑥ *des crayons, n'est-ce pas? — Par contre, j'ai* ⑦ *de nouveaux pinceaux. — Mes vieux pinceaux n'avaient presque plus* ⑧ *de poils.*

b) **CLASSE** chacun des mots en gras selon qu'il est:
- une préposition;
- un déterminant contracté, qui inclut une préposition et un déterminant;
- un déterminant.

NOTE d'abord les trois catégories, puis INSCRIS chaque fois le numéro et le mot dans la bonne catégorie.

3. Le mot *du* et les suites *de la* et *de l'* peuvent être des déterminants.

a) Parmi les mots ou ensembles de mots en gras dans les phrases ci-dessous, **RELÈVE** ceux qui sont remplaçables par le déterminant complexe *beaucoup de*.

INSCRIS chaque fois le numéro et le mot ou l'ensemble de mots.

> *La peau empêche les microbes de pénétrer dans le corps et de te faire* ① *du mal. — De plus, elle participe à la régulation* ② *de la température* ③ *du corps. — Tous les jours, il faut nettoyer son épiderme à fond avec* ④ *de l'eau et* ⑤ *du savon. — Les rayons* ⑥ *du soleil détruisent les fibres élastiques* ⑦ *de la peau. — Il faut protéger ta peau avec* ⑧ *de la crème solaire.*

b) **CLASSE** chaque mot ou ensemble de mots en gras selon qu'il est:
- un déterminant contracté, qui inclut une préposition et un déterminant;
- une préposition suivie d'un déterminant;
- un déterminant.

NOTE d'abord les trois catégories, puis INSCRIS chaque fois le numéro et le mot ou l'ensemble de mots dans la bonne catégorie.

4. La préposition peut être simple (formée d'un mot) ou complexe (formée de plus d'un mot).

a) **REPÈRE** la préposition simple contenue dans la première phrase de chacune des cinq séries de phrases ci-dessous, **TRANSCRIS**-la, suivie du groupe de mots qu'elle introduit, puis **ENCERCLE** la préposition dans le groupe prépositionnel (GPrép.).

> ① *Alberto se rendra à Québec. — Alberto se rendra près de Québec.* ② *Léo étudie pour réussir. — Léo étudie dans le but de réussir.* ③ *Nous avons eu une discussion sur ce film. — Nous avons eu une discussion au sujet de ce film.* ④ *Placez les planches contre ce mur. — Placez ces planches le long de ce mur.* ⑤ *Des enfants jouent derrière l'école. — Des enfants jouent à côté de l'école.*

b) Dans la deuxième phrase de chacune des séries de phrases, **REPÈRE** la préposition complexe qui a été mise à la place de la préposition simple repérée en a). **TRANSCRIS** cette préposition complexe, suivie du groupe de mots qu'elle introduit, puis **ENCERCLE** la préposition dans le groupe prépositionnel (GPrép.).

c) Dans chacune des prépositions complexes que tu as encerclées en b), **SURLIGNE** la ou les prépositions simples.

> Au besoin, **CONSULTE** la liste de prépositions qui figure à la page 193.

5. **TRANSCRIS** chacune des phrases ci-dessous, **ENCERCLE** la préposition complexe qui introduit le mot ou groupe de mots en gras, puis **TROUVE** au moins une préposition simple qui pourrait être mise à la place de cette préposition complexe et **INSCRIS**-la au-dessus.

> Au besoin, **CONSULTE** la liste de prépositions qui figure à la page 193.

> ① *Elle arrivera aux environs de **midi**.* ② *Cet homme est indifférent à l'égard de **ce petit garçon**.* ③ *Il fait l'impossible afin de **réussir**.* ④ *D'après **Pedro**, cette solution est la meilleure.* ⑤ *Elle est heureuse en dépit de **tous ses problèmes**.*

6. Le mot *de* peut servir à former un déterminant complexe.

RÉCRIS les phrases ci-dessous en remplaçant, s'il y a lieu:
- le déterminant complexe par le déterminant *beaucoup de*;
- la préposition complexe par une autre préposition complexe.

> *Je me suis assise* ① ***en avant de** la classe,* ② ***près de** ce garçon, parce qu'il a* ③ ***plein de** crayons. —* ④ ***Au lieu de** m'acheter des crayons, je lui emprunte les siens. — Il a* ⑤ ***tellement de** choix de couleurs! — Il a aussi* ⑥ ***énormément de** patience. —* ⑦ ***Quantité d'***élèves l'apprécient ⑧ ***en raison de** sa générosité.*

7. a) **CLASSE** chaque mot ou ensemble de mots en gras dans les phrases ci-après selon qu'il est:
- une préposition (simple ou complexe);
- un déterminant contracté, qui inclut une préposition et un déterminant;
- une préposition suivie d'un déterminant;
- un déterminant (simple ou complexe).

NOTE d'abord les trois catégories, puis **INSCRIS** chaque fois le numéro et le mot dans la bonne catégorie.

> *Chaque jour, sur toute la surface* ① ***du** globe, le niveau* ② ***des** eaux monte et redescend lentement; ce mouvement, c'est la marée. — Les mouvements* ③ ***de la** marée dépendent* ④ ***de l'***attraction ⑤ ***du** Soleil et surtout* ⑥ ***de** celle* ⑦ ***de la** Lune,*

Défi!

qui est plus proche ⑧ *de notre planète. —*
Selon leur position, ces deux astres agissent
⑨ *à la manière d'un aimant qui soulève*
les océans. — À marée basse, il y a ⑩ *assez*
d'espace sur la plage pour construire
⑪ *des châteaux de sable. — Dans la baie*
de Fundy, il y a ⑫ *de très fortes marées. —*
Les mers fermées n'ont pas ⑬ *de marées,*
ou presque pas. — L'eau de mer contient
⑭ *du sel en solution. — En mer, on*
rencontre souvent ⑮ *de la brume.*

b) Dans les phrases ci-dessus, RELÈVE les onze prépositions que tu n'as pas déjà repérées en a).

Au besoin, CONSULTE la liste de prépositions qui figure à la page 193.

Reconnaître et employer le groupe prépositionnel

8. a) RELÈVE les groupes prépositionnels (GPrép.) contenus dans les phrases suivantes, puis ENCERCLE la préposition (simple ou complexe).

Attention ! L'un des groupes prépositionnels (GPrép.) est introduit par un déterminant contracté. Au-dessus de ce déterminant, INDIQUE la préposition et le déterminant qu'il représente et ENCERCLE cette préposition.

① *Hier, Claudie a téléphoné à François.*
② *François avait du mal à la comprendre.*
③ *Il y avait beaucoup de monde chez lui.*
④ *À cause de la musique qui jouait, il ne*
l'entendait pas bien. ⑤ *Il lui a demandé*
de parler plus fort. ⑥ *Claudie voulait*
l'inviter pour son anniversaire. ⑦ *Sur le*
coup, François a accepté son invitation.
⑧ *Mais en raccrochant, il a réalisé son*
erreur. ⑨ *Plus tôt, il s'était déjà engagé*
auprès de son amie Yimin. ⑩ *Il devait, le*
même jour, l'accompagner au cirque.

b) Au-dessus du groupe de mots que la préposition encerclée introduit, INDIQUE s'il s'agit d'un groupe du nom (GN), d'un groupe du verbe (GV) à l'infinitif ou d'un groupe du verbe (GV) au participe.

9. a) RELÈVE les groupes prépositionnels (GPrép.) contenus dans les phrases du numéro 1 (page 198), puis ENCERCLE le mot qui inclut une préposition.

b) Au-dessus du groupe de mots que le mot encerclé introduit, INDIQUE s'il s'agit d'un groupe du nom (GN), d'un groupe du verbe (GV) à l'infinitif ou d'un groupe du verbe (GV) au participe.

10. a) Dans les phrases du numéro 7, RELÈVE les groupes prépositionnels (GPrép.) introduits par les prépositions *sur* (deux fois), *selon*, *pour*, et *dans*, puis ENCERCLE la préposition au début du groupe prépositionnel (GPrép.).

b) APPLIQUE la consigne b) du numéro 8.

c) Trois des groupes prépositionnels (GPrép.) que tu as relevés en a) contiennent eux-mêmes un groupe prépositionnel (GPrép.). REPÈRE ces trois groupes, puis :
- ENCERCLE la préposition placée au début du groupe prépositionnel (GPrép.) qu'ils contiennent;
- METS entre crochets ce groupe prépositionnel (GPrép.).

11. a) TRANSCRIS la première phrase de chacune des séries de phrases ci-dessous (en changeant de ligne pour chacune), puis :
- ENCERCLE la préposition que chacune contient;
- METS entre crochets le groupe prépositionnel (GPrép.).

b) **REPÈRE** le groupe prépositionnel (GPrép.) contenu dans la deuxième phrase de chacune des séries de phrases ci-dessus, puis **RATTACHE** ce groupe prépositionnel (GPrép.) à celui de la première phrase à l'aide des marqueurs de relation *et* ou *ou*.

c) Dans les phrases obtenues en b), **BARRE** les prépositions qui peuvent être supprimées.

12. a) **COMPLÈTE** le nom en gras avec au moins quatre groupes prépositionnels (GPrép.) introduits par la préposition placée entre parenthèses.

① *un* **coup** *(de)* ② *une* **boîte** *(à)* ③ *un* **jour** *(de)*

EXEMPLE :
une chambre (à) → *une chambre à air / à coucher / à louer / à deux lits*

b) **EXPLIQUE** le sens de chaque groupe du nom (GN) que tu as formé en a) en t'inspirant de l'exemple ci-dessous.

EXEMPLE :
Une chambre à air, c'est un tube circulaire rempli d'air.

13. a) **COMPLÈTE** le nom en gras avec quatre groupes prépositionnels (GPrép.) en employant au moins trois prépositions différentes, puis, dans chaque groupe, **ENCERCLE** la préposition.

Au besoin, **CONSULTE** la liste de prépositions qui figure à la page 193.

① *un* **sac** ② *une* **chemise** ③ *un* **homme**

EXEMPLE :
un chien → *un chien* de *race /* de *chasse /* en *peluche /* sans *collier /* à *poil ras …*

b) **EXPLIQUE** le sens de chaque groupe prépositionnel (GPrép.) en t'inspirant de l'exemple ci-dessous.

EXEMPLE :
Un chien de race : un chien qui n'est pas métissé.

14. Les ensembles de mots en gras dans les phrases ci-dessous sont des subordonnées circonstancielles de temps.

a) **TRANSCRIS** à double interligne les phrases ci-dessus, **BARRE** la subordonnée circonstancielle que chacune contient, puis **TROUVE** un groupe prépositionnel (GPrép.) de sens voisin qui peut la remplacer et **INSCRIS**-le au-dessus.

EXEMPLE :
avant d'avoir Fido
Samuel n'aimait pas les chiens ~~avant qu'il ait Fido~~.

> Certains subordonnants de temps deviennent une préposition si on supprime le mot *que* qu'ils contiennent (ex.: *dès que* → *dès*) ou si on remplace *que* par une préposition (ex.: *avant que* → *avant de*).

b) **ENCERCLE** la préposition placée au début du groupe prépositionnel (GPrép.) que tu as trouvé et **INDIQUE**, au-dessus du groupe de mots qui suit, s'il s'agit d'un groupe du nom (GN), d'un groupe du verbe (GV) à l'infinitif ou d'un groupe du verbe (GV) au participe.

15. a) TRANSCRIS à double interligne les phrases ci-après, **BARRE** l'ensemble de mots en gras que chacune contient, puis **TROUVE** un groupe prépositionnel (GPrép.) de sens voisin qui peut le remplacer et **INSCRIS**-le au-dessus.

① *Elle est heureuse **que tu partes**.*
② *Je suis certaine **qu'ils reviendront**.*
③ *Elle est consciente **qu'elle a échoué**.*
④ *Nous sommes fiers **que vous ayez réussi**.* ⑤ *Il est content **qu'on l'ait élu**.*

b) APPLIQUE la consigne b) du numéro 14.

16. a) TRANSCRIS à double interligne les phrases ci-dessous, **BARRE** le mot ou l'ensemble de mots en gras que chacune contient, puis **TROUVE** un groupe prépositionnel (GPrép.) de sens voisin qui peut le remplacer et **INSCRIS**-le au-dessus.

EXEMPLE :   avec délicatesse
Remue la sauce ~~délicatement~~.

① *Notre prochain repas **familial** aura lieu demain soir.* ② *Il vaut mieux verser le lait **progressivement**.* ③ *Donne-moi la saucière **qui a une anse**.* ④ *Je n'ai pas lu la recette **attentivement**.* ⑤ *As-tu acheté du café **colombien** ?*

b) APPLIQUE la consigne b) du numéro 14.

Reconnaître la fonction du groupe prépositionnel

17. a) Quelle est la fonction des groupes prépositionnels (GPrép.) que tu as mis à la place des subordonnées de temps au numéro 14 a)?

b) Quelles manipulations as-tu utilisées pour identifier leur fonction ?

c) RÉCRIS les deux premières phrases que tu as formées au numéro 14 a) en déplaçant le groupe prépositionnel (GPrép.), puis **ENCERCLE** la ponctuation liée à ce déplacement.

18. a) REPÈRE le groupe prépositionnel (GPrép.) contenu dans chacune des phrases suivantes, puis, pour chacun de ces groupes, **PRÉCISE** s'il est :
- déplaçable;
- supprimable;
- remplaçable par un pronom.

① *Léa a reçu un cadeau d'anniversaire.* ② *Léa a reçu un cadeau pour son anniversaire.* ③ *Le professeur explique une règle de grammaire.* ④ *Le professeur explique une règle aux élèves.* ⑤ *Le professeur explique une règle au tableau.*

b) RELÈVE les groupes prépositionnels (GPrép.) qui ont la fonction de complément de phrase.

c) À quelle classe appartient le mot dont dépend le groupe prépositionnel (GPrép.) contenu dans les phrases ① et ③?

d) Quelle est la fonction de ces groupes prépositionnels (GPrép.)?

e) À quelle classe appartient le mot dont dépend le groupe prépositionnel (GPrép.) contenu dans la phrase ④?

f) Quelle est la fonction de ce groupe prépositionnel (GPrép.)?

19. a) La phrase ci-dessous est ambiguë, car le groupe prépositionnel (GPrép.) en gras peut avoir deux fonctions. **IDENTIFIE** ces fonctions.

*Il écoute le bruit **de sa voiture**.*

b) EXPLIQUE le sens de la phrase selon que l'on considère que le groupe prépositionnel (GPrép.) a l'une ou l'autre des fonctions que tu as identifiées en a).

c) RÉCRIS la phrase de deux façons différentes de manière à lever l'ambiguïté.

20. a) RÉCRIS les phrases ci-après en ajoutant à chacune un groupe prépositionnel (GPrép.) ayant la fonction de complément de phrase.

> ① Je lis le journal. ② Elle devra consulter un spécialiste. ③ Carlos a acheté une carte. ④ Elle espionne son voisin. ⑤ Nous ferons une pause.

b) RÉCRIS les phrases ci-dessus en ajoutant à chacune un groupe prépositionnel (GPrép.) ayant la fonction de complément du nom.

21. a) Par quel pronom le groupe prépositionnel (GPrép.) en gras dans les phrases ci-dessous peut-il être remplacé ?

> ① Clara se repose **dans sa chambre**.
> ② Clara est **dans sa chambre**.

b) Pour chacun des groupes prépositionnels (GPrép.), PRÉCISE s'il est :
- déplaçable ;
- supprimable.

c) Lequel des deux groupes prépositionnels (GPrép.) a la fonction de complément de phrase ? Lequel a la fonction de complément indirect du verbe ?

22. a) REPÈRE le groupe prépositionnel (GPrép.) contenu dans chacune des phrases ci-après, puis, pour chacun de ces groupes, PRÉCISE s'il est :
- déplaçable ;
- supprimable ;

- remplaçable par un pronom.

> ① Je suis allé à Montréal. ② J'ai rencontré mon fiancé à Montréal. ③ Je reviens de Montréal. ④ J'ai aperçu un cerf près de Montréal. ⑤ J'habite près de Montréal.

b) Lesquels des cinq groupes prépositionnels (GPrép.) ont la fonction de complément de phrase ?

c) Quelle est la fonction des autres groupes prépositionnels (GPrép.)?

23. a) COMPLÈTE les énoncés ci-dessous à l'aide d'un groupe prépositionnel (GPrép.) ayant la fonction de complément du verbe.

> ① Il ira… ② Je m'intéresse… ③ Ton livre est… ④ Elle s'occupe… ⑤ J'écrirai…

b) AJOUTE un groupe prépositionnel (GPrép.) ayant la fonction de complément de phrase à chacune des phrases obtenues en a).

24. a) IDENTIFIE les groupes constituants de *Défi !* chacune des phrases ci-dessous :
- SOULIGNE le verbe conjugué ;
- ENCERCLE le groupe du nom sujet (GNs) ;
- METS entre parenthèses le ou les groupes compléments de phrase (Gcompl. P) ;
- SURLIGNE le groupe du verbe (GV).

> ① Ce matin, Clara écrit à son frère au lieu d'aller jouer dehors. ② Son frère est à Moscou depuis un an. ③ Avant d'écrire, elle prend une minute pour réfléchir. ④ Elle pense à ses dernières vacances à la mer. ⑤ En un paragraphe, elle raconte à son frère son été à la plage.

b) Parmi les groupes qui ont la fonction de complément de phrase (Compl. P), RELÈVE ceux qui sont des groupes prépositionnels (GPrép.).

c) **Relève** tous les groupes prépositionnels (GPrép.) qui ont la fonction de complément du nom.

d) Parmi les groupes qui ont la fonction de complément du verbe, **relève** ceux qui sont des groupes prépositionnels (GPrép.).

25. a) **Relève** le mot dont dépend chacun des groupes prépositionnels (GPrép.) que tu as mis à la place des ensembles de mots en gras au numéro 15 a), à la page 202.

b) À quelle classe appartiennent ces mots ?

c) Quelle est la fonction des groupes prépositionnels (GPrép.) que tu as mis à la place des ensembles de mots en gras au numéro 15 a)?

26. a) **Relève** le groupe prépositionnel (GPrép.) contenu dans chacune des phrases ci-dessous.

> ① *La directrice est heureuse de nos résultats.* ② *Notre professeur est content de nos efforts.* ③ *La vie est harmonieuse dans l'école.*

b) Lesquels des trois groupes ont la fonction de complément d'adjectif ?

c) Quelle est la fonction de l'autre groupe prépositionnel (GPrép.)?

27. **Transcris** la première phrase de chacune des séries de phrases du numéro 11 a), à la page 201. Au-dessus de chacun des groupes prépositionnels (GPrép.), **indique** sa fonction.

À ou *a* ?

Les mots *à* et *a* se prononcent sensiblement de la même façon. Pour cette raison, il arrive qu'on les confonde à l'écrit.

- *À* est une **préposition** ; elle introduit un groupe de mots qui forme, avec elle, un groupe prépositionnel (GPrép.).

    *Camille aimerait apprendre **à** jouer du piano.*

- *A* est un **verbe** ; c'est le verbe *avoir* conjugué à la troisième personne du singulier, qui peut être employé comme auxiliaire dans un temps composé.

    *Camille **a** l'oreille musicale. Elle **a** décidé de suivre des cours de piano.*

Dans tes phrases, lorsque tu emploies les mots *à* ou *a*, utilise cette **stratégie de révision** pour en vérifier l'orthographe.

1. **ENCADRE** le mot *à* ou *a*.

2. **VÉRIFIE** si le mot encadré peut être remplacé par *avait*. Si le remplacement est possible, **INSCRIS** *avait* au-dessus du mot.

    - Si le mot peut être remplacé par *avait*, c'est qu'il s'agit du verbe *avoir*, qui ne s'écrit jamais avec un accent.
    - Si le mot ne peut pas être remplacé par *avait*, c'est qu'il s'agit de la préposition *à*.

3. **VÉRIFIE** l'orthographe du mot encadré et, s'il y a lieu, **CORRIGE**-la.

    avait
    EXEMPLE :   *Camille* ⟨à⟩ *commencé* ⟨à⟩ *jouer du piano.*

Exercice

RÉCRIS ces phrases en remplaçant les points de suspension par *à* ou *a*. **APPLIQUE** ensuite la stratégie de révision ci-dessus.

① *Camille … fait ses gammes toute la matinée.* ② *Chaque jour, ce sera … recommencer.* ③ *Elle n'… pas encore appris de morceau entier.* ④ *Elle est bien décidée … persévérer.* ⑤ *Elle … pratiqué même après le souper.* ⑥ *Elle … hâte … l'an prochain.* ⑦ *Elle aura appris … jouer son morceau préféré.* ⑧ *Elle pourra l'interpréter … l'école, … la fin de l'année.* ⑨ *Comme elle, j'aimerais apprendre … jouer de cet instrument.* ⑩ *Ensemble, on pourrait jouer … quatre mains.*

_Au_ ou _aux_?

Lorsque le mot _aux_ est suivi d'un mot commençant par une consonne, il se prononce de la même façon que _au_. Prononce ces groupes de mots pour comparer:

> _une tarte au chocolat / aux cerises / aux oeufs_

Pour cette raison, il arrive qu'on oublie de mettre un _x_ à _au_ pour marquer le pluriel.

- _Au_ représente la préposition _à_ suivie du déterminant _le_.
  >   (à le)
  > _J'ai préparé une tarte **au** chocolat._

- _Aux_ représente la préposition _à_ suivie du déterminant _les_.
  >   (à les)
  > _J'ai préparé une tarte **aux** cerises._

Dans tes phrases, lorsque tu emploies les mots _au_ ou _aux_, utilise cette stratégie de révision pour en vérifier l'orthographe.

---

1. ENCADRE le mot _au_ ou _aux_ et le nom qu'il introduit.

2. DÉTERMINE si le nom qu'il introduit est ou doit être au singulier ou au pluriel, puis, au-dessus, INDIQUE son nombre (S ou P).

   _Au(x)_ doit indiquer le nombre du nom qu'il introduit:
   - si le nom est au singulier, il doit être introduit par _au_;
   - si le nom est au pluriel, il doit être introduit par _aux_.

3. VÉRIFIE l'orthographe de _au(x)_ (et au besoin celle du nom qu'il introduit) et, s'il y a lieu, CORRIGE-la.

   EXEMPLE: _J'ai raté ma salade_ au crevette _et mon poulet_ au vinaigre.

Exercice

RÉCRIS ces phrases en remplaçant les points de suspension par _au_ ou _aux_ et en choisissant, s'il y a lieu, la forme du singulier ou du pluriel du nom. APPLIQUE ensuite la stratégie de révision ci-dessus.

① _J'ai préparé une soupe ... pois._ ② _Je rentre ... pays demain._ ③ _Il s'intéresse ... (timbre / timbres) et ... (cinéma / cinémas)._ ④ _Veux-tu jouer ... (carte / cartes)?_ ⑤ _... printemps, nous allons déménager._ ⑥ _Ma mère a laissé sa voiture ... (garage / garages) pour en faire faire la mise ... (point / points)._ ⑦ _... cours de l'hiver, Hans s'est initié ... (ski / skis) de randonnée._ ⑧ _Le transport est ... frais des participants._ ⑨ _J'ai souvent froid ... (pied / pieds) et ... nez._ ⑩ _Andrée s'est assise ... (pied / pieds) de l'arbre._

Applique tes connaissances
lorsque tu lis

Martin, l'enseignant de Julie, lui a fait lire un poème et lui a demandé de le modifier en remplaçant les groupes prépositionnels (GPrép.) qu'il contenait par d'autres groupes prépositionnels (GPrép.), de façon à créer de nouvelles images.

Voici le poème modifié par Julie.

J'ai vu un arbre vert en plein désert
J'ai vu une couche de poussière se poser sur l'amitié
J'ai vu le ciel rejoindre la terre
J'ai vu une goutte de sang inonder le pays
J'ai vu pleurer une statue dans le parc
J'ai vu danser les personnages d'étranges façons
J'ai vu des flocons blanchir les toits en sifflant
        «Mon pays, ce n'est pas un pays, c'est l'hiver»
J'ai vu brûler la pluie en mille morceaux
J'ai même vu voler des poissons
Mais je n'ai jamais vu
un homme noir et un homme blanc
se serrer la main.

1. a) **RELÈVE** les huit groupes prépositionnels (GPrép.) contenus dans le poème de Julie et **TRANSCRIS**-les sur une colonne.

   b) **INDIQUE**, pour chacun des groupes prépositionnels (GPrép.), s'il sert:
   - à préciser le sens d'un nom;
   - à préciser le sens d'un adjectif;

- à apporter une information au sens du verbe ;
- à apporter une information supplémentaire à toute la phrase.

c) Voici les groupes prépositionnels (GPrép.) du poème original :

> ① *en tombant* ② *d'un dessin* ③ *de pierre* ④ *en plein été* ⑤ *de glace* ⑥ *d'eau*
> ⑦ *en plein hiver* ⑧ *sur la mer*

RETROUVE leur place dans le poème et TRANSCRIS-les vis-à-vis des groupes prépositionnels (GPrép.) que tu as relevés en a).

d) VÉRIFIE si chaque groupe prépositionnel (GPrép.) du poème original sert à la même chose que celui qui y correspond dans le poème de Julie. Sinon, INDIQUE à quoi sert le groupe prépositionnel (GPrép.) original.

2. a) Sur le plan du sens, les groupes prépositionnels (GPrép.) peuvent apporter divers types d'information. Par exemple, ils peuvent indiquer :
   - le temps (***En automne**, les feuilles sont rouges.*)
   - le lieu (*Les feuilles tombent **sur le sol**.*)
   - la manière (*Les feuilles virevoltent **en tombant**.*)
   - la matière (*Les feuilles mortes recouvrent le banc **de bois**.*)
   - l'origine (*Les enfants ramassent les feuilles **d'érable**.*)

   INDIQUE, pour chacun des groupes prépositionnels (GPrép.) de Julie, le type d'information qu'il apporte (temps, lieu, manière, matière, origine, etc.).

   b) VÉRIFIE si chaque groupe prépositionnel (GPrép.) du poème original apporte une précision du même type que celle du poème de Julie. Sinon, INDIQUE le type de précision introduite par le groupe prépositionnel (GPrép.) original.

3. a) À ton tour maintenant de devenir poète. RÉCRIS le poème en remplaçant les groupes prépositionnels (GPrép.) par d'autres groupes prépositionnels (GPrép.), de manière à créer de nouvelles images.

   b) COMPLÈTE les vers ci-dessous par un groupe prépositionnel (GPrép.) qui précise ou enrichit le mot ou l'ensemble de mots en gras et AJOUTE-les à ton poème.
   *J'ai vu un héros **rouge***
   *J'ai vu un prisonnier **chanter***
   *J'ai vu un lac **parler***
   *J'ai vu pleurer une **usine***
   J'ai vu tout cela

La laitière

La fille d'un fermier venait de traire les vaches et s'en retournait, portant sur la tête un seau rempli de lait.

Comme elle marchait, elle rêvait ainsi: le lait de ce seau me fournira de la crème que je transformerai en beurre. Je vendrai ensuite ce beurre au marché. Avec l'argent récolté, j'achèterai des oeufs qui donneront des poulets. Alors, je vendrai quelques-unes de mes volailles. Avec l'argent qu'elles me rapporteront, je m'achèterai une nouvelle robe que je mettrai pour aller au marché.

SI MON LIVRE A DU SUCCÈS, JE SERAI ENFIN RECONNUE. ON M'INVITERA À DONNER DES CONFÉRENCES À MONTRÉAL, À PARIS, À LAUSANNE...

GLOU, GLOU, GLOU...

LA SUBORDONNÉE RELATIVE EN *QUI, QUE*

- Son rôle et sa fonction
- Sa construction
- Le choix du pronom relatif
- Les accords dans la subordonnée relative en *qui, que*

ATELIER

La laitière

① **La fille** d'un fermier venait de traire les vaches et s'en retournait, portant sur la tête ② **un seau** rempli de lait.

Comme elle marchait, elle rêvait ainsi : ③ **le lait** de ce seau me fournira ④ **de la crème** que je transformerai en beurre. Je vendrai ensuite ce beurre au marché. Avec ⑤ **l'argent** récolté, j'achèterai ⑥ **des oeufs** qui donneront des poulets. Alors, je vendrai quelques-unes de mes volailles. Avec ⑦ **l'argent** qu'elles me rapporteront, je m'achèterai ⑧ **une** nouvelle **robe** que je mettrai pour aller au marché. Les hommes l'admireront et tomberont amoureux de moi. Mais moi, je hocherai la tête sans rien leur dire.

Oubliant ⑨ **le seau** qu'elle avait sur la tête et joignant le geste à la pensée, elle hocha la tête. Tout le lait se répandit et ⑩ **les** beaux **rêves** s'évanouirent avec lui.

*Ne comptez pas vos poulets
avant que les oeufs n'aient éclos.*

Ésope, trad. © Duculot, 1989.

J'observe...

Différents moyens pour enrichir le groupe du nom

1. a) Les dix groupes du nom (GN) suivants figurent dans le texte de la page 210.

> ① *la fille* ② *un seau* ③ *le lait* ④ *de la crème* ⑤ *l'argent* ⑥ *des oeufs*
> ⑦ *l'argent* ⑧ *une robe* ⑨ *le seau* ⑩ *les rêves*

Le nom que contient chacun de ces groupes du nom (GN) est précisé par un groupe ou un ensemble de mots (parfois par deux).

Dans le texte, REPÈRE ces groupes du nom (GN) avec le ou les groupes ou ensembles de mots qui précisent le nom noyau de ces groupes du nom (GN), puis TRANSCRIS-les dans la première colonne d'un tableau comme celui-ci.

	Le nom est précisé par...		
	un groupe de l'adjectif (GAdj.)	un groupe prépositionnel (GPrép.)	un ensemble de mots contenant un verbe conjugué
① *la fille d'un fermier*			
...			

b) SOULIGNE le ou les groupes ou ensembles de mots qui enrichissent chacun des groupes du nom (GN), puis COCHE la case du tableau qui convient.

J'ai découvert...

> **DIFFÉRENTS MOYENS
> POUR ENRICHIR LE GROUPE DU NOM**
>
> On peut enrichir un groupe du nom (GN) à l'aide d'un ✎ , d'un ✎ ou encore d'un ensemble de mots contenant un ✎ .

Le fonctionnement de la subordonnée relative

2. Les cinq ensembles de mots contenant un verbe conjugué que tu as repérés au numéro 1 sont des **subordonnées relatives**.

Ces subordonnées relatives, tu l'as constaté en remplissant le tableau du numéro 1, font partie d'un groupe du nom (GN), tout comme les groupes de l'adjectif (GAdj.) et les groupes prépositionnels (GPrép.) que tu as repérés.

a) **OBSERVE** le fonctionnement des groupes de l'adjectif (GAdj.) et des groupes prépositionnels (GPrép.) que tu as repérés au numéro 1. (Sont-ils supprimables ou non supprimables ? Sont-ils déplaçables ou non déplaçables ? De quel mot dépendent-ils dans la phrase ?) À partir de tes observations, **DÉTERMINE** la fonction de ces groupes dans la phrase.

b) Les cinq subordonnées relatives que tu as repérées au numéro 1 fonctionnent-elles de la même manière que ces groupes de l'adjectif (GAdj.) et ces groupes prépositionnels (GPrép.)?

c) **DÉTERMINE** la fonction de ces subordonnées relatives.

d) Ces subordonnées relatives peuvent-elles, seules, former une phrase grammaticale ?

J'ai découvert...

> ### LE FONCTIONNEMENT
> ### DE LA SUBORDONNÉE RELATIVE
>
> La subordonnée relative est un ensemble de mots qui fait partie d'un ✎ . Elle est généralement placée à la suite d'un ✎ et ne peut pas être ✎ . Sur le plan grammatical, la subordonnée relative est facultative, car elle peut être ✎ .
> Elle a la **fonction** de ✎ dans la phrase.
>
> La subordonnée relative ne peut fonctionner seule, car elle dépend du ✎ qu'elle complète.

La construction de la subordonnée relative

LIS cette autre version de *La laitière*. Les phrases qui diffèrent de celles de la version originale (page 210) sont soulignées.

La fille d'un fermier venait de traire les vaches et s'en retournait, portant sur la tête un seau rempli de lait.

Comme elle marchait, elle rêvait ainsi: Ⓐ *le lait de ce seau me fournira de la crème.* Ⓑ *Je transformerai cette crème en beurre.* *Je vendrai ensuite ce beurre au marché.* Ⓒ *Avec l'argent récolté, j'achèterai des oeufs.* Ⓓ *Ces oeufs donneront des poulets.* *Alors, je vendrai quelques-unes de mes volailles.* Ⓔ *Elles me rapporteront de l'argent.* Ⓕ *Avec l'argent, je m'achèterai une nouvelle robe.* Ⓖ *Je mettrai cette robe pour aller au marché.* *Les hommes l'admireront et tomberont amoureux de moi. Mais moi, je hocherai la tête sans rien leur dire.*

Oubliant le seau qu'elle avait sur la tête et joignant le geste à la pensée, elle hocha la tête. Tout le lait se répandit et les beaux rêves s'évanouirent avec lui.

---

3. a) **TRANSCRIS** les phrases Ⓒ et Ⓓ, puis **ENCADRE** les groupes du nom (GN) qui ont un nom en commun.

b) Dans la version originale (page 210), **REPÈRE** la phrase qui pourrait remplacer les phrases Ⓒ et Ⓓ, puis **TRANSCRIS**-la.

c) **OBSERVE** cette phrase en la comparant aux phrases Ⓒ et Ⓓ, puis:
- **SURLIGNE** les groupes de mots de la phrase Ⓒ qu'elle contient;
- **SURLIGNE** les groupes de mots de la phrase Ⓓ qu'elle contient.

d) Quel groupe de mots de la phrase Ⓓ n'apparaît pas dans la phrase de la version originale?

e) Dans la phrase de la version originale, **METS** entre crochets la subordonnée relative, puis **ENCADRE** le mot qui introduit la subordonnée relative.

Le mot que tu as encadré appartient à la classe des pronoms. On l'appelle **pronom relatif**.

f) En plus d'introduire la subordonnée relative, **le pronom relatif remplace un groupe de mots**.

Au-dessus du pronom relatif que tu as encadré, **INSCRIS** le groupe de mots de la phrase Ⓓ que ce pronom relatif remplace.

g) En plus d'introduire la subordonnée relative et de remplacer un groupe de mots, le **pronom relatif fait référence à un groupe de mots qui le précède dans la phrase**. On appelle ce groupe de mots **antécédent**.

Dans la phrase de la version originale que tu as transcrite en b), SOULIGNE l'antécédent du pronom relatif puis, au moyen d'une flèche, RELIE le pronom relatif à son antécédent.

EXEMPLE : *Une fille* [*qui* *portait un pot de lait*] *s'en retournait au marché.*

h) Dans la phrase de la version originale, quel nom la subordonnée relative complète-t-elle ? Est-ce que ce nom fait partie de l'antécédent du pronom relatif ?

4. a) TRANSCRIS à double interligne cette phrase tirée du texte *La laitière* :

Le lait de ce seau me fournira de la crème que je transformerai en beurre.

puis :
- METS entre crochets la subordonnée relative complément du nom *crème* ;
- ENCADRE le pronom relatif qui introduit la subordonnée relative ;
- SOULIGNE l'antécédent du pronom relatif et, au moyen d'une flèche, RELIE le pronom relatif à son antécédent.

b) À partir de la phrase ci-dessus, CONSTRUIS deux phrases qui peuvent fonctionner seules.

c) Dans la phrase correspondant à la subordonnée relative, ENCADRE le groupe de mots que le pronom relatif *que (qu')* remplace dans la subordonnée relative, puis INSCRIS-le au-dessus du pronom relatif.

5. La version de la page 213 contient plusieurs répétitions de noms *(crème, oeufs, argent, robe)* qu'on ne trouve pas dans la version originale. De plus, la version de la page 213 contient un plus grand nombre de phrases.

a) Dans la version originale (page 210), qu'est-ce qui permet à la fois d'éviter la répétition de certains noms et de réduire le nombre des phrases ?

b) PROUVE ce que as énoncé en a) : RÉDUIS en une seule phrase les phrases Ⓕ et Ⓖ de la version de la page 213 de façon à éviter la répétition du nom *robe*.

LA CONSTRUCTION
DE LA SUBORDONNÉE RELATIVE

La subordonnée relative est une ✎ qu'on a insérée dans le groupe du nom (GN) d'une autre phrase. Au début de la subordonnée relative se trouve toujours un mot comme ✎ , ✎ , qu'on appelle *pronom relatif.*

Sur le plan grammatical, le pronom relatif sert à introduire la ✎ et à ✎ un groupe de mots. Pour identifier ce groupe de mots, il faut construire la ✎ correspondant à la subordonnée relative.

Sur le plan du sens, le pronom relatif fait référence à un groupe de mots qui le précède, qu'on appelle ✎ .

Dans un texte, la subordonnée relative permet de ✎ et de ✎ .

J'observe...

Le choix du pronom relatif

6. a) **TRANSCRIS** la subordonnée relative en gras contenue dans chacune des phrases ci-dessous, puis **ENCADRE** le pronom relatif qui introduit chacune des subordonnées.

> ① Une fille **qui venait de traire ses vaches** portait sur la tête un seau rempli de lait.
> ② Elle s'achètera une nouvelle robe **qu'elle mettra pour aller au marché.**
> ③ La fille **dont on parle dans cette fable** s'appelle Perrette.

b) Dans les phrases, **REPÈRE** l'antécédent de chaque pronom relatif puis, à partir de chaque subordonnée relative, **CONSTRUIS** une phrase qui peut fonctionner seule et qui reprend le nom de l'antécédent du pronom relatif.

c) **COMPARE** chacune des phrases que tu as construites en b) à la subordonnée qui y correspond, puis :
   - dans les phrases construites en b), **ENCADRE** le groupe de mots que le pronom relatif remplace dans la subordonnée relative;
   - **INSCRIS** ce groupe de mots au-dessus du pronom relatif.

7. a) Quelle est la fonction du groupe du nom (GN) que le pronom relatif remplace ?

b) Dans la subordonnée relative, **le pronom relatif a la même fonction que le groupe de mots qu'il remplace**.

Quelle est la fonction du pronom relatif *qui* ?

8. a) Dans les phrases que tu as construites en 6 b), OBSERVE la construction des groupes de mots que remplacent les pronoms relatifs *que (qu')* et *dont* et, pour chacun, DIS s'il s'agit :
- d'un groupe du nom (GN) ;
- d'un groupe prépositionnel (GPrép.) commençant par la préposition *de*.

b) De quel mot le groupe de mots remplacé par le pronom relatif *que (qu')* dépend-il dans la phrase ?

J'ai découvert...

LE CHOIX DU PRONOM RELATIF

Le choix du pronom relatif dépend du groupe de mots que le pronom relatif ✎ , c'est-à-dire :
- de la ✎ de ce groupe de mots ;
- et de la construction de ce groupe de mots.

Pour identifier ce groupe de mots, sa ✎ et sa construction, il faut construire la ✎ correspondant à la subordonnée relative.

On emploie le pronom relatif *qui* pour remplacer un groupe du nom (GN) ayant la fonction de ✎ , et le pronom relatif *que (qu')* pour remplacer un ✎ ayant la fonction de complément direct du verbe.

Dans la subordonnée relative, le pronom relatif a la même fonction que le groupe de mots qu'il ✎ . Le pronom relatif *qui* a donc la fonction de ✎ , et le pronom relatif ✎ , la fonction de complément direct du verbe.

J'observe...

Les accords avec **qui**

9. a) TRANSCRIS à double interligne le groupe du nom (GN) en gras dans les phrases ci-dessous, puis SURLIGNE toutes les marques de féminin et de pluriel que ces groupes contiennent.

① **Ce garçon qui semble rêveur** marche vers le marché.
② **Ces filles qui semblent rêveuses** marchent vers le marché.

b) Dans chacun des groupes du nom (GN) que tu as transcrits :
- **METS** entre crochets la subordonnée relative ;
- **ENCADRE** le pronom relatif qui l'introduit ;
- **SOULIGNE** l'antécédent du pronom relatif et, au moyen d'une flèche, **RELIE** le pronom relatif à son antécédent.

c) Au-dessus de l'antécédent de chaque pronom relatif, c'est-à-dire au-dessus du noyau du groupe du nom (GN) dont la subordonnée fait partie, **INDIQUE** son genre (M ou F) et son nombre (S ou P), et sa personne grammaticale (1S, 2S, 3S, 1P, 2P ou 3P).

d) À partir de chacune des subordonnées relatives, **CONSTRUIS** une phrase qui peut fonctionner seule, puis **ENCADRE** le groupe de mots que le pronom relatif remplace dans la subordonnée.

e) Dans les phrases que tu as construites en d), **SURLIGNE** toutes les marques de féminin et de pluriel.

Ces marques sont-elles les mêmes que celles que tu as surlignées en a) ?

f) Quelle est la fonction des groupes de mots encadrés en d) et celle des pronoms relatifs *qui* dans les subordonnées relatives ?

g) Dans les phrases que tu as construites en d), **RELIE** par une flèche le noyau de chacun des groupes du nom sujets (GNs) aux mots qui s'accordent avec lui.

h) Dans les subordonnées relatives, **RELIE** par une flèche le pronom relatif *qui* aux mots qui s'accordent avec lui.

i) Dans la subordonnée relative, *qui* commande les mêmes accords qu'un autre élément de la phrase. De quel élément s'agit-il ?

J'ai découvert...

LES ACCORDS AVEC *QUI*

Le pronom relatif *qui* a la fonction de ✎ dans la subordonnée relative. *Qui* commande, dans la subordonnée, les mêmes accords que son ✎ . Pour faire correctement les accords dans la subordonnée relative en *qui*, il faut avant tout repérer l'✎ de *qui*, c'est-à-dire le noyau du groupe du nom (GN) dont la subordonnée fait partie.

---

1 LE **RÔLE** ET LA **FONCTION** DE LA SUBORDONNÉE RELATIVE

1.1 LE **RÔLE** DE LA SUBORDONNÉE RELATIVE

La **subordonnée relative** (abrégée ainsi : **Sub. rel.**) est l'un des moyens dont on dispose pour préciser le sens d'un nom ou d'un pronom et ainsi <u>enrichir le groupe du nom</u> (GN).

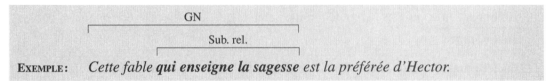

> GN
>
> Sub. rel.
>
> **EXEMPLE :** *Cette fable **qui enseigne la sagesse** est la préférée d'Hector.*

Dans un texte, en plus d'enrichir le groupe du nom (GN), la subordonnée relative permet de <u>réduire le nombre de phrases</u> et d'<u>éviter la répétition de mots</u>.

1.2 LA **FONCTION** DE LA SUBORDONNÉE RELATIVE

La subordonnée relative fait partie d'un <u>groupe du nom</u> (GN). Elle est généralement <u>supprimable</u>, se trouve à la suite d'un nom ou d'un pronom et est <u>non déplaçable</u> ; la subordonnée relative est un **complément du nom ou un complément du pronom** : c'est sa fonction dans la phrase.

La subordonnée relative <u>ne peut fonctionner seule</u>, car elle dépend du nom (ou du pronom) qu'elle complète.

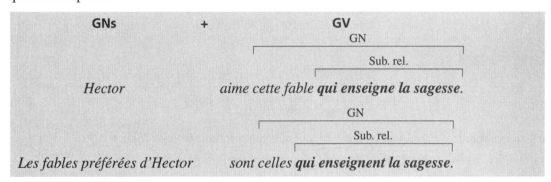

> **GNs** + **GV**
>
> GN
>
> Sub. rel.
>
> *Hector aime cette fable **qui enseigne la sagesse**.*
>
> GN
>
> Sub. rel.
>
> *Les fables préférées d'Hector sont celles **qui enseignent la sagesse**.*

2 LA CONSTRUCTION DE LA SUBORDONNÉE RELATIVE

- Une subordonnée relative est une phrase qu'on a enchâssée, insérée dans une autre phrase (appelée *phrase matrice*) ; c'est pourquoi **la subordonnée relative contient ses propres groupes constituants** : un groupe du nom sujet (GNs) + un groupe du verbe (GV), complétés ou non par un ou plusieurs groupes compléments de phrase (Gcompl. P).

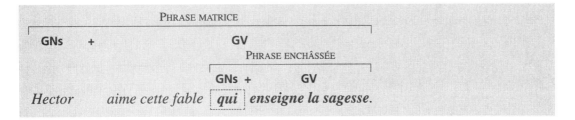

PHRASE MATRICE		
GNs +	GV	
	PHRASE ENCHÂSSÉE	
	GNs +	GV
Hector	*aime cette fable* $\lceil$ **qui** $\rceil$	*enseigne la sagesse*.

- Au début de la subordonnée relative se trouve toujours un marqueur de relation comme *qui*, *que*, *dont*, *où*…

  <u>Sur le plan grammatical</u>, ce marqueur a <u>deux fonctions</u> :
  - il sert à introduire la subordonnée relative dans une autre phrase : il a la fonction de subordonnant ;
  - il remplace un groupe de mots : il a aussi la fonction de ce groupe de mots.

  <u>Sur le plan du sens</u>, le subordonnant qui introduit la subordonnée relative <u>fait toujours référence à un groupe de mots qui le précède dans la phrase</u> : ce subordonnant appartient à la classe des pronoms. On l'appelle **pronom relatif**.

  L'élément auquel le pronom relatif fait référence est appelé **antécédent**. L'antécédent du pronom relatif comprend toujours le nom ou le pronom dont la subordonnée relative est le complément.

  ➢ Dans la phrase ci-dessous, *qui* fait référence à *cette fable*. *Cette fable* est donc l'antécédent du pronom relatif *qui* :

  Hector aime <u>cette fable</u> $\lceil$ **qui** $\rceil$ enseigne la sagesse.

               ▲
      Antécédent

3 LE CHOIX DU PRONOM RELATIF

Le pronom relatif *(qui, que, dont, où...)* remplace un groupe de mots. Le choix du pronom relatif peut dépendre :
- de la fonction de ce groupe de mots ;
- de la construction de ce groupe de mots ;
- parfois aussi du sens de ce groupe de mots.

Pour vérifier le choix du pronom relatif, on met en évidence le groupe de mots que le pronom remplace en construisant, à partir de la phrase matrice, deux phrases qui peuvent fonctionner seules.

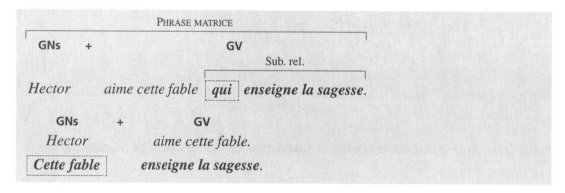

➤ Dans l'exemple ci-dessus, le pronom relatif *qui* remplace le groupe de mots *cette fable*, qui est un groupe du nom (GN) ayant la fonction de sujet.

Pour vérifier le choix du pronom relatif, on peut se limiter à reconstruire la subordonnée relative de façon qu'elle puisse fonctionner seule.

3.1 LE PRONOM RELATIF *QUI*

On emploie le pronom *qui* pour remplacer un **groupe du nom** (GN) ayant la fonction de **sujet**.

Dans l'exemple de l'encadré, *qui* remplace *cette fable*, un groupe du nom sujet (GNs).

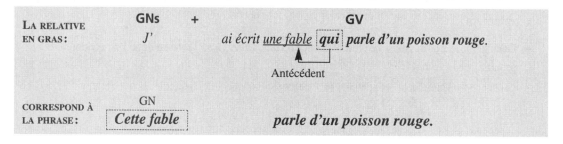

3.2 LE PRONOM RELATIF *QUE (QU')*

On emploie le pronom *que (qu')* pour remplacer un **groupe du nom** (GN) ayant la fonction de **complément direct du verbe**.

Dans l'exemple de l'encadré, *que* remplace *cette fable*, un groupe du nom (GN) complément direct du verbe *ai écrit*.

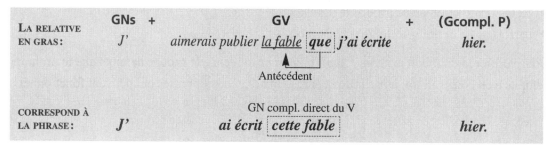

3.3 LE PRONOM RELATIF *DONT*

On emploie le pronom *dont* pour remplacer un **groupe prépositionnel (GPrép.) introduit par *de (d')*** et ayant la fonction de **complément** (du nom, de l'adjectif ou du verbe).

Dans l'exemple de l'encadré, ***dont*** remplace *de cette fable*, un groupe prépositionnel (GPrép.) commençant par la préposition *de* et ayant la fonction de complément indirect du verbe *parle*.

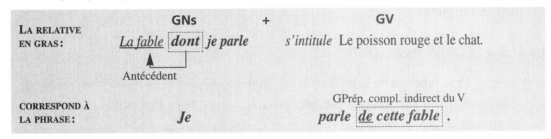

	GNs	+	GV
LA RELATIVE EN GRAS :	*La fable* |*dont*| *je parle*		*s'intitule* Le poisson rouge et le chat.
	↑ Antécédent		
CORRESPOND À LA PHRASE :	*Je*		GPrép. compl. indirect du V *parle* |*de cette fable*| .

➤ Attention !

- Les mots ***du*** et ***des*** peuvent inclure la préposition *de* suivie d'un déterminant.

  (de le)   (de les)
  EXEMPLES : *Je parle **du** conte de Perrault / **des** fables d'Ésope.*

- Le mot ***de (d')*** n'est pas toujours une préposition : il peut être un <u>déterminant</u>, par exemple lorsqu'il introduit un nom dans une phrase négative ou lorsqu'un adjectif le sépare d'un nom.

  EXEMPLES : *Je <u>n'ai jamais</u> lu **de** fables.* → *J'ai lu **des** fables.*
  *J'ai lu **de** <u>merveilleuses</u> fables.* → *J'ai lu **des** fables.*

- Les suites ***de la***, ***de l'*** et le mot ***du*** sont parfois des <u>déterminants,</u> qui introduisent un nom non comptable.

  EXEMPLE : *J'ai **de la** difficulté à écrire.* → *J'ai **du** talent.*

3.4 LE PRONOM RELATIF *OÙ*

On emploie le pronom *où* pour remplacer un **groupe du nom** (GN) ou un **groupe prépositionnel** (GPrép.) ayant la fonction de **complément** (du verbe ou de phrase) exprimant le **temps** ou le **lieu**.

Dans l'exemple de l'encadré, ***où*** remplace *dans ce passage*, un groupe prépositionnel (GPrép.) ayant la fonction de complément de phrase et exprimant le lieu.

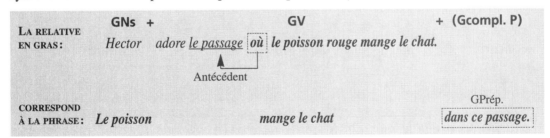

	GNs +	GV	+ (Gcompl. P)
LA RELATIVE EN GRAS :	*Hector*	*adore <u>le passage</u>* |*où*| *le poisson rouge mange le chat.*	
		↑ Antécédent	
CORRESPOND À LA PHRASE :	*Le poisson*	*mange le chat*	GPrép. |*dans ce passage.*|

4 LES ACCORDS DANS LA SUBORDONNÉE RELATIVE EN *QUI*, *QUE*

Les pronoms relatifs *qui* et *que* commandent dans la subordonnée les mêmes accords que leur antécédent. Pour déterminer la personne grammaticale ou le genre et le nombre de l'antécédent, il faut repérer le pronom ou le nom noyau du groupe du nom (GN) dont la subordonnée fait partie.

4.1 LES ACCORDS AVEC *QUI*

Le pronom *qui* a la fonction de **sujet** dans la subordonnée relative. Les mots (verbe, adjectif) qui s'accordent avec le sujet dans la subordonnée relative prennent donc, selon le cas, la personne grammaticale, le genre ou le nombre de l'antécédent de *qui*.

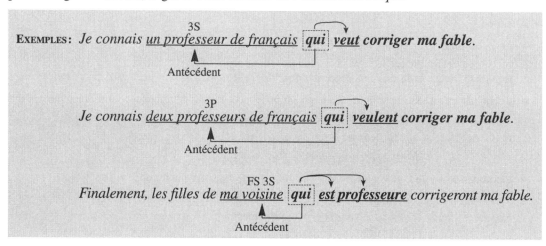

4.2 LES ACCORDS AVEC *QUE*

Le pronom *que* a la fonction de **complément du verbe**. On dit que ce complément est **direct**, car le groupe qu'il remplace n'est pas introduit par une préposition. Les mots qui peuvent s'accorder avec le complément direct d'un verbe sont des participes passés.

➤ Le participe passé s'accorde avec le complément direct du verbe lorsque ce complément précède le verbe dans la phrase.

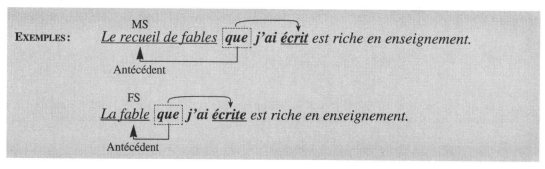

C'est dans l'atelier 14 que tu étudieras l'accord du participe passé.

Exerce-*toi*

> *Reconnaître la subordonnée relative et construire la phrase correspondante*

1. Voici un poème de Maurice Carême.

> ### CE QUI EST COMIQUE
>
> *Savez-vous ce qui est comique ?*
> *Une oie qui joue de la musique,*
> *Un pou qui parle du Mexique,*
> *Un boeuf retournant l'as de pique,*
> *Un clown qui n'est pas dans un cirque,*
> *Un âne chantant un cantique,*
> *Un loir champion olympique.*
> *Mais ce qui est le plus comique,*
> *C'est d'entendre un petit moustique*
> *Répéter son arithmétique.*
>
> Maurice Carême, *La Lanterne magique*,
> © Fondation Maurice Carême.

a) Les groupes du nom (GN) suivants figurent dans le poème ci-dessus.

> ① *une oie* ② *un pou* ③ *un clown*

ÉCRIS à double interligne chacun de ces groupes du nom (GN) avec la subordonnée relative qui l'enrichit.

b) Dans les groupes du nom (GN) :
- **METS** entre crochets la subordonnée relative;
- **ENCADRE** le pronom relatif qui l'introduit;
- **SOULIGNE** l'antécédent du pronom relatif et, à l'aide d'une flèche, **RELIE** le pronom relatif à son antécédent.

EXEMPLE :

Un poème [qui *est comique*]

c) À partir de chacune des subordonnées relatives que tu as mises entre crochets, **CONSTRUIS** une phrase qui peut fonctionner seule, puis **ENCADRE** le groupe de mots que le pronom relatif remplace dans la subordonnée relative.

EXEMPLE :

Ce poème *est comique.*

d) Dans les phrases qui correspondent aux subordonnées relatives, quelle est la fonction du groupe de mots que le pronom relatif *qui* remplace ?

e) Quelle est la fonction de *qui* dans les subordonnées relatives ?

2. Dans le court texte ci-dessous, l'auteur présente des situations qui peuvent rendre une personne heureuse…

> ### CHOSES QUI RENDENT HEUREUX
>
> *On trouve un grand nombre de contes qu'on n'a pas encore vus. Ou encore, on a lu le premier volume d'un roman passionnant, et l'on découvre le second. Il peut se faire, du reste, qu'on soit déçu.*
>
> *Quelqu'un a déchiré une lettre, puis l'a jetée; on trouve beaucoup de morceaux qui se suivent.*
>
> *Je cherche un objet qu'il me faut trouver tout de suite et je le découvre.*
>
> Sei Shônagon, *Notes de chevet*,
> trad. Andrée Beaujard, © Gallimard, 1985.

a) Les groupes du noms (GN) suivants figurent dans le texte de Sei Shônagon.

> ① *le volume* ② *une lettre* ③ *beaucoup de morceaux* ④ *un objet*

ÉCRIS à double interligne chacun de ces groupes du nom (GN) avec, s'il y a lieu, le ou les groupes ou ensembles de mots qui l'enrichissent.

b) Quelle est la fonction des groupes ou ensembles de mots qui enrichissent les groupes du nom (GN) énumérés en a)?

c) Dans les groupes du nom (GN), METS entre crochets la subordonnée relative, s'il y a lieu.

d) COMPARE la construction des subordonnées relatives à la construction des compléments du nom que tu n'as pas mis entre crochets. Qu'est-ce qui dinstingue la subordonnée relative d'autres sortes de compléments du nom ?

e) Dans les subordonnées relatives :
- ENCADRE le pronom relatif;
- SOULIGNE l'antécédent du pronom relatif et, à l'aide d'une flèche, RELIE le pronom relatif à son antécédent.

f) APPLIQUE la consigne c) du numéro 1.

3. Dans le premier paragraphe du texte *Choses qui rendent heureux* (page 223), on trouve deux ensembles de mots introduits par le mot *que (qu')*.

① *qu'on n'a pas encore vus* ② *qu'on soit déçu*

a) Dans quel ensemble de mots *que* a-t-il un antécédent ? Quel est cet antécédent ?

b) Dans quel ensemble de mots *que* remplace-t-il un groupe de mots ? Quel est ce groupe de mots ?

c) Lequel des ensembles de mots ① et ② est supprimable dans la phrase ?

d) Lequel des ensembles de mots ① et ② fait partie d'un groupe du nom (GN) et complète un nom ?

e) Lequel des ensembles de mots ① et ② est une subordonnée relative ?

f) ÉNUMÈRE les critères qui peuvent te permettre de distinguer une subordonnée relative introduite par *que* d'un ensemble de mots comme *qu'on soit déçu*.

4. Sei Shônagon a fait un petit inventaire de choses qui, selon elle, paraissent malpropres…

CHOSES QUI PARAISSENT MALPROPRES
Un nid de rat.

Une personne qui tarde, le matin, à se laver les mains.

Des petits enfants, morveux, qui marchent en reniflant.

Les petits des moineaux.

Une personne qui reste longtemps sans prendre de bain pendant la saison chaude.

Tous les vêtements fanés [...] semblent malpropres; mais parmi eux, ce sont surtout les habits de couleur luisante qui paraissent sales.

Sei Shônagon, *Notes de chevet*, trad. André Beaujard, © Gallimard, 1985.

a) Dans le texte, REPÈRE les groupes du nom (GN) qui sont enrichis d'une subordonnée relative. TRANSCRIS ces groupes à double interligne, puis :
- METS entre crochets la subordonnée relative;
- ENCADRE le pronom relatif qui l'introduit;
- SOULIGNE l'antécédent du pronom relatif et, à l'aide d'une flèche, relie le pronom relatif à son antécédent.

EXEMPLE :
Une bête [qui *fouille dans une poubelle*].

b) À partir de chacune des subordonnées relatives que tu as mises entre crochets, CONSTRUIS mentalement une phrase qui peut fonctionner seule, puis INSCRIS au-dessus du pronom relatif le groupe de mots qu'il remplace.

c) Dans la subordonnée relative *qui paraissent sales*, quelle est la fonction de l'adjectif *sales*?

d) Dans les subordonnées relatives en *qui*, JUSTIFIE l'accord des mots qui s'accordent avec le sujet: SUIS les étapes énumérées dans l'encadré ci-après.

---

1. Au-dessus du noyau du groupe du nom (GN) dont la subordonnée relative fait partie, INDIQUE son genre (M ou F) et son nombre (S ou P), puis sa personne grammaticale (1S, 2S, 3S, 1P, 2P ou 3P).

2. À l'aide d'une flèche, RELIE le pronom relatif *qui* et le ou les mots qui s'accordent avec lui.

Insérer une subordonnée relative dans un groupe du nom et faire les accords avec qui

5. a) RÉDIGE un poème sur le modèle de *Ce qui est comique* (page 223) en enrichissant les groupes du nom (GN) suivants à l'aide d'une subordonnée relative. ÉCRIS à double interligne les groupes du nom (GN) ainsi formés.

① *une taupe* ② *un croque-mort* ③ *un mille-pattes* ④ *des moineaux* ⑤ *des bébés*

Si tu veux faire des rimes, TERMINE tes subordonnées relatives d'un mot en *-ique* tel que *olympique, moustique*…

b) RÉCRIS les vers suivants, tirés du poème *Ce qui est comique*, en remplaçant le groupe de mots en gras par une subordonnée relative.

*Un boeuf **retournant l'as de pique** Un loir **champion olympique***

c) Dans les groupes du nom (GN) que tu as formés en a) et en b):
• METS entre crochets la subordonnée relative;
• ENCADRE le pronom relatif qui l'introduit;
• SOULIGNE l'antécédent du pronom relatif et, à l'aide d'une flèche, RELIE le pronom relatif à son antécédent.

d) Dans les subordonnées relatives introduites par *qui*, VÉRIFIE l'accord des mots qui s'accordent avec le sujet: SUIS les étapes énumérées dans l'encadré ci-contre puis, s'il y a lieu, CORRIGE l'accord de ces mots.

6. Les mots en gras dans les phrases ci-dessous sont des adjectifs compléments du nom.

① *La dionée et la droséra sont des plantes insectivores.* ② *Dans les pays équatoriaux, il fait chaud toute l'année.* ③ *La plupart des gens ne savent pas reconnaître un champignon vénéneux.* ④ *Il y a des moulins à vent, mais aussi des moulins hydrauliques.* ⑤ *Les animaux vivipares ont un nombril.*

a) IMAGINE que tu doives faire comprendre le sens de chacun des adjectifs en gras à un petit enfant… RÉCRIS (à double interligne) les groupes du nom (GN) soulignés en y insérant une parenthèse après chaque adjectif en gras. Dans la parenthèse:
• INTRODUIS ton explication par *c'est-à-dire*;
• REPRENDS le groupe du nom (GN) en

remplaçant l'adjectif par une subordonnée relative qui explique le sens de l'adjectif.

UTILISE un dictionnaire au besoin.

EXEMPLE:

*Un spécialiste lui a recommandé d'utiliser une poudre **insecticide** (c'est-à-dire une poudre qui tue les insectes).*

b) Dans chaque phrase:

• **METS** entre crochets la subordonnée relative;

• **ENCADRE** le pronom relatif qui l'introduit;

• **SOULIGNE** l'antécédent de chaque pronom relatif et, à l'aide d'une flèche, **RELIE** le pronom relatif à son antécédent.

c) Dans les subordonnées relatives introduites par *qui*, **VÉRIFIE** l'accord des mots qui s'accordent avec le sujet: **SUIS** les étapes énumérées dans l'encadré du numéro 4 (page 225) puis, s'il y a lieu, **CORRIGE** l'accord de ces mots.

Employer des phrases avec subordonnée relative

7. Voici des paires de phrases (A et B).

① **A** *Les hommes portaient des cagoules.*
   B *Ces hommes ont commis le vol.*
② **A** *J'ai acheté une voiture usagée.*
   B *Cette voiture cachait des vices.*
③ **A** *L'examen comptait trente questions.*
   B *Les élèves ont fait cet examen.*
④ **A** *Les enfants sautaient de joie.*
   B *Ces enfants avaient entendu la bonne nouvelle.*
⑤ **A** *Le gâteau a l'air délicieux.*
   B *Charlotte a fait ce gâteau.*

a) **TRANSCRIS** les phrases, puis **ENCADRE** les groupes du nom (GN) qui comportent le même nom dans les phrases A et B.

b) **INSÈRE** la phrase B dans le groupe du nom (GN) que tu as encadré dans la phrase A de façon à obtenir une phrase avec subordonnée relative. **ÉCRIS** la phrase ainsi obtenue à double interligne.

c) **APPLIQUE** la consigne b) du numéro 6 aux phrases que tu as formées en b).

d) **ENCERCLE** le groupe du nom sujet (GNs) de chacune de ces phrases.

EXEMPLE:

Les hommes [qui ont commis le vol]
portaient des cagoules.

e) Dans les phrases ①, ③, ④ et ⑤, **REPÈRE** le nom noyau du groupe du nom sujet (GNs) que tu as encerclé. Qu'est-ce qui sépare ce nom du verbe qui s'accorde avec lui?

8. a) **TRANSCRIS** les phrases suivantes à double interligne, puis **APPLIQUE** la consigne b) du numéro 6.

① *L'écolier qui vient de traverser la rue a été imprudent.* ② *L'automobiliste, qui a de bons réflexes, a habilement évité l'enfant.* ③ *Ce garçon, qui est bien chanceux, a failli se faire heurter.*

b) **METS** au féminin pluriel l'antécédent du pronom relatif, puis **AJOUTE** les marques de féminin et de pluriel qui s'imposent.

EXEMPLE:

Des filles
Un garçon, [qui voulait traverser la rue,] ent
attendait le feu vert. ent

c) Ces subordonnées relatives sont introduites par *qui*. **VÉRIFIE** l'accord des mots qui s'accordent avec le sujet: **SUIS** les étapes énumérées dans l'encadré du numéro 4 (page 225) puis, s'il y a lieu, **CORRIGE** l'accord de ces mots.

d) Toutes ces subordonnées relatives font partie du groupe du nom sujet (GNs) de la phrase.

Dans chacune des phrases, **REPÈRE** le ou les mots qui s'accordent avec le noyau du groupe du nom sujet (GNs). **VÉRIFIE** leur accord et, s'il y a lieu, corrige-le.

9. LIS la petite histoire qui suit. Elle a été rédigée par un élève de ton âge à qui on avait demandé de trouver une suite à l'énoncé *C'est l'histoire d'une poule…*, en créant une chaîne de subordonnées relatives en *qui* et en *que*.

> *C'est l'histoire d'une poule **qui avait des dents**. Elle rencontra une vache **que personne ne connaissait**. La vache la prit pour un lapin **qui avait des plumes**. Elle lui dit: «Lapin, tu as des dents **que tout le monde doit envier**.» La poule, insultée, lui cria: «Je ne suis pas un lapin **qui a des plumes**, espèce de vache **que personne ne connaît !**».*

a) **RÉDIGE** à ton tour une petite histoire en créant une chaîne d'au moins quatre subordonnées relatives introduites successivement par *qui* et par *que*. **ÉCRIS** ton texte à double interligne.

Voici l'énoncé de départ: *Un homme promène son chien…*

> L'objectif ici est d'employer le plus grand nombre possible de phrases avec subordonnée relative. Dans les textes que tu écris en d'autres circonstances, **VEILLE** à varier la construction de tes phrases.

b) **APPLIQUE** la consigne b) du numéro 6 (page 226).

c) **APPLIQUE** la consigne d) du numéro 4 (page 225).

Vérifier l'emploi du pronom relatif

Défi !

Attention ! Erreurs

10. Dans les phrases ci-dessous, le pronom relatif *que* est parfois utilisé au détriment du pronom relatif *dont*.

> ① Le film qu'il avait vu la veille repassait le lendemain. ② Le livre qu'elle m'a parlé est introuvable. ③ Elle a encore croisé cet homme qu'elle se méfie. ④ Il y a eu un incendie qu'on ne connaît pas encore la cause. ⑤ Les enfants que cette femme s'occupe ne sont pas les siens.

a) **TRANSCRIS** les phrases à double interligne en n'y apportant aucune correction, puis **APPLIQUE** la consigne b) du numéro 6 (page 226).

b) **CONSTRUIS** la phrase qui correspond à chacune des subordonnées relatives que tu as mises entre crochets, puis **ENCADRE** le groupe de mots que le pronom relatif remplace dans la subordonnée relative.

c) **DONNE** le numéro des phrases dans lesquelles le pronom relatif *que* remplace un groupe du nom introduit par la préposition *de (d')*.

> N'oublie pas que les mots *du* et *des* peuvent inclure la préposition *de* (suivie d'un déterminant).

d) Un groupe du nom (GN) introduit par la préposition *de (d')* doit être remplacé par le pronom relatif *dont* dans la subordonnée relative, et non par *que*.

TRANSCRIS les phrases que tu as relevées en c) en remplaçant *que* par *dont*.

Applique tes connaissances
lorsque tu lis

Pour son cours de français, Marie doit faire une lecture expressive d'un texte devant la classe. Elle a choisi un texte de *Mon encyclopédie*: «Pourquoi un âne écrivit des lettres pour les enfants» (page 47).

Pendant que Marie fait un essai devant son père, il l'interrompt et lui demande: «Qui est *qui*?» Devant l'hésitation de sa fille, le père prend le texte et encercle tous les **pronoms relatifs** *qui* d'un passage, puis il demande de préciser à quoi fait référence chacun de ces pronoms. Voici le passage en question.

[...]

« J'écris parce que je suis amoureux. J'aime en secret toutes les lettres de l'alphabet, le A, le N et le E bien sûr, mais aussi chacune des vingt-six lettres qui s'alignent comme je le leur demande pour raconter mille milliards de vies, tous les hiers, tous les demains. J'adore le joyeux désordre de toutes ces lettres qui nous font signe.

Et quand on aime les lettres, on aime les mots, tous les mots, les petits et les gros, qui font sourire le bébé qui ne sait en dire aucun, ceux qui m'aident à inventer ma vie à moi, ma vie de grand, ceux, magiques, qui font briller les cailloux perdus sur les chemins pour que tout finisse bien.

[...]

Et quand on aime les bibliothèques, on aime sûrement les villes, qui ont de belles bibliothèques avec de très belles bibliothécaires qui caressent des livres pleins d'histoires qui sont pleins de mots qui sont pleins de lettres. On aime les villes où tout le monde voudrait ne parler que d'amour et d'amitié.

[...]

Alain Serres, Yan Thomas,
Pourquoi un âne écrivit des livres pour les enfants,
© Messidor / La Farandole, 1992.

1. a) **PROUVE** que tu saisis bien le sens des pronoms relatifs encerclés par le père de Marie : **RELÈVE**, dans le passage de la page 228, l'antécédent de chacun de ces pronoms relatifs.

   Pour chacun des pronoms, **INDIQUE** la ligne du texte où il apparaît, puis **NOTE** l'antécédent du pronom. EXEMPLE : *qui (ligne 3) = chacune des vingt-six lettres.*

   b) Dans le dernier paragraphe du passage annoté par le père de Marie, on trouve le **pronom relatif** *où*. **REPÈRE** ce pronom, puis **RELÈVE** son antécédent.

2. Une fois le travail terminé, Marie remarque que la dernière phrase du passage annoté par son père contient un *que*. Comme elle a appris que le mot *que* pouvait être un pronom relatif, elle cherche son antécédent. Son père intervient alors en lui disant : «Ce *que* n'est pas un pronom relatif, voilà pourquoi il n'a pas d'antécédent.»

   Le père de Marie aurait pu aussi lui démontrer que l'ensemble de mots *que d'amour et d'amitié* n'est pas une subordonnée relative, car le mot *que* ne remplace aucun groupe de mots.

   Pour prouver que tu comprends bien le fonctionnement de la subordonnée relative, **CONSTRUIS** la phrase correspondant à chacune des subordonnées relatives contenues dans le dernier paragraphe du passage annoté par le père de Marie : **REMPLACE** chacun des pronoms relatifs de ce paragraphe par un groupe de mots de façon à former des phrases qui peuvent fonctionner seules.

3. Marie et son père ont poursuivi la lecture du texte «Pourquoi un âne écrivit des lettres pour les enfants» et se sont attardés au passage suivant.

Et quand on aime les gens, on aime les enfants, ceux qui font pipi contre des charrettes de bananes, ceux qui rient en se mouchant dans des bandes dessinées, ceux qui ne pleurent pas parce que, ensemble, ils sont forts comme l'océan, ceux qui crachent, qui chantent, qui se battent, qui volent un œuf, qui apprennent à compter, qui réfléchissent à la géographie, ou ceux qui pleurent comme des crevettes dont un filet a volé la mère.

[...]

Ibid.

Le père de Marie lui fait remarquer que **la subordonnée relative permet de donner des précisions sur un nom ou un pronom** : «Par exemple, dans ce passage, l'auteur a recours à plusieurs subordonnées relatives pour préciser à quels enfants il pense quand il écrit *on aime les enfants…*».

À partir du petit dessin ci-contre, **ÉLABORE** un organisateur graphique qui rend compte de ta compréhension du passage ci-dessus : **REPRODUIS** ce dessin, puis **TROUVE** une façon de disposer les subordonnées relatives qui précisent à quels enfants l'auteur pense quand il écrit *on aime les enfants…*

On aime les enfants...

Applique tes connaissances
lorsque tu écris

Stratégie de révision de texte

Voici une stratégie de révision qui t'aidera à vérifier :

- la construction des phrases avec subordonnée relative que tu emploies ;
- les accords dans ces phrases.

Je révise et je corrige les phrases avec subordonnée relative en *qui*, *que*

---

1. Dans la phrase :
   - **METS** entre crochets la subordonnée relative en *qui*, *que*.
   - **ENCADRE** le pronom relatif qui l'introduit.
   - **SOULIGNE** l'antécédent du pronom relatif puis, à l'aide d'une flèche, **RELIE** le pronom relatif à son antécédent.

---

2. **VÉRIFIE** le choix du pronom relatif :
   - À partir de la subordonnée relative, **CONSTRUIS** une phrase qui peut fonctionner seule.
   - **ENCADRE** le groupe de mots que le pronom relatif remplace dans la subordonnée relative. Si ce groupe est introduit par la préposition *de (d')*, **SOULIGNE**-la.
   - **OBSERVE** la construction de ce groupe de mots et **DÉTERMINE** sa fonction.

     ☞ Attention ! Un groupe prépositionnel (GPrép.) introduit par *de* doit être remplacé par *dont*, et non par *que*.

   - S'il y a lieu, **REMPLACE** le pronom relatif.

---

3. *La subordonnée relative est-elle introduite par* qui *?*

   OUI · NON

---

4. Dans la subordonnée relative introduite par *qui*, **VÉRIFIE** l'accord des mots (verbe, adjectif) qui s'accordent avec le sujet :
   - Au-dessus de l'antécédent de *qui*, **INDIQUE** son genre (M ou F) et son nombre (S ou P), puis sa personne grammaticale (1S, 2S, 3S, 1P, 2P ou 3P).
   - À l'aide d'une flèche, **RELIE** le pronom relatif *qui* et le ou les mots (verbe, adjectif) qui s'accordent avec lui dans la subordonnée relative.
   - **VÉRIFIE** l'accord de ce ou ces mots et, s'il y a lieu, **CORRIGE**-le.

5. *La subordonnée relative fait-elle partie du groupe du nom sujet (GNs) de la phrase ?*

OUI   NON

6. Dans la phrase, **VÉRIFIE** l'accord du ou des mots (verbe, adjectif) qui s'accordent avec le noyau du groupe du nom sujet (GNs) de la phrase et, s'il y a lieu, **CORRIGES-**en l'accord.

Activité de révision de texte

1. Le paragraphe de l'encadré ci-dessous a été extrait d'un texte d'une élève de première secondaire. Chaque phrase a été révisée à l'aide de la stratégie *Je révise et je corrige les phrases avec subordonnée relative en* **qui, que**. **LIS** le texte et **OBSERVE** les annotations qui l'accompagnent.

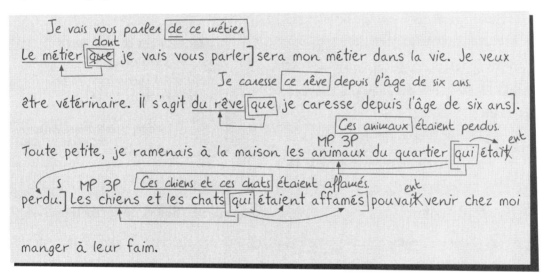

Je vais vous parler de ce métier

Le métier que (dont) je vais vous parler sera mon métier dans la vie. Je veux

Je caresse ce rêve depuis l'âge de six ans.

être vétérinaire. Il s'agit du rêve que je caresse depuis l'âge de six ans.

Ces animaux étaient perdus.

Toute petite, je ramenais à la maison les animaux du quartier qui était (ent) MP 3P

perdu. Les chiens et les chats qui étaient affamés pouvait (ent) venir chez moi
s MP 3P   Ces chiens et ces chats étaient affamés.

manger à leur faim.

2. Voici un autre extrait du même texte. **TRANSCRIS**-le à double interligne en n'y apportant aucune correction.

Un jour, j'ai trouvé deux oisillons qui était tombés de leur nid. Leurs ailes, qui n'avait pas encore toutes leurs plumes, ne bougeait presque pas. La seule chose que je pouvais faire étais de les remettre dans leur nid. J'étais triste de ne pas savoir soigner ces petites bêtes qui allait peut-être mourir. J'ai choisi mon métier cette journée-là. Quand je serai vétérinaire, je pourrai guérir les animaux que je m'occuperai.

a) **APPLIQUE** la stratégie *Je révise et je corrige les phrases avec subordonnée relative en* **qui, que** en respectant toutes les étapes.

b) **COMPARE** les erreurs que tu as repérées et les corrections que tu as apportées au texte à celles d'un ou d'une de tes camarades. **FAIS** les modifications que tu juges nécessaires sur ta copie.

Activité d'écriture

C'est l'occasion maintenant de vérifier dans quelle mesure tu maîtrises l'emploi des phrases avec subordonnée relative. Tu dois donner une suite au texte dans l'encadré ci-contre tout en respectant certaines contraintes d'écriture, puis réviser et corriger les phrases de ton texte à l'aide de la stratégie *Je révise et je corrige les phrases avec subordonnée relative en* **qui, que**.

LIS d'abord ce texte de Jacques Prévert. Chaque phrase décrit une étape d'un voyage imaginaire.

Les ensembles de mots qui sont soulignés situent les événements dans le temps ou l'espace et ceux en gras sont des subordonnées relatives.

> *En sortant de l'école*
> *nous avons rencontré*
> *un grand chemin de fer*
> ***qui nous a emmenés***
> ***tout autour de la terre***
> ***dans un wagon doré***
> *Tout autour de la terre*
> *nous avons rencontré*
> *la mer **qui se promenait***
> ***avec tous ses coquillages***
> ***ses îles parfumées***
> ***et puis ses beaux naufrages***
> ***et ses saumons fumés***
> *[...]*
>
> Jacques Prévert, *Histoires*,
> ©Gallimard, 1963.

Contraintes d'écriture

❏ **ÉCRIS** (à double interligne) cinq phrases. Chaque phrase doit:
  - décrire une étape du voyage imaginaire;
  - être introduite par un ensemble de mots qui situe les lecteurs dans le temps ou l'espace (comme le font les ensembles de mots soulignés dans le texte de Jacques Prévert);
  - comprendre au moins une subordonnée relative (comme les phrases de Jacques Prévert).

❏ **COMMENCE** ton texte par cette phrase: *Au-dessus de la mer...*

❏ **EMPLOIE** au moins deux fois le pronom relatif *que*.

Étape de révision et de correction

❏ **RÉVISE** ta recette à l'aide de la stratégie *Je révise et je corrige les phrases avec subordonnée relative en* **qui, que**.

❏ **ÉCHANGE** ton texte avec un ou une camarade.

❏ **LIS** le texte que tu as en main, **ÉVALUE** les corrections apportées par son auteur, puis, au besoin, **SUGGÈRE** d'autres modifications au texte.

❏ **RÉCUPÈRE** ton texte, puis **PRENDS CONNAISSANCE** des corrections que ton ou ta camarade te suggère et **ÉVALUE**-les.

❏ **RECOPIE** ton texte au propre.

Un homme très distingué entre dans un restaurant et il appelle la serveuse :

— Voilà, je voudrais un steak bien tendre, qui n'est ni trop saignant ni trop cuit, saisi au feu de bois, poivré d'un côté et salé de l'autre, avec un soupçon d'ail. Vous avez bien compris ?

— Certainement monsieur», répond la serveuse.

Puis elle se retourne vers la cuisine et crie :

— Un steak !»

LE GROUPE DU NOM

- Sa construction
- Les accords dans le groupe du nom
- Sa fonction

① **Un homme très distingué** entre dans ② **un restaurant** et
③ **Il** appelle ④ **la serveuse** :

— Voilà, ⑤ **je** voudrais ⑥ **un steak bien tendre, qui n'est ni
trop saignant ni trop cuit, saisi au feu de bois, poivré d'un
côté et salé de l'autre, avec un soupçon d'ail**. ⑦ **Vous** avez
bien compris?

— Certainement, ⑧ **monsieur**», répond ⑨ **la serveuse**.

Puis ⑩ **elle** se retourne vers ⑪ **la cuisine** et crie :

— ⑫ **Un steak!**»

D'après Hervé Nègre, *Dictionnaire des histoires drôles*,
© Librairie Arthème Fayard, 1967.

Observe *et découvre*

J'observe...

La construction du groupe du nom

1. Les groupes de mots en gras et numérotés dans le texte sont des **groupes du nom** (GN).

   a) **TRANSCRIS** chacun de ces groupes du nom (GN), puis, s'il y a lieu, **BARRE** dans le groupe tout ce qui n'est pas essentiel sur le plan grammatical.

   ASSURE-toi que la phrase demeure grammaticale.

   b) Au-dessus de chaque mot non supprimable dans les groupes du nom (GN), **INDIQUE** la classe à laquelle il appartient.

2. a) À quoi ou à qui fait référence chacun des groupes du nom (GN) constitués d'un pronom ?

b) **Classe** en deux catégories les groupes du nom (GN) constitués d'un pronom :
- ceux qui reprennent un élément énoncé dans le texte et qui peuvent être remplacés par un groupe du nom (GN) ;
- ceux qui désignent directement l'homme ou la serveuse lorsqu'ils se parlent et qui ne peuvent pas être remplacés par un groupe du nom (GN).

3. a) Le groupe du nom (GN) ① contient un ensemble de mots supprimable et le groupe du nom (GN) ⑥ en contient plusieurs, rattachés les uns aux autres par la virgule.

   Délimite chacun de ces ensembles de mots supprimables, puis **indique** s'il s'agit :
   - d'un groupe de l'adjectif (GAdj.) ;
   - d'un groupe prépositionnel (GPrép.) ;
   - d'une subordonnée relative (Sub. rel.).

b) De quels mots dépendent le ou les ensembles de mots supprimables dans les groupes du nom (GN) ① et ⑥ ?

c) Quelle est la fonction de ces ensembles de mots ?

4. a) Dans la phrase ci-dessous, **relève** le groupe de mots qui accompagne les noms en gras.

   > *L'homme ne retournera certainement pas au **restaurant** Le Roi du steak. **Son frère** Pierre lui avait pourtant dit que le service y était excellent.*

b) Comment nomme-t-on ces groupes de mots ?

c) Ces groupes de mots ont-ils la même fonction que le ou les ensembles de mots supprimables dans les groupes du nom (GN) ① et ⑥ ?

5. a) Dans les groupes du nom (GN) ① et ⑥, le ou les ensembles de mots supprimables pourraient-ils être placés ailleurs qu'à la suite du nom *homme* ou du nom *steak* ?

b) **Trouve** au moins un mot qui pourrait être inséré à gauche du nom *steak* dans le groupe du nom (GN) ⑥. À quelle classe appartient-il ?

c) Ce mot a-t-il la même fonction que les ensembles de mots qui suivent le nom *steak* ? Pourquoi ?

6. a) Dans les phrases ci-dessous, **relève** le complément des noms en gras.

   > ① *La serveuse s'est adressée au client de **façon** impolie.* ② *Le client a été choqué par l'**impolitesse** de la serveuse.*

b) Un groupe complément du nom est généralement supprimable. Dans les phrases ci-dessus, peut-on supprimer le complément des noms en gras ?

c) **COMPARE** les phrases ci-dessous aux phrases en a). Pourquoi chacun des compléments du nom a-t-il pu être supprimé ?

> ① *La serveuse s'est adressée au client de cette* **façon**. ② *Le client a été choqué par son* **impolitesse**.

7. **LIS** les phrases suivantes.

> ① **Les clients, qui sont difficiles à contenter,** *exaspèrent la serveuse.*
> ② **La jeune serveuse** *se dirige vers la cuisine.*
> ③ **La serveuse, les mains dans les poches,** *se dirige vers la cuisine.*
> ④ **Cet homme distingué** *ne retournera pas au* Roi du steak.
> ⑤ **Cet homme, déçu du service,** *ne retournera pas au* Roi du steak.

a) Dans quelles phrases le groupe du nom (GN) en gras doit-il être lu en marquant des pauses ?

b) Lit-on ces phrases avec la même intonation que celles où on ne marque aucune pause ?

c) Quel élément du groupe du nom ces pauses et cette intonation servent-elles à détacher ?

d) À l'écrit, comment ces pauses et cette intonation sont-elles marquées ?

e) Un groupe complément du nom est généralement déplaçable. Dans les phrases en a), **RELÈVE** les groupes compléments du nom qui peuvent être déplacés.

8. Sur le plan du sens, à quoi servent le ou les ensembles de mots qui dépendent des noms *homme* et *steak* dans les groupes du nom (GN) ① et ⑥ (page 234) ?

J'ai découvert...

> ### LA CONSTRUCTION
> ### DU GROUPE DU NOM
>
> Un groupe de mots constitué d'un ✎ et d'un ✎ ou d'un ✎ seul, ou pouvant être réduit à ces éléments, est ce qu'on appelle un **groupe du nom** (GN). Un groupe du nom (GN) peut aussi être constitué d'un pronom qui :
>
> - reprend un élément énoncé dans le texte et qui peut être remplacé par un ✎ ;
> - désigne directement une ou des personnes qui ✎ ou à qui l'on ✎ .
>
> On peut enrichir un groupe du nom (GN) d'un ✎ , d'un ✎ , d'une ✎ ou encore d'un ✎ . En général, ces différents ensembles de mots ne sont pas essentiels sur le plan grammatical, car ils sont ✎ . Ils sont placés à ✎ du nom (sauf pour certains ✎) et sont non déplaçables. Ce sont des ✎ : c'est leur fonction dans la phrase.

Les accords dans le groupe du nom

9. a) **TRANSCRIS** les phrases ci-dessous à double interligne, puis **ENCADRE** le groupe du nom (GN) en gras que chacune contient.

> ① *Je voudrais **un steak bien tendre, qui n'est ni trop saignant ni trop cuit, saisi au feu de bois, avec un soupçon d'ail**.*
>
> ② *Je voudrais **des bavettes bien tendres, qui ne sont ni trop saignantes ni trop cuites, saisies au feu de bois, avec un soupçon d'ail**.*

La bavette est une partie du boeuf ou du cheval,
tout comme le filet, le jarret, l'entrecôte, etc.
On dit couramment «bavette» pour «steak dans la bavette».

b) Dans les groupes du nom (GN), **ENCADRE** le déterminant et le nom qui sont non supprimables.

c) Au-dessus du nom, **INDIQUE** son genre (M ou F) et son nombre (S ou P).

d) Le nombre des deux déterminants correspond-il au nombre du nom qu'ils introduisent ?

e) Lequel des deux déterminants n'indique pas le genre du nom qu'il introduit ?

10. a) Dans les groupes du nom (GN), s'il y a lieu, **SURLIGNE** les marques de féminin ou de pluriel.

b) Les marques que tu as surlignées se font-elles toutes entendre dans la prononciation ?

11. a) Dans chacune des phrases ① et ② que tu as transcrites en 9 a):
- **METS** entre crochets la subordonnée relative;
- **ENCADRE** le pronom relatif qui introduit cette subordonnée relative;
- **REPÈRE** l'antécédent du pronom relatif, puis, à l'aide d'une flèche, **RELIE** le pronom relatif à son antécédent.

b) Au-dessus de l'antécédent de *qui*, tu as déjà inscrit son genre (M ou F) et son nombre (S ou P) en 9 c). **INDIQUE** maintenant sa personne grammaticale (1S, 2S, 3S, 1P, 2P ou 3P).

c) Quelle est la fonction du pronom relatif *qui* dans les subordonnées relatives ?

d) **ENCERCLE** les mots qui s'accordent avec le sujet dans la subordonnée relative.

e) À l'aide d'une flèche, **RELIE** les mots que tu as encerclés et l'élément de la subordonnée relative qui commande leur accord.

g) Dans la subordonnée relative, le pronom relatif *qui* commande les mêmes accords qu'un autre élément de la phrase. De quel élément s'agit-il ?

12. a) Dans les phrases ① et ② que tu as transcrites en 9 a), **REPÈRE** les groupes de l'adjectif (GAdj.) compléments du nom *steak* et du nom *bavettes*, puis, dans ces groupes, **ENCERCLE** les mots qui changent de forme d'un groupe de l'adjectif (GAdj.) à l'autre.

b) À quelle classe appartiennent les mots que tu as encerclés ?

c) **RELIE** par une flèche chaque mot encerclé en a) et le mot qui commande son accord dans le groupe du nom (GN).

13. a) Dans les phrases ① et ② que tu as transcrites en 9 a), **RELÈVE** le groupe prépositionnel (GPrép.) complément du nom *steak* et du nom *bavettes*.

b) Les mots qui forment ce groupe s'accordent-ils en genre, en nombre ou en personne avec les noms *steak* ou *bavettes* ?

J'ai découvert...

> ### LES ACCORDS
> #### DANS LE GROUPE DU NOM (GN)
>
> Dans le groupe du nom (GN), le ✎ indique toujours le nombre (singulier ou pluriel) du nom qu'il introduit. Au singulier, le ✎ , en plus d'indiquer le nombre du nom, renseigne sur le genre (masculin ou féminin) du nom.
>
> ───────
>
> Le pronom relatif *qui* a la fonction de ✎ dans la subordonnée relative. *Qui* commande, dans la subordonnée, les mêmes accords que son ✎ .
>
> ───────
>
> Dans le groupe de l'adjectif (GAdj.) complément du nom, l'✎ s'accorde en genre et en nombre avec le ✎ qu'il complète.
>
> ───────
>
> Dans le groupe ✎ complément du nom, les mots ne s'accordent pas avec le nom que le groupe complète.

J'observe...

La fonction du groupe du nom

14. a) **TRANSCRIS** les phrases suivantes à double interligne, puis **SOULIGNE** le verbe conjugué que chacune contient.

> ① *Le jour se lève.* ② *Cette serveuse travaille le jour.* ③ *Pour cette serveuse, servir un client est une réelle corvée.* ④ *Elle travaille son piano tous les jours.*

b) Dans chacune des phrases, **ENCERCLE** le groupe de mots qui a la fonction de sujet.

c) Parmi les groupes de mots que tu as encerclés, RELÈVE ceux qui sont des groupes du nom (GN).

15. a) Dans les phrases que tu as transcrites au numéro 14, METS entre parenthèses les groupes constituants facultatifs qui ont la fonction de complément de phrase.

b) Parmi les groupes de mots que tu as mis entre parenthèses, RELÈVE ceux qui sont des groupes du nom (GN).

16. a) TRANSCRIS les phrases ci-après à double interligne, puis:
- SOULIGNE le verbe conjugué que chacune contient;
- ENCERCLE le groupe du nom sujet (GNs) de la phrase.

> ① *La femme observait la serveuse.* ② *Cette femme deviendra une excellente serveuse.* ③ *La femme parle à la serveuse.* ④ *La femme a demandé des pâtes à la serveuse.* ⑤ *La femme connaît les parents de la serveuse.*

b) Dans ces phrases, BARRE le ou les groupes de mots qui peuvent être remplacés par l'un des pronoms suivants: *le, la, l', les, lui, leur, en, y*, puis INSÈRE le pronom à l'endroit qui convient dans la phrase.

> ℓ'
> EXEMPLE: ① *La femme observait ~~la serveuse~~.*

c) Les groupes de mots que tu as remplacés par un pronom en b) sont-ils tous non déplaçables? Sont-ils tous non supprimables?

d) Ces groupes de mots ont-ils la fonction de complément de phrase?

e) REPÈRE le mot dont dépendent ces groupes de mots et DIS à quelle classe il appartient.

f) De quel groupe constituant de la phrase ces groupes de mots font-ils partie?

g) Parmi les groupes de mots que tu as remplacés par un pronom, RELÈVE ceux qui sont des groupes du nom (GN).

17. a) Si on met au masculin pluriel les groupes du nom sujets (GNs) des phrases du numéro 16 a), dans quelle phrase le groupe du nom sujet (GNs) transmet-il son genre et son nombre à un groupe de mots placé à la suite du verbe?

b) Le verbe de la phrase relevée en a) peut-il être remplacé par le verbe *être* sans que la phrase devienne non grammaticale et change complètement de sens? Ce remplacement est-il possible dans les autres phrases?

c) Dans la phrase relevée en a), un adjectif pourrait-il occuper la même position que le groupe de mots placé à la suite du verbe? Est-ce possible dans les quatre autres phrases?

d) Le verbe de la phrase relevée en a) est un verbe attributif. Quelle est la fonction d'un groupe de mots placé à la suite d'un verbe attributif ?

18. a) **RELÈVE** le mot dont dépendent les ensembles de mots en gras dans les phrases ci-dessous, puis **INDIQUE** à quelle classe il appartient.

> ① *La bavette, **une partie du boeuf ou du cheval**, est une viande très savoureuse.*
>
> ② *La bavette, **qui est une partie du boeuf ou du cheval**, est une viande très savoureuse.*
>
> ③ *La bavette **de cheval ou de boeuf** est une viande très savoureuse.*

b) Quelle est la fonction des ensembles de mots en gras ?

c) Parmi les ensembles de mots en gras, **RELÈVE** celui qui est un groupe du nom (GN).

J'ai découvert...

LA FONCTION DU GROUPE DU NOM

Le groupe du nom (GN) peut avoir différentes fonctions dans la phrase.

- Le groupe du nom (GN) peut être un groupe constituant obligatoire de la phrase. Dans ce cas, il a la fonction de ✎ .

- Le groupe du nom (GN) peut être un groupe constituant facultatif de la phrase. Dans ce cas, il a la fonction de ✎ .

- Le groupe du nom (GN) peut dépendre d'un verbe. Dans ce cas, il fait partie d'un groupe du ✎ et peut avoir la fonction :
  - de complément direct de verbe;
  - ou d'✎ , s'il est introduit par un verbe attributif.

- Le groupe du nom (GN) peut aussi dépendre d'un nom. Dans ce cas, il fait partie d'un groupe du nom (GN) et a la fonction de ✎ .

Ma grammaire

1 LA CONSTRUCTION DU GROUPE DU NOM

1.1 LA CONSTRUCTION MINIMALE DU GROUPE DU NOM

Le groupe du nom (GN) peut être constitué seulement d'un **déterminant** et d'un **nom**, ou d'un **nom** seul.

Un groupe de mots constitué d'un **déterminant** et d'un **nom**, ou d'un **nom** seul, ou pouvant être réduit à ces éléments, est ce qu'on appelle un groupe du nom (GN).

> |‾‾‾‾‾‾GN‾‾‾‾‾‾| |‾‾GN‾‾| |‾‾GN‾‾|
>
> EXEMPLES : ***Mon poisson*** *semble affamé.* — ***Hector*** *est* ***acrobate.***

Un groupe du nom (GN) peut aussi être constitué d'un **pronom** :

- qui reprend un élément énoncé dans le texte (cet élément est appelé *antécédent*) et qui peut être remplacé par un groupe du nom (GN);
- qui désigne directement une personne qui parle (ou qui écrit) ou une ou des personnes à qui l'on s'adresse.

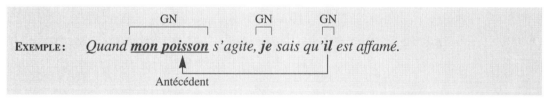

> EXEMPLE : *Quand* ***mon poisson*** *s'agite,* ***je*** *sais qu'****il*** *est affamé.*
>
> Antécédent

> ➤ Dans la phrase ci-dessus, le pronom *je* désigne la personne qui parle, et le pronom *il* peut être remplacé par le groupe du nom (GN) *mon poisson*, qu'il reprend.

Dans ces constructions minimales, le **nom** ou le **pronom** est le **noyau** du groupe du nom (GN).

1.2 LA CONSTRUCTION ÉTENDUE DU GROUPE DU NOM

Dans le groupe du nom (GN), le nom peut être accompagné d'un ou de plusieurs éléments qui dépendent de lui. Cet élément ou ces éléments (souvent appelés *expansions du nom*) sont généralement <u>supprimables</u>, mais <u>non déplaçables</u>; ce sont des **compléments du nom** : c'est leur fonction dans la phrase. Il peut s'agir :

- d'un <u>groupe de l'adjectif</u> (GAdj.), placé parfois avant le nom, parfois après;

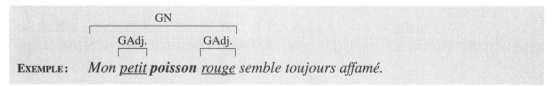

> EXEMPLE : *Mon* <u>*petit*</u> ***poisson*** <u>*rouge*</u> *semble toujours affamé.*

- d'un groupe prépositionnel (GPrép.), toujours placé après le nom;

GN

GPrép.

EXEMPLE : *Mon **poisson** d'aquarium semble toujours affamé.*

- d'une subordonnée relative (Sub. rel.), toujours placée après le nom;

GN

Sub. rel.

EXEMPLE : *Le **poisson** que j'ai adopté semble toujours affamé.*

- d'un groupe du nom (GN), placé après le nom;

GN

GN

EXEMPLE : *Mon **poisson** Hector semble toujours affamé.*

- d'un groupe du verbe (GV) au participe, placé après le nom.

GN

GV au participe

EXEMPLE : *Les **poissons** vivant en aquarium sont souvent suralimentés.*

Les compléments du nom peuvent se combiner dans le groupe du nom (GN).

GN

| GAdj. | GPrép. | Sub. rel. |

EXEMPLE : *Le petit **poisson** d'aquarium que j'ai adopté semble toujours affamé.*

P Lorsqu'ils forment une énumération, les compléments d'un même nom peuvent être rattachés les uns aux autres par la **virgule** ou un **marqueur de relation** comme *et*, *ou*… À l'oral, la virgule est remplacée par une pause.

GN

| GAdj. | GAdj. | GPrép. |

EXEMPLE : *Je voulais un gentil **poisson**, pas trop âgé et en bonne santé.*

Le complément du nom peut être détaché du nom qu'il complète. Dans ce cas, le complément du nom est toujours supprimable. Il est généralement non déplaçable, sauf pour le groupe de l'adjectif (GAdj.), qui se déplace souvent aisément dans la phrase (au début de la phrase, par exemple).

GN

GAdj.

EXEMPLES : *Affamé, mon **poisson** s'agite dans son bocal.*

GN

GN

*Mon **poisson**, ce petit gourmand, est toujours affamé.*

GN

Sub. rel.

*Les **poissons**, qui vivent dans l'eau, respirent par les branchies.*

P À l'écrit, le détachement du complément du nom est marqué par la **virgule**. À l'oral, il est marqué par une pause et par l'intonation.

➤ Le complément du nom détaché apporte généralement une information accessoire au groupe du nom (GN). Lorsqu'on le supprime, cela ne modifie pas profondément le sens de la phrase.

2 LES ACCORDS DANS LE GROUPE DU NOM

2.1 LE GENRE ET LE NOMBRE DU NOM ET DU DÉTERMINANT

- **Le nom a obligatoirement un genre** (masculin ou féminin). Certains noms ont un genre fixe, d'autres ont un genre variable.

EXEMPLE : *Mon **poisson** se méfie de ce **chat** / de cette **chatte**.*

➤ Attention ! Certains noms qui se prononcent de la même manière s'écrivent différemment au masculin et au féminin *(un **ennemi** / une **ennemie**)*.

Selon les besoins de la communication, **le nom se met au singulier ou au pluriel.** Il a donc obligatoirement un nombre (singulier ou pluriel).

EXEMPLE : *Mon **poisson** se méfie de ce **chat**. — Les **poissons** se méfient des **chats**.*

➤ Attention ! Presque tous les noms se prononcent de la même manière au singulier et au pluriel, mais s'écrivent différemment.

- **Le déterminant prend le genre et le nombre du nom qu'il introduit.** Cependant, la plupart des déterminants, lorsqu'ils sont au pluriel, ont la même forme au masculin et au féminin.

EXEMPLE : *Hector se méfie de **ce** chat / de **cette** chatte / de **ces** chats / de **ces** chattes.*

2.2 L'ACCORD DANS LE **GROUPE DE L'ADJECTIF** COMPLÉMENT DU NOM

- Dans le groupe de l'adjectif (GAdj), l'adjectif s'accorde en genre et en nombre avec le nom qu'il complète

> **EXEMPLES :**
>
> MS
> *Hector se méfie de ce **gros** chat **jaune couché** sur le fauteuil.*
>
> FP
> *Hector se méfie de ce **grosses** chattes **jaunes couchées** sur le fauteuil.*

➤ Attention ! Beaucoup d'adjectifs qui s'écrivent différemment au masculin et au féminin se prononcent de la même manière.

➤ Attention ! Presque tous les adjectifs se prononcent de la même manière au singulier et au pluriel, mais s'écrivent différemment.

2.3 L'ACCORD DANS LA **SUBORDONNÉE RELATIVE EN** *QUI*

Le pronom relatif *qui* a la fonction de **sujet** dans la subordonnée relative. Les mots (verbe, adjectif) qui s'accordent avec le sujet dans la subordonnée relative en *qui* prennent donc, selon le cas, la personne grammaticale, le genre ou le nombre de l'antécédent de *qui*.

Pour faire correctement les accords dans la subordonnée relative en *qui*, il faut avant tout repérer l'antécédent de *qui*, puis repérer le pronom ou le nom noyau du groupe du nom (GN) dont la subordonnée fait partie et en déterminer la personne grammaticale, le genre ou le nombre.

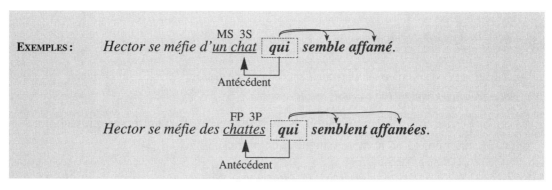

> **EXEMPLES :**
>
> MS 3S
> *Hector se méfie d'un chat* | ***qui*** | *semble affamé.*
> Antécédent
>
> FP 3P
> *Hector se méfie des chattes* | ***qui*** | *semblent affamées.*
> Antécédent

Pour les accords dans la subordonnée relative en *que*, voir l'atelier 11, page 222.

3 LA FONCTION DU GROUPE DU NOM

Le groupe du nom (GN) peut avoir différentes fonctions dans la phrase.

- Le groupe du nom (GN) peut être un groupe constituant obligatoire de la phrase. Dans ce cas, il a la fonction de **sujet**.

À la page 21, tu trouveras trois procédures qui peuvent t'aider à repérer un groupe du nom sujet (GNs).

- Le groupe du nom (GN) peut être un groupe constituant facultatif de la phrase. Dans ce cas, il a la fonction de **complément de phrase**.

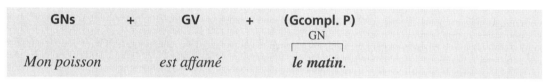

À la page 22, tu trouveras une procédure qui peut t'aider à repérer un groupe complément de phrase (Gcompl. P).

P Le **déplacement d'un groupe du nom (GN) complément de phrase** est généralement marqué par la **virgule**.

- Le groupe du nom (GN) peut dépendre d'un verbe. Dans ce cas, il fait partie d'un groupe du verbe (GV) où il peut :
  - avoir la fonction d'**attribut du sujet**, s'il est placé à la suite d'un verbe attributif;

➤ Un attribut du sujet n'est <u>ni déplaçable ni supprimable</u>. Il <u>peut généralement être remplacé par le pronom *le (l')*</u>.

EXEMPLE : *Hector est **acrobate**.* → *Hector **l'**est.*

Un adjectif peut généralement occuper la même position qu'un groupe du nom (GN) ayant la fonction d'attribut du sujet.

EXEMPLE : *Hector est **acrobate**.* → *Hector est **un poisson**.*

– avoir la fonction de **complément du verbe**. On dit qu'un groupe du nom (GN) qui complète un verbe est un **complément direct du verbe**, car il <u>n'est pas introduit par une préposition</u>.

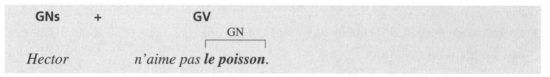

> Un complément direct du verbe <u>n'est généralement ni déplaçable ni supprimable</u>. Il <u>peut généralement être remplacé par les pronoms</u> *le (l'), la (l')* ou *les*.
>
> EXEMPLE: *Hector déteste **ce poisson**.* → *Hector **le** déteste.*

- Le groupe du nom (GN) peut dépendre d'un nom. Dans ce cas, il fait partie d'un groupe du nom (GN) plus large et il a la fonction de **complément du nom**.

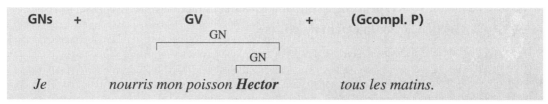

4 UNE **PROCÉDURE** POUR DÉLIMITER UN GROUPE DU NOM

PROCÉDURE POUR DÉLIMITER UN **GROUPE DU NOM**

❶ REPÈRE un nom.

❷ S'il y a lieu, REPÈRE le déterminant (simple ou complexe) qui introduit le nom.
> ASSURE-toi que le mot qui introduit le nom est bien un déterminant (et non une préposition). Si le mot inclut une préposition et un déterminant, TROUVE ce déterminant.

❸ REPÈRE, s'il y a lieu, le ou les compléments du nom.
> Le ou les compléments du nom sont placés à droite du nom (sauf pour certains adjectifs) et sont généralement non déplaçables et supprimables.

❹ VÉRIFIE si tout le groupe repéré pourrait avoir la fonction de sujet dans une nouvelle phrase.

Exerce-*toi*

Reconnaître le groupe du nom

1. a) ASSOCIE chacun des noms en gras à l'une des définitions.

DONNE le nom du poisson et le numéro de la définition qui y correspond. Au besoin, **UTILISE** un dictionnaire.

> **saumon • anguille • plie • requin • raie**
>
> ① poisson de grande taille à corps allongé, très puissant et très vorace
> ② grand poisson à chair rose qui quitte la mer pour remonter les fleuves
> ③ poisson plat qui nage de côté et dont les deux yeux sont sur le même côté
> ④ poisson plat à queue hérissée de piquants et dont le corps est en forme de losange
> ⑤ poisson très allongé, à la peau visqueuse et glissante

b) Quel est le nom commun à toutes les définitions ?

c) Qu'est-ce qui t'a permis d'associer le nom de chaque poisson à sa définition ?

d) Dans les définitions, **REPÈRE** les ensembles de mots dont la fonction est de compléter le nom *poisson* et **CLASSE** chacun de ces compléments du nom dans un tableau semblable à celui ci-dessous (**CHANGE** de ligne pour chaque complément).

	Le complément du nom est…		
	un GAdj.	un GPrép.	une sub. rel.
①	*très puissant*	*de grande taille*	
	très vorace	*à corps allongé*	
…			

e) EXPLIQUE comment tu as procédé pour repérer les ensembles de mots qui sont des compléments du nom.

2. a) TRANSCRIS les phrases suivantes à double interligne en changeant de ligne à chaque phrase, puis **ENCADRE** chaque nom et, s'il y a lieu, le déterminant qui l'introduit.

Attention ! L'un des noms contenus dans la phrase ③ est introduit par un déterminant contracté (un mot qui inclut et une préposition et un déterminant). **ENCERCLE** ce déterminant contracté puis, au-dessus, **INDIQUE** la préposition et le déterminant qu'il représente.

EXEMPLE :

> *de les*
> Ce texte parle des népenthès, qui sont des plantes carnivores.

> ① Les népenthès sont des plantes carnivores. ② Les feuilles de ces plantes se terminent par une petite urne à couvercle qui contient un liquide. ③ Le parfum sucré des népenthès attire les insectes les plus gourmands. ④ Lorsqu'un insecte tombe dans le liquide mortel d'un népenthès, il se noie. ⑤ L'insecte est ensuite digéré par la plante, qui attendra la venue de son prochain repas.

b) S'il y a lieu, **ENCADRE** tout le groupe du nom dont les noms déjà encadrés font partie en utilisant un crayon d'une autre couleur.

EXEMPLE :

> *de les*
> Ce texte parle des népenthès, qui sont des plantes carnivores.

c) **ENCERCLE** la préposition qui introduit certains groupes du nom (GN) contenus dans les groupes du nom (GN) que tu as encadrés en b).

3. Dans les phrases du numéro 2, s'il y a lieu, **JUSTIFIE** le ou les accords dans les groupes du nom (GN) enrichis de plusieurs compléments : **SUIS** les étapes énumérées dans l'encadré suivant.

---

1. Au-dessus du nom, **INDIQUE** son genre (M ou F) et son nombre (S ou P).

2. Si le nom est complété par un groupe de l'adjectif (GAdj.), **RELIE** le ou les adjectifs et le nom à l'aide d'une flèche.

3. Si le nom est complété par une subordonnée relative introduite par *qui* :
- **METS** entre crochets la subordonnée relative;
- à l'aide d'une flèche, **RELIE** le pronom à son antécédent;
- au-dessus de l'antécédent de *qui*, **INDIQUE** sa personne grammaticale (1S, 2S, 3S, 1P, 2P, 3P);
- à l'aide d'une flèche, **RELIE** le pronom relatif *qui* et le ou les mots (verbe, adjectif) qui s'accordent avec le sujet de la subordonnée relative.

EXEMPLE :

Défi !

4. a) Parmi les groupes de mots en gras numérotés dans les phrases ci-après, **REPÈRE** ceux qui sont des groupes du nom (GN) et **DONNE** leur numéro.

---

① *Marie-Hélène est* ② *une excellente botaniste.* — ③ *Elle cultive* ④ *des plantes aux origines très diverses.* — Elle s'occupe ⑤ *de plusieurs variétés de plantes à fleurs.* — ⑥ *Cette année,* Marie-Hélène étudie la floraison ⑦ *du magnolia.* — La floraison est ⑧ *la période pendant laquelle s'épanouissent les fleurs.* — Habituellement, ⑨ *la floraison du magnolia* est ⑩ *très courte;* Marie-Hélène aimerait trouver le moyen ⑪ *de la prolonger.* — Le magnolia, ⑫ *un arbre à fleurs au parfum divin,* est aussi appelé «laurier tulipier».

b) Les groupes ④, ⑨ et ⑫ contiennent chacun un groupe prépositionnel (GPrép.) commençant par un déterminant contracté. **RELÈVE** chacun de ces groupes prépositionnels (GPrép.), **ENCERCLE** le déterminant contracté puis, au-dessus, **INDIQUE** la préposition et le déterminant qu'il représente.

c) Un des groupes numérotés est un groupe prépositionnel (GPrép.) commençant par un déterminant contracté. **RELÈVE** ce groupe prépositionnel (GPrép.).

d) Trois des groupes de mots numérotés font eux-mêmes partie d'un groupe du nom (GN). **REPÈRE** ces groupes de mots et, dans chaque cas, **TRANSCRIS** tout le groupe du nom (GN) dont chacun fait partie.

Employer des groupes du nom et faire les accords dans ces groupes

5. a) **RÉCRIS** (à double interligne) les groupes du nom (GN) numérotés en remplaçant le nom en gras par un nom d'un genre et d'un nombre différents et en faisant les modifications qui s'imposent.

b) Un des groupes du nom (GN) contient un déterminant contracté. REPÈRE ce déterminant contracté, ENCERCLE-le puis, au-dessus, INDIQUE la préposition et le déterminant qu'il représente.

c) Dans les groupes du nom (GN) que tu as récrits en a), ENCADRE chaque nom et, s'il y a lieu, le déterminant qui l'introduit, puis VÉRIFIE leur orthographe et CORRIGE-la au besoin.

d) ENCADRE tout le groupe du nom (GN) dont les noms encadrés en c) font partie en utilisant un crayon d'une autre couleur.

e) Dans tes groupes du nom (GN), VÉRIFIE le ou les accords : SUIS les étapes énumérées dans l'encadré du numéro 3 puis, s'il y a lieu, CORRIGE l'orthographe des mots mal accordés.

6. a) Parmi les rubriques proposées ci-après, CHOISIS-en une, puis CONSTRUIS quatre groupes du nom (GN) qui peuvent se ranger sous cette rubrique. Dans tes groupes du nom (GN), emploie au moins :

- un groupe de l'adjectif (GAdj.);
- un groupe prépositionnel (GPrép.);
- une subordonnée relative.

b) S'il y a lieu, REPÈRE le ou les déterminants contractés, ENCERCLE-les puis, au-dessus, INDIQUE la préposition et le déterminant qu'ils représentent.

c) Dans tes groupes du nom (GN), ENCADRE chaque nom et, s'il y a lieu, le déterminant qui l'introduit, puis VÉRIFIE leur orthographe et CORRIGE-la au besoin.

d) ENCADRE tout le groupe du nom (GN) dont les noms encadrés en c) font partie en utilisant un crayon d'une autre couleur.

e) Dans tes groupes du nom (GN), VÉRIFIE le ou les accords : SUIS les étapes énumérées dans l'encadré du numéro 3 puis, s'il y a lieu, CORRIGE l'orthographe des mots mal accordés.

7. a) En prenant comme modèles les définitions présentées au numéro 1 (page 247), INVENTE une définition pour chacun des noms ci-après. Tes définitions doivent être constituées d'un groupe du nom (GN) enrichi d'au moins deux compléments du nom.

> Ne consulte surtout pas le dictionnaire : amuse-toi plutôt à inventer des définitions loufoques ! N'oublie pas de varier la construction des compléments que tu emploies.

EXEMPLE :

infixe : petit parasite qui vit fixé sur le cerveau humain et suce son intelligence.

b) APPLIQUE les consignes b), c), d) et e) du numéro 6.

> Pour t'amuser, tu peux maintenant consulter un dictionnaire pour comparer la définition de ces mots à celles que tu as inventées.

8. a) À partir de chacune des séries de phrases ci-dessous, CONSTRUIS une phrase :
● dont le groupe du nom sujet (GNs) comprend un ou plusieurs compléments du nom;
● qui ne contient pas plus de deux verbes conjugués.

EXEMPLE :

Le siamois a le poil ras. Ses yeux sont bleus. Il est réputé pour sa fidélité.

→ *Le siamois, qui a le poil ras et les yeux bleus, est réputé pour sa fidélité.*
ou
→ *Le siamois, réputé pour sa fidélité, a le poil ras et les yeux bleus.*

① *Cette chatte est grosse. Elle attend des petits. Elle appartient à ma voisine.*
② *La chatte vient juste d'avoir des chatons. Ils ont à peine les yeux ouverts. Ils sont minuscules.* ③ *Mon chaton est adorable. Il est tout noir. Il n'a que six semaines.*

b) APPLIQUE les consignes b), c), d) et e) du numéro 6 (page 249).

Reconnaître la fonction du groupe du nom

9. a) Parmi les phrases ci-dessous, REPÈRE celles qui contiennent un verbe attributif et DONNE leur numéro.

① *Corinne connaît **une actrice**.* ② *Corinne deviendra aussi **une actrice**.* ③ *Elle suit **un cours d'art dramatique**.* ④ *Elle semble **une bonne élève**.* ⑤ *Elle paraît **à l'aise** sur scène.*

b) EXPLIQUE comment tu as procédé en a) pour repérer les verbes attributifs.

c) Dans les phrases relevées en a), quelle est la fonction du groupe de mots placé à la suite du verbe ?

d) Parmi les groupes de mots placés à la suite d'un verbe attributif, RELÈVE ceux qui sont des groupes du nom (GN).

10. a) TRANSCRIS les phrases suivantes (sans les numéros) à double interligne, puis :
● SOULIGNE le verbe conjugué que chacune contient;
● ENCERCLE les groupes du nom sujet (GNs);
● METS entre parenthèses les groupes compléments de phrase (Gcompl. P).

Eduardo a offert ① *un roman* ② *à Corinne* ③ *pour son anniversaire.* — *La lecture est devenue,* ④ *depuis quelques mois,* ⑤ *son passe-temps favori.* — *Elle adore* ⑥ *les romans d'aventures.* — ⑦ *La nuit, elle rêve d'être l'héroïne* ⑧ *d'un tel roman.* — *Léa,* ⑨ *la meilleure amie de Corinne, préfère* ⑩ *les romans de science-fiction.*

b) Parmi les groupes de mots qui ont la fonction de complément de phrase, REPÈRE celui qui est un groupe du nom (GN), puis DONNE son numéro.

c) Parmi les groupes de mots numérotés, REPÈRE celui qui a la fonction d'attribut du sujet, puis DONNE son numéro.

d) Parmi les groupes de mots numérotés, REPÈRE ceux qui ont la fonction de complément du verbe, puis DONNE leur numéro.

e) EXPLIQUE comment tu as procédé pour reconnaître les groupes de mots ayant la fonction de complément du verbe.

f) Parmi les groupes de mots repérés en d), REPÈRE les groupes du nom (GN) qui ont la fonction de complément direct du verbe, puis DONNE leur numéro.

g) Parmi les groupes de mots numérotés, REPÈRE ceux qui ont la fonction de complément du nom, puis DONNE leur numéro.

h) Parmi les groupes de mots relevés en g), **REPÈRE** celui qui est un groupe du nom (GN), puis **DONNE** son numéro.

11. a) **COMPLÈTE** chacune des phrases suivantes à l'aide d'un groupe du nom (GN).

> ① *Jean est...* ② *Jean passe pour...* ③ *Jean a consulté ...* ④ *Ce garçon est considéré comme...* ⑤ *Ce garçon a gagné...*

b) Parmi les groupes du nom (GN) que tu as ajoutés en a), **REPÈRE** ceux qui sont des attributs du sujet et **DONNE** le numéro de l'énoncé dont ils font partie.

c) Quelle est la fonction des autres groupes du nom (GN) que tu as ajoutés ?

12. a) Quelle est la fonction des groupes du nom (GN) soulignés dans les phrases suivantes ?

> ① *La veuve noire est __une araignée venimeuse__ qui a une tache rouge sur l'abdomen.* ② *La veuve est __un passereau qui est recherché comme oiseau de volière__.* ③ *Les asticots sont __des pyrales à l'état de larve__ qui naissent à l'intérieur des pommes.*

b) **RÉCRIS** chacune des phrases en plaçant le groupe du nom (GN) en gras en position de complément du nom. **FAIS** les transformations nécessaires pour que la phrase soit grammaticale.

EXEMPLE :
Les tiques sont __de petits parasites__ qui peuvent transmettre des maladies graves.
→ Les tiques, __de petits parasites__, peuvent transmettre des maladies graves.

13. a) Parmi les énoncés ci-après, **REPÈRE** celui qui n'est pas grammatical et **DONNE** son numéro.

> ① *Ma mère ne conduit pas...* ② *Il ne boit pas...* ③ *Cette homme chasse...* ④ *Elle ne voit plus...* ⑤ *Ils ont pris...*

b) Pourquoi l'énoncé relevé en a) n'est-il pas grammatical ?

c) **RÉCRIS** les cinq énoncés en ajoutant à chacun un groupe du nom (GN) ayant la fonction de complément direct du verbe.

EXEMPLE :
Je ne mange jamais... → Je ne mange jamais de viande.

d) **EXPLIQUE** le sens que peut avoir chacun des verbes dans les énoncés ①, ② et ④ lorsqu'il n'est pas complété par un groupe du nom (GN).

e) **AJOUTE** un groupe du nom (GN) ayant la fonction de complément de phrase aux trois premiers énoncés.

EXEMPLE :
Je ne mange jamais... → Je ne mange jamais le matin.

f) **RÉCRIS** chacune des phrases que tu as formées en e) en déplaçant le groupe complément de phrase, puis **ENCERCLE** la ponctuation liée à ce déplacement.

EXEMPLE :
Je ne mange jamais le matin. → __Le matin__, je ne mange jamais.

14. Parmi les huit groupes du nom (GN) identifiés au numéro 4 a) (page 248), **REPÈRE** celui ou ceux qui ont les fonctions suivantes et **DONNE** leur numéro :

Défi !

a) sujet ;

b) complément de phrase ;

c) attribut du sujet ;

d) complément direct du verbe ;

e) complément du nom.

Applique tes connaissances
lorsque tu lis

Étienne vient d'apprendre que son film préféré, *James et la pêche géante*, a été tiré d'un roman de Roald Dahl. Voulant vérifier comment le réalisateur avait procédé pour concevoir la scène où James fait la découverte de la pêche géante, il a retrouvé l'extrait correspondant dans le roman.

Une lecture attentive lui a permis de découvrir que, dans un texte narratif, les groupes du nom (GN) jouent un rôle très important : ils servent à désigner et à caractériser les personnages et les lieux de l'histoire. Les lecteurs et les lectrices, comme le réalisateur du film, peuvent alors mieux se représenter ces personnages et ces lieux.

Voici l'extrait du roman qu'il a lu.

Et soudain il s'aperçut que, non loin de lui, près du sol, la pêche avait un trou.

C'était un trou assez important. Il pouvait être l'oeuvre d'un animal de la taille d'un renard. James se mit à genoux devant le trou. Il
5 y introduisit d'abord la tête et les épaules. Il y entra tout entier, en rampant. Et il continua à ramper. «C'est beaucoup plus qu'un trou, pensa-t-il, tout ému. C'est un véritable tunnel !» Le tunnel était humide et sombre. Il y régnait une curieuse odeur douce-amère de fruit frais. Sous ses genoux, le sol était détrempé. Les parois étaient visqueuses et
10 suintantes, du jus de pêche coulait du plafond. James ouvrit toute grande la bouche et tira la langue. Ce jus était délicieux.

À présent, il dut escalader une pente, comme si le tunnel conduisait au coeur même du fruit gigantesque. Toutes les deux secondes, James s'arrêtait pour manger un morceau de la paroi. La
15 pêche était sucrée, juteuse et merveilleusement rafraîchissante.

Il fit encore plusieurs mètres en rampant lorsque soudain — bang ! — sa tête heurta quelque chose d'extrêmement dur qui lui barrait le chemin. Il leva les yeux sur une paroi solide qui, à première vue, semblait être de bois. Il avança une main. Au toucher, cela
20 ressemblait bien à du bois, mais à du bois tout sinueux, tout craquelé.

«Juste ciel !» s'écria-t-il. «Je sais ce que c'est ! Je viens de me cogner au noyau de la pêche !»

Roald Dahl, *James et la grosse pêche*,
trad. Maxime Orange, © Gallimard, 1966.

1. a) Tout au long de l'extrait, l'auteur n'a utilisé que trois groupes du nom (GN) différents pour désigner le personnage principal. **RELÈVE** chacun de ces groupes du nom (GN) et **INDIQUE** à quelle ligne il apparaît pour la première fois.

b) **CONSTRUIS** deux autres groupes du nom (GN) que l'auteur aurait pu employer pour désigner le personnage principal.

c) **CHOISIS** deux phrases du texte dans lesquelles tu peux remplacer les groupes du nom (GN) qui désignent le personnage par les groupes du nom (GN) que tu as construits en b). **RÉCRIS** ces phrases en utilisant tes groupes du nom (GN).

2. a) **TROUVE** les huit groupes du nom (GN) que l'auteur utilise pour désigner des parties du corps de James.

b) Crois-tu que ce sont ces groupes du nom (GN) qui ont aidé le réalisateur du film à imaginer comment est James physiquement ?

c) Selon toi, qu'est-ce que ces groupes du nom (GN) servent à décrire ?

3. La description de la pêche occupe une place importante dans l'extrait que tu as lu.

a) Pour désigner la pêche, l'auteur a eu recours à deux groupes du nom (GN) différents. **RELÈVE**-les.

> Si un de ces groupes du nom (GN) est introduit par un déterminant contracté, **TROUVE** la préposition et le déterminant inclus dans le déterminant contracté et relève seulement le déterminant.
> EXEMPLE : *aux parois* → ̶à̶ *les parois.*

b) Dans la première phrase de l'extrait, le personnage découvre que la pêche a un trou. **RELÈVE** tous les groupes du nom (GN) employés pour désigner ce trou et dont le nom noyau est *trou.*

c) **RELÈVE** maintenant deux autres groupes du nom (GN) différents employés pour désigner le trou de la pêche, mais dont le nom noyau n'est le nom *trou.*

4. a) **REPÈRE** le groupe du nom (GN) qui donne une indication sur la taille du trou de la pêche. **RÉCRIS** ce groupe du nom (GN) en remplaçant le groupe prépositionnel (GPrép.) contenu dans ce groupe du nom (GN) par «d'un éléphant». Qu'est-ce qui serait à modifier dans le reste du paragraphe si le trou avait effectivement la taille d'un éléphant ?

b) **REMPLACE** maintenant le groupe prépositionnel (GPrép.) contenu dans le groupe du nom (GN) en a) par «d'une fourmi». Est-ce que la suite de l'histoire aurait été la même ? **EXPLIQUE** pourquoi.

5. a) **RELÈVE** le groupe du nom (GN) employé par l'auteur pour décrire l'odeur qui règne dans le trou de la pêche.

b) Dans ce groupe du nom (GN), l'auteur emploie, en plus d'un groupe prépositionnel (GPrép.), deux autres mots pour compléter le nom *odeur.* **ENCERCLE** ces deux mots. À quelle classe ces mots appartiennent-ils ?

6. Dans les lignes 9 à 10 de l'extrait, l'auteur emploie trois groupes du nom (GN) pour désigner des parties du trou de la pêche. **RELÈVE** ces groupes du nom (GN).

Si un groupe du nom (GN) est introduit par un déterminant contracté, **RÉFÈRE**-toi à l'exemple en 3 a), page 253.

7. À la ligne 18, l'auteur mentionne que James lève les yeux sur une paroi. S'agit-il d'une des parois qui ont déjà été mentionnées à la ligne 9 ? **JUSTIFIE** ta réponse.

8. a) Dans les lignes 18 et 19, le groupe du nom (GN) employé par l'auteur pour décrire la paroi est enrichi de deux compléments. **RELÈVE** le groupe du nom (GN) complet, puis **ENCERCLE** le groupe de l'adjectif (GAdj.) complément du nom et **METS** entre crochets la subordonnée relative complément du nom.

b) Quelle information nouvelle sur la description de la paroi est introduite dans la subordonnée relative ?

c) Dans les lignes qui suivent, l'auteur reprend cette information à l'aide d'un groupe du nom. **RELÈVE** ce groupe du nom (GN).

d) **RELÈVE** le groupe du nom (GN) qui nous révèle exactement ce sur quoi James s'est heurté la tête.

Si un groupe du nom (GN) est introduit par un déterminant contracté, **RÉFÈRE**-toi à l'exemple en 3 a), page 253.

9. Les activités que tu viens de faire t'ont permis de bien comprendre cet extrait. **PROUVE** que tu sais en dégager l'idée principale en proposant trois titres différents qui pourraient lui convenir. Les titres que tu proposes doivent correspondre aux structures suivantes :
- un groupe du nom (GN) enrichi d'un groupe de l'adjectif (GAdj.);
- un groupe du nom (GN) enrichi d'un groupe prépositionnel (GPrép.);
- un groupe du nom (GN) enrichi d'une subordonnée relative.

Applique tes connaissances
lorsque tu écris

Maintenant, tu dois prouver que, lorsque tu écris, tu es capable :

- de reconnaître les groupes du nom (GN) que tu emploies;
- de faire correctement les accords dans ces groupes.

Stratégie de révision de texte

Voici une stratégie de révision qui t'aidera à vérifier les accords dans les groupes du nom (GN) que tu emploies dans tes textes.

Je révise et je corrige les accords dans les groupes du nom

1. **ENCADRE** le nom et, s'il y a lieu, le déterminant qui l'introduit, sauf s'il s'agit d'un déterminant contracté.

   ☞ Si le nom est introduit par un déterminant contracté, **ENCERCLE** le déterminant contracté puis, au-dessus, **INDIQUE** la préposition et le déterminant qu'il représente.

2. • Au-dessus du nom, **INDIQUE** son genre (M ou F) et son nombre (S ou P).
   • **VÉRIFIE** l'orthographe du déterminant et du nom puis, s'il y a lieu, **CORRIGE**-la.

3. *Le groupe du nom (GN) est-il enrichi d'un ou de plusieurs compléments du nom ?*

   OUI — NON

4. **DÉLIMITE** le groupe du nom (GN) complet, puis **ENCADRE** tout le groupe en te servant d'un crayon d'une autre couleur.

5. *Le nom est-il complété par un ou plusieurs groupes de l'adjectif (GAdj.)?*

   OUI — NON

6. À l'aide d'une flèche, **RELIE** le nom et le ou les adjectifs, **VÉRIFIE** leur accord puis, s'il y a lieu, **CORRIGE**-le.

7. *Le nom est-il complété par une subordonnée relative introduite par* qui ?

   OUI — NON

8. • **METS** entre crochets la subordonnée relative.
   • À l'aide d'une flèche, **RELIE** *qui* à son antécédent.
   • Au-dessus de l'antécédent de *qui*, **INDIQUE** son genre (M ou F) et son nombre (S ou P), puis sa personne grammaticale (1S, 2S, 3S, 1P, 2P ou 3P).
   • À l'aide d'une flèche, **RELIE** le pronom relatif *qui* et le ou les mots (verbe, adjectif) qui s'accordent avec lui dans la subordonnée relative, **VÉRIFIE** l'accord de ce ou ces mots puis, s'il y a lieu, **CORRIGE**-le.

1. Le paragraphe de l'encadré ci-dessous a été extrait d'une lettre d'un élève de sixième année à sa correspondante. Chaque phrase a été révisée à l'aide de la stratégie *Je révise et je corrige les accords dans les groupes du nom*. **Lis** le texte et **observe** les annotations qui l'accompagnent.

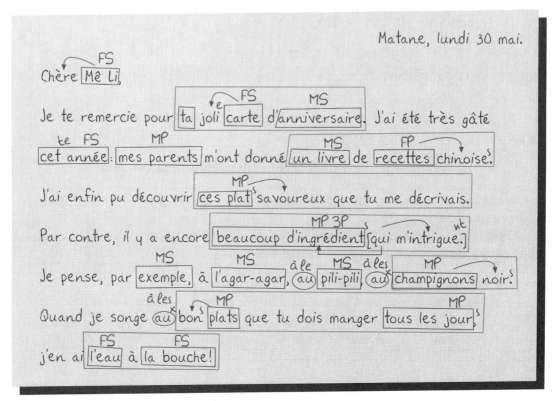

Matane, lundi 30 mai.

Chère Mê Li,

Je te remercie pour ta joli carte d'anniversaire. J'ai été très gâté cet année : mes parents m'ont donné un livre de recettes chinoise.

J'ai enfin pu découvrir ces plat savoureux que tu me décrivais.

Par contre, il y a encore beaucoup d'ingrédient qui m'intrigue.

Je pense, par exemple, à l'agar-agar, au pili-pili, au champignons noir.

Quand je songe au bon plats que tu dois manger tous les jour,

j'en ai l'eau à la bouche!

2. Voici un autre extrait du même texte. **Transcris**-le à double interligne en n'y apportant aucune correction.

Toi aussi, tu serais étonnée des bon plat que nous mangeons ici, à Matane. Nous avons de belle petite crevette rose, des truites saumoné, de l'anguille fraîche, sans parler de nos épi de maïs qui semblerait géant à côté de vos minuscule épi. Des visiteurs viennent des quatres coins du monde pour goûter les plat de notre région. Toi aussi, ma cher Mê Li, tu devrais venir à Matane goûter nos plats régionals... et me rendre visite. Un jour, peut-être!

Simon

a) **APPLIQUE** la stratégie *Je révise et je corrige les accords dans les groupes du nom* en respectant toutes les étapes.

b) **COMPARE** les erreurs que tu as repérées et les corrections que tu as apportées au texte à celles d'un ou d'une de tes camarades. **FAIS** les modifications que tu juges nécessaires sur ta copie.

 Activité d'écriture

Tu dois maintenant écrire un court texte tout en respectant certaines contraintes d'écriture, puis réviser et corriger ce texte à l'aide de la stratégie *Je révise et je corrige les accords dans les groupes du nom*.

La situation

Demain, c'est l'anniversaire de ta mère. Ton petit frère et toi voulez lui faire plaisir : vous avez décidé de l'inviter à manger une pizza… à la maison. Comme tu es très occupé, c'est ton frère qui aura la responsabilité de faire les courses et de préparer le repas. Ton jeune frère t'a demandé de faire la liste des ingrédients dont il aura besoin et de lui indiquer de façon détaillée la manière de préparer la pizza.

Contraintes d'écriture

❏ **FAIS** la liste de tes ingrédients favoris pour garnir une pizza. Quand tu ne connais pas les quantités précises des ingrédients, **EMPLOIE** des déterminants du type *quelques*, *un peu de*, *beaucoup de*…
EXEMPLE :   *plusieurs tomates*

❏ **ENRICHIS** chaque groupe du nom (GN) d'au moins deux compléments du nom de construction variée.
EXEMPLE :   *plusieurs tomates bien fermes de grosseur moyenne*

❏ En un texte suivi, **EXPLIQUE** à ton frère quoi faire avec chacun des ingrédients de la liste.
EXEMPLE :   *Coupe les tomates en dés, presse-les un peu afin d'en retirer le jus, puis mets-les dans un grand bol.*

Étape de révision et de correction

❏ RÉVISE ta recette à l'aide de la stratégie *Je révise et je corrige les accords dans les groupes du nom*.

❏ ÉCHANGE ton texte avec un ou une camarade.

❏ LIS le texte que tu as en main, ÉVALUE les corrections apportées par son auteur, puis, au besoin, SUGGÈRE d'autres modifications au texte.

❏ RÉCUPÈRE ton texte, puis PRENDS CONNAISSANCE des corrections que ton ou ta camarade te suggère et ÉVALUE-les.

❏ RECOPIE ton texte au propre.

13

Le Petit Prince

[Le petit prince] se trouvait dans la région des astéroïdes 325, 326, 327, 328, 329 et 330. Il commença donc par les visiter pour y chercher une occupation et pour s'instruire.

Le premier était habité par un roi. Le roi siégeait, habillé de pourpre et d'hermine, sur un trône très simple et cependant majestueux.

— Ah! voilà un sujet, s'écria le roi quand il aperçut le petit prince.

« ON NE VOIT BIEN QU'AVEC LE COEUR. L'ESSENTIEL EST INVISIBLE POUR LES YEUX. »

« C'EST LE TEMPS QUE TU AS PERDU POUR TA ROSE QUI FAIT TA ROSE SI IMPORTANTE. »

ATELIER

LE PRONOM

- Son sens et son rôle
- Sa forme
- Son fonctionnement

Le Petit Prince

[Le petit prince] se trouvait dans la région des astéroïdes 325, 326, 327, 328, 329 et 330. ① Il commença donc par **les** visiter pour **y** chercher une occupation et pour s'instruire.

Le premier était habité par un roi. Le roi siégeait, habillé de pourpre et d'hermine, sur un trône très simple et cependant majestueux.

— Ah! voilà un sujet, s'écria le roi quand ② il aperçut le petit prince.

Et le petit prince se demanda :

«Comment peut-③ il **me** reconnaître puisqu'il ne m'a encore jamais vu?»

④ Il ne savait pas que, pour les rois, le monde est très simplifié. Tous les hommes sont des sujets.

— Approche-**toi** que ⑤ je **te** voie mieux, lui dit le roi **qui** était tout fier d'être enfin roi pour quelqu'un.

Le petit prince chercha des yeux où s'asseoir, mais la planète était tout encombrée par le magnifique manteau d'hermine. Il resta donc debout, et, comme il était fatigué, il bâilla.

— Il est contraire à l'étiquette de bâiller en présence d'un roi, lui dit le monarque. ⑥ Je te **l**'interdis.

— ⑦ Je ne peux pas m'**en** empêcher, répondit le petit prince tout confus. J'ai fait un long voyage et je n'ai pas dormi...

— Alors, **lui** dit le roi, ⑧ je **t**'ordonne de bâiller. [...] Allons! bâille encore. C'est un ordre.

— Ça m'intimide... ⑨ je ne peux plus... fit le petit prince tout rougissant.

— Hum! hum! répondit le roi. Alors ⑩ je... je **t**'ordonne tantôt de bâiller et tantôt de...

Antoine de Saint-Exupéry, *Le Petit Prince*,
© Harcourt Brace & Company.

Observe *et découvre*

J'observe...

Le sens et le rôle du pronom

1. Comme la plupart des mots de la langue, les pronoms font référence à une réalité, concrète ou abstraite. Pour découvrir la réalité à laquelle un pronom fait référence, et ainsi découvrir le <u>sens</u> du pronom, on ne procède pas toujours de la même façon…

   a) **Trouve** ce à quoi fait référence chacun des **pronoms** *je* précédés d'un numéro dans le texte (⑤, ⑥, ⑦, ⑧, ⑨ et ⑩).

   b) **Trouve** ce à quoi fait référence chacun des **pronoms** *il* précédés d'un numéro dans le texte (①, ②, ③ et ④).

   c) **Classe** les pronoms *je* et *il* précédés de leur numéro selon que, pour découvrir ce à quoi ces pronoms font référence :
      * tu as identifié une personne en situation de communication, c'est-à-dire la personne qui parle ou la personne à qui l'on parle ;
      * tu as repéré un élément (un mot, un groupe de mots, une partie de phrase, une ou plusieurs phrases…) énoncé dans le texte et repris par le pronom.

      Pour procéder à ce classement, **utilise** un tableau comme celui-ci.

Le pronom…	
désigne directement la personne qui parle ou la personne à qui l'on parle	reprend un élément énoncé dans le texte
…	…

   d) Dans ton tableau, **classe** maintenant les dix pronoms en gras dans le texte : *les, y, me, toi, te, qui, le (l'), en, lui, ça.*

2. On appelle **antécédent** l'élément du texte (un mot, un groupe de mots, une partie de phrase, une ou plusieurs phrases) qu'un pronom reprend.

   Au numéro 1, où as-tu trouvé l'antécédent de chacun des pronoms qui reprennent un élément énoncé dans le texte : <u>avant ou après le pronom</u> ?

3. Les pronoms ne jouent pas tous le même rôle.

Les pronoms *je (j')*, *me (m')*, *moi*, *tu*, *te (t')*, *toi*, *nous*, *vous* n'ont pas d'antécédent. Ils permettent à la personne qui parle (ou qui écrit) de se désigner directement ou de désigner directement la ou les personnes à qui elle s'adresse.

Les pronoms qui ont un antécédent, eux, jouent un rôle différent.

Voici une version modifiée du premier paragraphe du texte de l'encadré.

> *Le petit prince se trouvait dans la région des astéroïdes 325, 326, 327, 328, 329 et 330.*
> *Le petit prince commença donc par visiter les astéroïdes 325, 326, 327, 328, 329 et 330*
> *pour chercher une occupation sur les astéroïdes 325, 326, 327, 328, 329 et 330 et pour*
> *s'instruire.*

COMPARE le paragraphe ci-dessus au paragraphe correspondant dans le texte (page 260).

a) Qu'observes-tu comme changements ?

b) Quelle version est préférable : la version originale ou la version modifiée ? Pourquoi ?

J'ai découvert...

LE SENS ET LE RÔLE DU PRONOM

Dans un texte, certains pronoms peuvent :

- reprendre un élément énoncé dans le ✎ (comme le pronom *il*). On appelle cet élément ✎ .

  Le rôle de ces pronoms est ✎ .

- désigner directement la personne qui ✎ (comme le pronom *je*) ou la ou les personnes à qui l'on ✎ (comme le pronom *tu*). De tels pronoms n'ont pas d' ✎ .

  Le rôle de ces pronoms est de désigner directement une personne en situation de communication.

J'observe...

La forme du pronom

Quelques pronoms ont une **forme qui ne varie jamais** : *ça*, *on*, *personne*, *rien*, *quelque chose*, mais plusieurs ont une **forme qui varie**.

4. a) Dans les phrases ci-dessous, inspirées du *Petit Prince* de Saint-Exupéry, REPÈRE l'antécédent des pronoms en gras, puis :

- RÉCRIS la partie de phrase soulignée en remplaçant le **pronom** en gras par un groupe de mots contenant le nom de l'antécédent ;
- ENCADRE le groupe de mots que le pronom remplace.

> ① « Bonjour ! », s'écria le roi quand __il aperçut le petit prince__.
> ② Ce roi, __le petit prince **le** trouva bien étrange__.
> ③ « Ces roses sont semblables à cent mille autres, pensa le petit prince, mais __**la mienne** est unique au monde__. »

> EXEMPLE : ③ __**la mienne** est unique au monde__ → ¦ma rose¦ *est unique au monde*

b) Si on remplace :
- le groupe *le roi* de la phrase ① par *la reine* ;
- le groupe *ce roi* de la phrase ② par *cette reine* ;
- le groupe *ces roses* de la phrase ③ par *ces lys*...

quelle forme les pronoms *il*, *le* et *la mienne* prennent-ils ?

c) Comment les **pronoms** *il*, *le* et *la mienne* ont-ils varié : en genre ? en nombre ? en personne ?

d) Le genre (masculin ou féminin) de chacun des groupes de mots que tu as encadrés en a) correspond-il au genre du pronom qui remplace ce groupe ?

5. COMPARE les **pronoms** en gras dans les phrases suivantes aux pronoms en gras dans les phrases du numéro 4.

> ① « Ah ! voilà un sujet », s'écrièrent les rois quand __**ils** aperçurent le petit prince__.
> ② Ces rois, __le petit prince **les** trouva bien étranges__.
> ③ « Ces roses sont semblables à cent mille autres, pensa le petit prince, mais __**les miennes** sont uniques au monde__. »

Comment les pronoms *il*, *le* et *la mienne* des phrases du numéro 4 ont-ils varié dans les phrases ci-dessus : en genre ? en nombre ? en personne ?

6. a) **COMPARE** le **pronom** en gras dans la phrase suivante au pronom en gras dans la phrase ③ du numéro 4.

> «Ces roses sont semblables à cent mille autres», pensa le petit prince, puis il se dit que **la sienne** était unique au monde.

Comment le pronom *la mienne* de la phrase ③ du numéro 4 a-t-il varié dans la phrase ci-dessus : en genre ? en nombre ? en personne ?

b) Dans la phrase en a), **REPÈRE** l'antécédent du pronom en gras, puis :
- **RÉCRIS** la partie de phrase soulignée en remplaçant le **pronom** en gras par un groupe de mots contenant le nom de l'antécédent;
- **ENCADRE** le groupe de mots que le pronom remplace.

c) La personne grammaticale (la première, la deuxième ou la troisième personne) du déterminant contenu dans le groupe de mots que tu as encadré en b) correspond-elle à la personne grammaticale du pronom qui remplace ce groupe ?

7. **OBSERVE** la forme des pronoms en gras dans les phrases des numéros 4 et 5. Qu'observes-tu à propos du nombre de mots qui forment chacun de ces pronoms ?

J'ai découvert...

LA FORME DU PRONOM

Les pronoms qui ont une forme variable peuvent varier :
- en ✏️ (exemple : ✏️ / ✏️);
- en ✏️ (exemple : ✏️ / ✏️);
- en ✏️ (exemple : ✏️ / ✏️).

Le pronom peut être formé d'un seul mot, mais il peut aussi être formé de ✏️ (exemple : ✏️).

J'observe...

Le choix du pronom

8. a) Dans les phrases ci-après, inspirées du *Petit Prince*, **REPÈRE** l'antécédent du pronom en gras, puis :
- **RÉCRIS** la phrase ou la partie de phrase soulignée en remplaçant le **pronom** en gras par un groupe de mots contenant le nom de l'antécédent;
- **ENCADRE** le groupe de mots que le pronom remplace.

> ① *Le petit prince n'avait pas dormi, car **il avait fait un long voyage**.*
> ② *Les baobabs, quand **ils sont très jeunes**, ressemblent aux rosiers.*
> ③ *La fleur s'habillait lentement, **elle ajustait un à un ses pétales**.*
> ④ *Les fleurs sont faibles. **Elles sont naïves**.*

b) **Observe** la construction des groupes de mots que tu as encadrés en a): de quelle sorte de groupes de mots s'agit-il?

c) Quelle est la fonction des pronoms *il*, *ils*, *elle*, *elles* et des groupes de mots que ces pronoms peuvent remplacer?

d) Parmi les pronoms *il*, *ils*, *elle*, *elles*, lequel peut remplacer un groupe de mots:
- masculin singulier?
- féminin singulier?
- masculin pluriel?
- féminin pluriel?

9. a) **Lis** les phrases suivantes.

> ① *Le petit prince répondit qu'**il** n'avait pas dormi, car **il** avait fait un long voyage.*
> ② *Le petit prince répondit: «**Je** n'ai pas dormi, car **j'**ai fait un long voyage.»*

Dans la phrase ①, les pronoms en gras remplacent le groupe du nom (GN) *le petit prince*. Dans la phrase ②, les pronoms en gras remplacent-ils un groupe de mots contenant un nom?

b) Parmi les quatre énoncés suivants, lequel peut être associé au pronom *je (j')*?

   A. Le pronom désigne **la personne** (ou le personnage) **qui parle**.

   B. Le pronom désigne **la personne** (ou le personnage) **à qui l'on parle**.

   C. Le pronom désigne **plus d'une personne** (ou d'un personnage), **dont celle qui parle**.

   D. Le pronom désigne **plus d'une personne** (ou d'un personnage), **dont celle à qui l'on parle**.

c) **Récris** la phrase ② en a) en imaginant que le petit prince a fait le voyage avec sa rose, puis **encadre** les pronoms que le petit prince emploierait au lieu des pronoms *je (j')*.

d) Parmi les quatre énoncés énumérés en b), lequel peut être associé aux pronoms que tu as encadrés en c)?

e) **Récris** la phrase ci-dessous en imaginant que le roi s'adresse au petit prince et à la rose, qui a fait le voyage avec le petit prince, puis **encadre** le pronom que le roi emploierait au lieu du pronom *tu*.

> *«Es-**tu** fatigué?» demanda le roi.*

f) Parmi les quatre énoncés énumérés en b), lequel peut être associé au pronom *tu*? Lequel peut être associé au pronom que tu as encadré en e)?

g) Les pronoms *je (j')*, *tu* et ceux que tu as encadrés en c) et en e) peuvent être l'équivalent d'un groupe du nom (GN) ayant quelle fonction ? Quelle est la fonction de ces pronoms ?

10. a) Dans les phrases ci-dessous, inspirées du *Petit Prince*, REPÈRE l'antécédent du pronom en gras, puis :
   - RÉCRIS la phrase ou la partie de phrase soulignée en remplaçant le **pronom** en gras par un groupe de mots contenant le nom de l'antécédent;
   - ENCADRE le groupe de mots que le pronom remplace.

   ---

   ① *Les roses ressemblaient toutes à sa fleur. «Ma rose serait bien vexée si elle* **les** *voyait», pensa le petit prince.*

   ② *«Ma rose m'embaumait et m'éclairait. J'aurais dû* **la** *juger sur les actes et non sur les mots», pensa le petit prince.*

   ③ *«Je crois bien que sur ma planète il y a quelque part un vieux rat, dit le roi. Tu* **le** *condamneras à mort de temps en temps.»*

   ④ *Il faut s'astreindre régulièrement à arracher les baobabs dès qu'on* **les** *distingue des rosiers.*

   ---

   b) OBSERVE la construction des groupes de mots que tu as encadrés en a) : de quelle sorte de groupes de mots s'agit-il ?

   c) Quelle est la fonction des pronoms *le (l')*, *la (l')*, *les* et des groupes de mots que ces pronoms peuvent remplacer ?

   d) Parmi les pronoms *le (l')*, *la (l')*, *les*, lequel peut remplacer un groupe de mots :
   - masculin singulier ?
   - féminin singulier ?
   - masculin pluriel ?
   - féminin pluriel ?

11. a) LIS les phrases suivantes.

   ---

   ① *Les roses ressemblaient toutes à sa fleur. «Ma rose serait bien vexée si elle* **les** *voyait», pensa le petit prince.*

   ② *«Ma rose serait bien vexée si elle* **me** *voyait», pensa le petit prince.*

   Dans la phrase ①, le pronom *les* remplace le groupe du nom (GN) *ces roses*. Dans la phrase ②, le pronom *me* remplace-t-il un groupe de mots contenant un nom ?

   b) Parmi les pronoms suivants : *je (j')*, *me (m')*, *moi*, *tu*, *te (t')*, *toi*, *nous*, *vous*, RELÈVE ceux qui pourraient occuper la même position que le pronom *me* dans la phrase ②.

   c) Le pronom *me (m')* et les pronoms que tu as relevés en b) peuvent être l'équivalent d'un groupe du nom (GN) ayant quelle fonction ? Quelle est la fonction de ces pronoms ?

   d) Parmi les quatre énoncés énumérés au numéro 9 b), lequel peut être associé au pronom *me (m')* ? Lequel peut être associé à chacun des pronoms que tu as relevés en b)?

12. a) Dans les phrases ci-dessous, inspirées du *Petit Prince*, REPÈRE l'antécédent du pronom en gras, puis RÉCRIS la partie de phrase soulignée en remplaçant le **pronom** en gras par un groupe ou ensemble de mots.

> ① *Ce voyage, je le ferai.*
> ② *Ce voyage m'instruira. Enfin, je l'espère.*
> ③ *Si tu es heureux, je le suis aussi.*

b) Dans quelle phrase le pronom *le* remplace-t-il :
- un groupe du nom (GN)?
- un groupe de l'adjectif (GAdj.)?
- une partie de phrase ?

13. a) Dans les phrases ci-dessous, inspirées du *Petit Prince*, REPÈRE l'antécédent du pronom en gras, puis :
- RÉCRIS la phrase ou la partie de phrase soulignée en remplaçant le **pronom** en gras par un groupe de mots contenant le nom de l'antécédent;
- ENCADRE le groupe de mots que le pronom remplace.

> ① *Quand le petit prince se prépara à mettre la fleur à l'abri sous son globe, il lui dit: «Adieu».*
> ② *«Adieu», dit encore le petit prince à la rose. Mais la fleur ne lui répondit pas.*
> ③ *Le petit prince regarda les roses. Il leur demanda: «Qui êtes-vous?»*
> ④ *Les camarades qui m'ont revu me trouvaient triste. Je leur disais: «C'est la fatigue...»*

b) OBSERVE la construction des groupes de mots que tu as encadrés en a): de quelle sorte de groupes de mots s'agit-il ?

c) Quelle est la fonction des pronoms *lui* et *leur* et des groupes de mots que les pronoms peuvent remplacer ?

d) Lequel des pronoms *lui* et *leur* peut remplacer un groupe de mots:
- masculin singulier ?
- féminin singulier ?
- masculin pluriel ?
- féminin pluriel ?

14. a) COMPARE la phrase suivante à la phrase ① du numéro 13.

> *Il me dit: «Adieu».*

Dans la phrase ① du numéro 13, le pronom *lui* remplace le groupe prépositionnel (GPrép.) *à la fleur*. Dans la phrase ci-dessus, le pronom *me* remplace-t-il un groupe de mots contenant un nom ?

b) Parmi les pronoms suivants : *je (j'), tu, nous, vous, me (m'), te (t'), moi, toi,* **RELÈVE** ceux qui pourraient occuper la même position que le pronom *me* dans la phrase en a).

c) Le pronom *me (m')* et les pronoms que tu as relevés en b) peuvent être l'équivalent d'un groupe prépositionnel (GPrép.) ayant quelle fonction ? Quelle est la fonction de ces pronoms ?

d) Parmi les quatre énoncés énumérés au numéro 9 b), page 265, lequel peut être associé au pronom *me (m')* ? Lequel peut être associé à chacun des pronoms que tu as relevés en b) ?

---

15. a) **OBSERVE** la construction des groupes de mots en gras dans ces phrases : de quelle sorte de groupes s'agit-il ?

> ① *Le petit prince parle de* **son amie**.
> ② *Le petit prince pense souvent à* **son ami**.
> ③ *Le petit prince n'est pas toujours d'accord avec* **les grandes personnes**.
> ④ *Le petit prince ne reviendra pas chez* **ses amis**.

b) **REPÈRE** le mot qui précède chacun des groupes de mots en gras et **DIS** à quelle classe il appartient.

c) Parmi les pronoms suivants : *il, ils, elle, elles, le, la, les, lui, leur, eux,* **RELÈVE** celui qui peut remplacer le groupe de mots en gras dans chacune des phrases ci-dessus.

De devient *d'* devant une voyelle.

d) Parmi les pronoms relevés en c), lequel peut remplacer un groupe de mots :
- masculin singulier ?
- féminin singulier ?
- masculin pluriel ?
- féminin pluriel ?

16. a) Parmi les pronoms suivants : *je (j'), me (m'), moi, tu, te (t'), toi, nous, vous,* **RELÈVE** ceux qui pourraient occuper la même position que les groupes de mots en gras dans les phrases du numéro 15 a).

b) Les pronoms relevés en a) peuvent être l'équivalent de quelle sorte de groupes de mots ?

c) Parmi les quatre énoncés énumérés au numéro 9 b), page 265, lequel peut être associé à chacun des pronoms que tu as relevés en a) ?

J'ai découvert...

LE CHOIX DU PRONOM

- On emploie les pronoms *il / elle / ils / elles* pour remplacer un ✎ ayant la fonction de ✎ . Les pronoms ✎ , ✎ , ✎ , ✎ (qui désignent directement une ou des personnes en situation de communication) peuvent être l'équivalent d'un groupe ayant cette construction et cette fonction.

  ―――――

- On emploie les pronoms *le (l') / la (l') / les* pour remplacer un ✎ ayant la fonction de ✎ . Les pronoms ✎ , ✎ , ✎ , ✎ (qui désignent directement une ou des personnes en situation de communication) peuvent être l'équivalent d'un groupe ayant cette construction et cette fonction.

  Le pronom ✎ peut aussi remplacer un groupe de l'adjectif (GAdj.) ou une phrase.

  ―――――

- On emploie les pronoms *lui / leur* pour remplacer un ✎ ayant la fonction de ✎ . Les pronoms ✎ , ✎ , ✎ , ✎ (qui désignent directement une ou des personnes en situation de communication) peuvent être l'équivalent d'un groupe ayant cette construction et cette fonction.

  ―――――

- On emploie les pronoms *elle / elles / lui / eux* pour remplacer un ✎ contenu dans un groupe prépositionnel (GPrép.). Les pronoms ✎ , ✎ , ✎ , ✎ (qui désignent directement une ou des personnes en situation de communication) peuvent être l'équivalent d'un groupe ayant cette construction.

J'observe...

Le choix du pronom

17. a) **OBSERVE** la construction des groupes de mots en gras dans les phrases **A** ci-dessous : de quelle sorte de groupes s'agit-il ?

    > ① **A** *Le petit prince parle **de sa planète**.* **B** *Le petit prince en parle.*
    > ② **A** *Le petit prince pense souvent **à sa planète**.* **B** *Le petit prince y pense souvent.*

    b) Dans les phrases **B** ci-dessus, RELÈVE les pronoms qui remplacent les groupes de mots en gras des phrases **A**.

    c) Pourquoi les groupes *de sa planète* et *à sa planète* ne sont-ils pas remplacés par le même pronom dans les phrases **B** ?

Observe et découvre   **269**

d) Dans chacune des phrases **A** ci-dessous, **RELÈVE** le groupe de mots que remplace le pronom en gras dans la phrase **B** correspondante.

---

① **A** *Le petit prince parle de son amie.* **B** *Le petit prince parle d'**elle**.*

② **A** *Le petit prince pense à ses amis.* **B** *Le petit prince pense à **eux**.*

③ **A** *Le petit prince parle à son ami.* **B** *Le petit prince **lui** parle.*

④ **A** *Le petit prince décrit sa planète à ses amis.* **B** *Le petit prince **leur** décrit sa planète.*

---

e) **COMPARE** les groupes de mots en gras dans les phrases en a) à ceux que tu as relevés en d). Lesquels comportent un nom avec le trait non animé : ceux qui sont remplacés par *en* ou *y*, ou ceux qui sont remplacés par des pronoms comme *elle, eux, lui, leur* ?

---

18. a) Dans les phrases ci-dessous, inspirées du *Petit Prince*, **REPÈRE** l'antécédent du pronom en gras, puis :

- **RÉCRIS** la phrase ou la partie de phrase soulignée en remplaçant le **pronom** en gras par un groupe de mots ;
- **ENCADRE** le groupe de mots que le pronom remplace.

---

① *L'avion se posa et j'**en** sortis prudemment.*

② *J'eus une panne dans le désert du Sahara. J'**y** étais encore plus isolé qu'un naufragé sur un radeau au milieu de l'Océan.*

③ *Je dois maintenant rentrer chez moi ; j'**y** retourne cette nuit.*

④ *C'est l'endroit où je suis tombé l'année dernière, dit le petit prince. J'**y** serai cette nuit.*

---

b) Comment nomme-t-on les groupes de mots que tu as encadrés en a) ?

c) Parmi les groupes de mots encadrés en a), quels sont ceux qui indiquent un lieu ?

d) Quel est le pronom qui remplace un groupe de mots introduit par *de* ?

e) Quel est le pronom qui remplace des groupes de mots introduits par une préposition autre que *de* ?

LE CHOIX DU PRONOM

On emploie le pronom ✎ pour remplacer un groupe prépositionnel (GPrép.) commençant par la préposition *de* et le pronom ✎ pour remplacer un groupe prépositionnel (GPrép.) commençant par la préposition *à*.

Les pronoms *en* et *y* remplacent un groupe qui comporte un nom avec le trait ✎ .

Le pronom ✎ peut remplacer un groupe prépositionnel (GPrép.) qui indique un lieu et qui ne commence pas par *de*.

Ma grammaire

1 LE **SENS** ET LE **RÔLE** DU PRONOM

Le pronom est un mot qu'on emploie pour <u>reprendre un élément dont on a déjà parlé dans le texte</u> (on appelle cet élément **antécédent**) ou pour <u>désigner directement un élément présent dans la situation de communication</u>. Dans ce cas, le pronom n'a **pas d'antécédent**.

1.1 LE PRONOM **AVEC ANTÉCÉDENT**

Pour comprendre le **sens** d'un pronom avec antécédent, il faut <u>repérer l'antécédent du pronom</u> (qui précède généralement le pronom dans le texte):

- l'antécédent est, le plus souvent, un groupe du nom (GN);

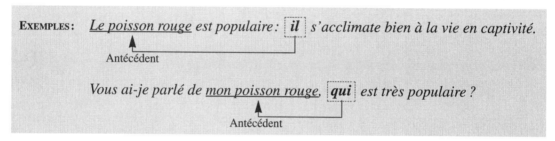

- l'antécédent peut être également un groupe de l'adjectif (GAdj.);

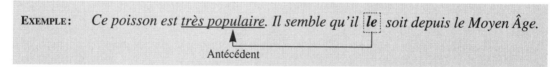

- l'antécédent peut même être une phrase entière.

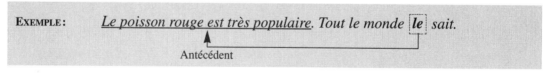

Le **rôle** du pronom avec antécédent est d'<u>éviter la répétition de mots</u>. Son emploi permet même parfois de réduire le nombre de phrases.

1.2 LE PRONOM **SANS ANTÉCÉDENT**

- Le **rôle** de certains pronoms est de <u>désigner directement un élément de la situation de communication</u>, comme la personne qui parle ou la ou les personnes à qui l'on parle.

  Pour comprendre le **sens** de ces pronoms, il faut, en tenant compte de la situation de communication, <u>identifier l'élément que le pronom désigne</u>.

EXEMPLE :   *J'* ai demandé au vendeur de l'animalerie combien de temps pouvait vivre un poisson rouge et il *m'* a répondu : « *Je* connais un poisson qui a plus de trente ans. »

➤ Dans la première phrase de l'exemple, *je (j')* et *me (m')* désignent la personne qui a parlé au vendeur ; dans la dernière phrase, *je* désigne le vendeur.

- Quelques pronoms sans antécédent ne désignent pas un élément de la situation de communication. Ces pronoms jouent le même **rôle** qu'un groupe du nom (GN) : ils servent à identifier (souvent de façon vague) une réalité (parfois abstraite).

EXEMPLE :   *Personne* n'a pu m'assurer que le vendeur disait vrai.

2 LA FORME DU PRONOM

- Le pronom peut être formé d'un seul mot ou de plus d'un mot, liés ou non par un trait d'union.

EXEMPLES :

Il
Celui-ci   } *est très populaire.*
Le mien

➤ Le pronom formé d'un seul mot est un **pronom simple** ; celui formé de plus d'un mot est un **pronom complexe**.

- Certains pronoms ont une forme **variable**. Ces pronoms peuvent varier :

  – selon le **genre** (masculin ou féminin) du groupe de mots qu'ils remplacent ;

EXEMPLES :

| *Mon voisin* | a acheté | *son chat* | *à l'animalerie.* |
| *Il* | a acheté | *le sien* | *à l'animalerie.* |

| *Ma voisine* | a acheté | *sa chatte* | *à l'animalerie.* |
| *Elle* | a acheté | *la sienne* | *à l'animalerie.* |

  – selon le **nombre** (singulier ou pluriel) du groupe de mots qu'ils remplacent ;

EXEMPLES :

| *Mon voisin* | a acheté | *son chat* | *à l'animalerie.* |
| *Il* | a acheté | *le sien* | *à l'animalerie.* |

| *Mes voisins* | ont acheté | *leurs chats* | *à l'animalerie.* |
| *Ils* | ont acheté | *les leurs* | *à l'animalerie.* |

– selon la **personne grammaticale** (la première, la deuxième ou la troisième personne) du déterminant contenu dans le groupe de mots qu'ils remplacent.

EXEMPLES : *Mon voisin a acheté* | *son chat* | *à l'animalerie.*

Mon voisin a acheté | **le sien** | *à l'animalerie.*

Tu as acheté | *ton chat* | *à l'animalerie.*

Tu as acheté | **le tien** | *à l'animalerie.*

3 LE FONCTIONNEMENT ET LE CHOIX DU PRONOM

3.1 LE PRONOM AVEC ANTÉCÉDENT

Le choix d'un pronom avec antécédent dépend du groupe de mots que ce pronom remplace. Pour vérifier le choix d'un tel pronom, il faut <u>mettre en évidence le groupe de mots qu'il remplace dans la phrase</u>.

➤ L'antécédent du pronom peut nous aider à mettre en évidence le groupe de mots que le pronom remplace, car ce groupe contient généralement un ou plusieurs mots de l'antécédent.

● Les pronoms *il / ils / elle / elles* peuvent avoir la fonction de <u>sujet</u>. On emploie donc ces pronoms pour remplacer un <u>groupe du nom</u> (GN) ayant la fonction de <u>sujet</u>.

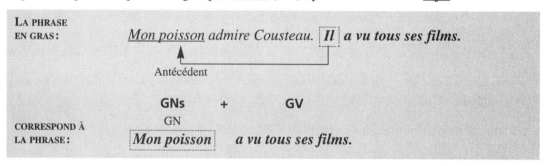

➤ *Il* remplace un groupe du nom (GN) masculin singulier; *elle*, un groupe du nom (GN) féminin singulier; *ils*, un groupe du nom (GN) masculin pluriel; *elles*, un groupe du nom (GN) féminin pluriel.

● Les pronoms *le (l') / la (l') / les* peuvent avoir la fonction de <u>complément direct du verbe</u>. On emploie donc ces pronoms pour remplacer un <u>groupe du nom</u> (GN) ayant la fonction de <u>complément direct du verbe</u>.

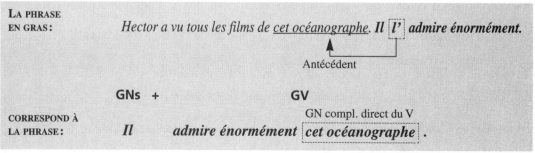

➤ *Le (l')* remplace un groupe du nom (GN) masculin singulier; *la (l')*, un groupe du nom (GN) féminin singulier; *les*, un groupe du nom (GN) pluriel, féminin ou masculin.

Le pronom *le (l')* peut aussi avoir la fonction d'<u>attribut du sujet</u>. On emploie donc ce pronom pour remplacer un <u>groupe de l'adjectif</u> (GAdj.) ou un <u>groupe du nom</u> (GN) ayant la fonction d'<u>attribut du sujet</u>.

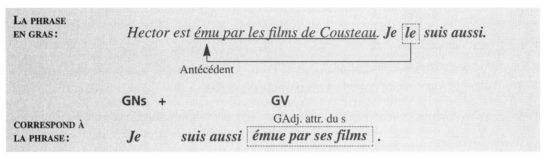

LA PHRASE EN GRAS :	*Hector est <u>ému par les films de Cousteau</u>. Je* $\lceil$*le*$\rfloor$ *suis aussi.*

Antécédent

	GNs +	GV
		GAdj. attr. du s
CORRESPOND À LA PHRASE :	*Je*	*suis aussi* $\lceil$*émue par ses films*$\rfloor$.

➤ *Le* peut remplacer une phrase : <u>*Vous aimerez les films de Cousteau*</u>. *Je* $\lceil$*l'*$\rfloor$ *espère.*

Antécédent

- Les pronoms *lui / leur* peuvent avoir la fonction de <u>complément indirect du verbe</u>. On emploie ces pronoms pour remplacer un <u>groupe prépositionnel</u> (GPrép.) ayant la fonction de <u>complément indirect du verbe</u>.

  Le groupe que remplace *lui* ou *leur* doit comprendre un nom ayant le <u>trait animé</u>.

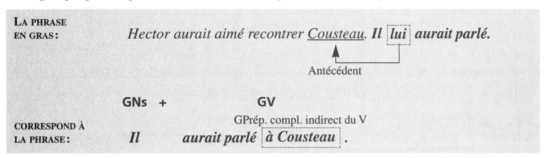

LA PHRASE EN GRAS :	*Hector aurait aimé recontrer <u>Cousteau</u>. Il* $\lceil$*lui*$\rfloor$ *aurait parlé.*

Antécédent

	GNs +	GV
		GPrép. compl. indirect du V
CORRESPOND À LA PHRASE :	*Il*	*aurait parlé* $\lceil$*à Cousteau*$\rfloor$.

➤ *Lui* remplace un groupe prépositionnel (GPrép.) comprenant un nom singulier, masculin ou féminin; *leur*, un groupe prépositionnel (GPrép.) comprenant un nom pluriel, masculin ou féminin.

- Les pronoms *lui / elle / eux / elles* peuvent remplacer un <u>groupe du nom</u> (GN) contenu dans un <u>groupe prépositionnel</u> (GPrép.).

  Le groupe que remplace *lui*, *elle*, *eux* ou *elles* doit comprendre un nom ayant le <u>trait animé</u>.

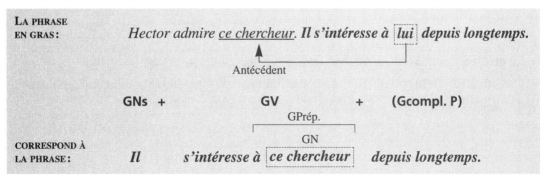

LA PHRASE EN GRAS :	*Hector admire <u>ce chercheur</u>. Il s'intéresse à* $\lceil$*lui*$\rfloor$ *depuis longtemps.*

Antécédent

	GNs +	GV	+	(Gcompl. P)
		GPrép.		
		GN		
CORRESPOND À LA PHRASE :	*Il*	*s'intéresse à* $\lceil$*ce chercheur*$\rfloor$	*depuis longtemps.*	

➤ *Lui* remplace un groupe du nom (GN) masculin singulier; *elle*, un groupe du nom (GN) féminin singulier; *eux*, un groupe du nom (GN) masculin pluriel; *elles*, un groupe du nom (GN) féminin pluriel.

P Les pronoms *lui / elle / eux / elles* peuvent servir à marquer une insistance en faisant référence à un autre pronom de la phrase. Ces pronoms sont détachés du reste de la phrase par la virgule.

EXEMPLES : *Elle*, elle adore les films de Jacques Cousteau.

Lui, je ne l'aime pas.

- Le pronom *en* peut avoir la fonction de complément indirect du verbe. On emploie ce pronom pour remplacer un groupe prépositionnel (GPrép.) commençant par la préposition *de* et ayant la fonction de complément indirect du verbe.

Si le groupe prépositionnel (GPrép.) que remplace *en* comporte un nom, ce nom doit avoir le trait non animé.

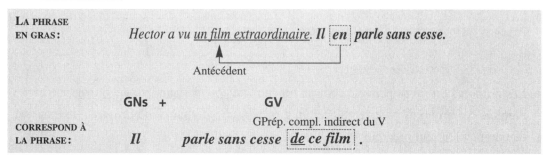

LA PHRASE
EN GRAS : *Hector a vu un film extraordinaire. Il* `en` *parle sans cesse.*

Antécédent

GNs + GV

GPrép. compl. indirect du V

CORRESPOND À
LA PHRASE : *Il parle sans cesse* `de ce film`.

➤ *En* peut avoir les fonctions de complément du nom ou de complément de l'adjectif.

Exemple : *Ce film extraordinaire, Cousteau* `en` *a été le réalisateur et il* `en` *était fier.*

Le pronom *en* peut aussi avoir la fonction de complément direct du verbe. On emploie ce pronom pour remplacer un groupe du nom (GN) qui a la fonction de complément direct du verbe et qui commence par un déterminant non référent.

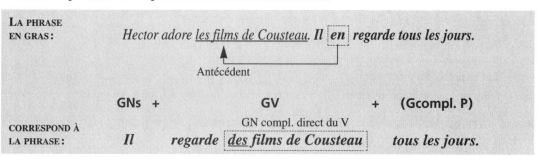

LA PHRASE
EN GRAS : *Hector adore les films de Cousteau. Il* `en` *regarde tous les jours.*

Antécédent

GNs + GV + (Gcompl. P)

GN compl. direct du V

CORRESPOND À
LA PHRASE : *Il regarde* `des films de Cousteau` *tous les jours.*

➤ *En* peut remplacer une phrase : *Vous aimerez les films de Cousteau. J'* `en` *suis convaincue.*

Antécédent

- Le pronom *y* peut avoir la fonction de complément indirect du verbe. On emploie ce pronom pour remplacer un groupe prépositionnel (GPrép.) commençant par la préposition *à* et ayant la fonction de complément indirect du verbe.

Si le groupe prépositionnel (GPrép.) que remplace *y* comporte un nom, ce nom doit avoir le trait non animé.

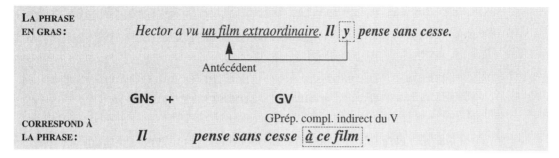

	GNs +	GV
		GPrép. compl. indirect du V
CORRESPOND À **LA PHRASE :**	*Il*	*pense sans cesse* à ce film .

Le pronom *y* peut aussi remplacer un groupe prépositionnel (GPrép.) qui ne commence pas par *de* et qui indique un lieu. Ce groupe ainsi que le pronom *y* peuvent avoir la fonction de complément indirect du verbe ou de complément de phrase.

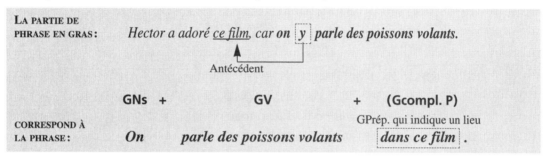

	GNs +	GV	+	(Gcompl. P)
				GPrép. qui indique un lieu
CORRESPOND À **LA PHRASE :**	*On*	*parle des poissons volants*		dans ce film .

3.2 LE PRONOM SANS ANTÉCÉDENT

Le pronom qui désigne directement une ou des personnes en situation de communication ne remplace pas un groupe de mots.

➤ – Les pronoms *je (j')*, *me (m')*, *moi* désignent la personne qui parle ; *nous* désigne plus d'une personne, dont celle qui parle.

– Les pronoms *tu*, *te (t')*, *toi* désignent la personne à qui l'on parle ; *vous* désigne plus d'une personne, dont celle à qui l'on parle. Lorsque *vous* désigne une seule personne, il s'agit d'un *vous* appelé *vous de politesse*.

– Le pronom *on* peut aussi désigner une ou des personnes en situation de communication.

Dans une phrase :

● les pronoms *je (j')*, *tu* et *on* ont toujours la fonction de sujet et sont l'équivalent d'un groupe du nom (GN) ayant cette fonction ; *nous* et *vous* peuvent aussi fonctionner de cette façon ;

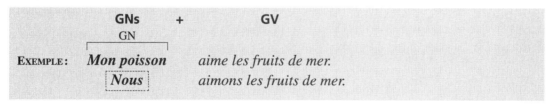

	GNs +	GV
	GN	
EXEMPLE :	*Mon poisson*	*aime les fruits de mer.*
	Nous	*aimons les fruits de mer.*

les pronoms *moi* et *toi* peuvent aussi avoir la fonction de <u>sujet</u> et être l'équivalent d'un <u>groupe du nom</u> (GN) ayant cette fonction, mais ils doivent être rattachés par un marqueur de relation ou un signe de ponctuation à un ou plusieurs autres groupes du nom sujets (GNs);

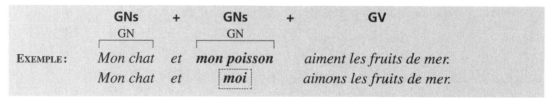

- les pronoms *me (m')* et *te (t')* ont toujours la fonction de <u>complément du verbe</u> et sont l'équivalent d'un <u>groupe du nom</u> (GN) ou d'un <u>groupe prépositionnel</u> (GPrép.) ayant cette fonction; *nous* et *vous* peuvent aussi fonctionner de cette façon;

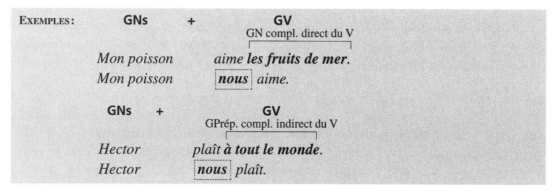

- les pronoms *moi*, *toi*, *nous* et *vous* peuvent être l'équivalent d'un <u>groupe du nom</u> (GN) contenu dans un groupe prépositionnel (GPrép.).

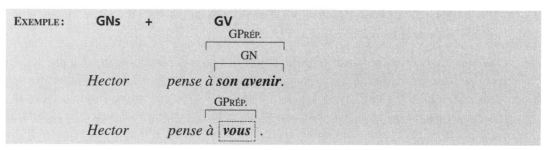

P Les pronoms *moi*, *toi*, *nous*, *vous* peuvent servir à marquer une insistance en faisant référence à un autre pronom de la phrase. Ces pronoms sont détachés du reste de la phrase par la virgule.

EXEMPLES : *Moi*, <u>je</u> n'aime pas les fruits de mer.

Toi, <u>je</u> ne <u>t'</u>aime pas.

Exerce-*toi*

Identifier ce à quoi le pronom fait référence

1. a) **Lis** les dialogues ci-dessous entre Tintin et son ami Tchang et, parmi les pronoms encadrés, **relève**, sur une colonne, ceux que tu ne peux pas remplacer dans la phrase par un groupe de mots contenant un nom.

> N'oublie pas que la place d'un groupe de mots contenant un nom n'est pas toujours la même que celle du pronom qui le remplace.

Hergé, *Tintin au Tibet*, © Casterman, 1960.

b) À côté de chacun des pronoms relevés en a), **indique** le personnage auquel il fait référence.

c) À quel personnage les pronoms encadrés que tu n'as pas relevés en a) font-ils référence ?

Ces pronoms ont-ils un antécédent dans le texte ?

2. a) Les pronoms en gras dans le texte ci-dessous reprennent tous un élément du texte à l'exception d'un. **Lis** le texte puis, s'il y a lieu, **relève** l'antécédent des pronoms en gras.

> Devant l'antécédent, **inscris** le numéro du pronom auquel il correspond.

> *Tchang n'est pas un personnage créé par Hergé, l'auteur des aventures de Tintin.* ① *Il a réellement existé. Hergé* ② *l'a rencontré en 1934 et* ③ *cela a changé sa vie. Hergé a même dit qu'* ④ *il n'était* ⑤ *rien avant sa rencontre avec Tchang. Tchang,* ⑥ *qui est Chinois,* ⑦ *lui a appris à s'informer sur les pays* ⑧ *où* ⑨ *il fait voyager Tintin. Tchang est très ouvert sur le monde et Hergé* ⑩ *l'est aussi devenu.*

b) **Identifie** le pronom qui n'a pas d'antécédent.

c) L'antécédent d'un des pronoms relevés en a) est un groupe de l'adjectif (GAdj.). **Relève** le numéro de ce pronom.

d) L'antécédent d'un autre pronom est un ensemble de mots. **Relève** le numéro de ce pronom.

3. a) **Lis** les phrases ci-après, puis **indique** Défi! si les pronoms en gras dans ces phrases font référence :

- **à la même réalité** que celle désignée par le groupe de mots souligné;
- **à une réalité différente** de celle désignée par le groupe de mots souligné;
- **à une partie de la réalité** désignée par le groupe de mots souligné.

Pour noter tes réponses, **CONSTRUIS** un tableau semblable à celui ci-dessous :

La même réalité	Une réalité différente	Une partie de la réalité
…	…	…

INSCRIS chaque fois le numéro et le pronom dans la colonne appropriée.

> Mariane adore lire <u>des bandes dessinées</u>, surtout ① *celles* de Tintin. — Mariane a lu <u>toutes les bandes dessinées de Tintin</u>; ② *elles* ont toujours 62 pages. — Mariane et moi, nous nous sommes acheté <u>des bandes dessinées</u>; ③ *les miennes* sont épiques et ④ *les siennes* humoristiques. — <u>La bande dessinée préférée de Mariane</u> est en couleur; ⑤ *la mienne* est en noir et blanc. — Parmi <u>les bandes dessinées de Tintin</u>, ⑥ *laquelle* préfères-tu ? — <u>Certaines bandes dessinées</u> sont ennuyeuses, mais ⑦ *beaucoup* sont passionnantes. — Mariane veut <u>plusieurs bandes dessinées</u>; elle essaiera de ⑧ *les* trouver dans une boutique de livres d'occasion. — Mariane hésite entre un roman et <u>une bande dessinée</u> : achètera-t-elle celle-ci ou ⑨ *celui-là* ? Je crois qu'elle ⑩ *l'*achètera, <u>cette bande dessinée</u>.

Défi ! **4. a) LIS** le texte ci-dessous, puis **CLASSE** les pronoms en gras sur deux colonnes, selon qu'ils ont ou non un antécédent.

INSCRIS chaquefois le numéro et le pronom, et **LAISSE** un grand espace entre tes deux colonnes.

> Hergé raconte qu' ① *il* était un enfant insupportable et qu'il ② *l'*était plus particulièrement quand ses parents ③ *l'*emmenaient avec ④ *eux* en visite. Pour l'obliger à se tenir tranquille, ⑤ *ils* avaient mis au point deux méthodes très différentes ⑥ *l'une* de ⑦ *l'autre*. La méthode ⑧ *qui* était la plus constructive consistait à ⑨ *lui* donner un crayon et du papier, ⑩ *dont* ⑪ *il* s'emparait aussitôt.

> Il dessinait pendant des heures et ⑫ *le* faisait même dans ses cahiers, pendant ses cours. Quand son instituteur ⑬ *le* voyait dessiner, ⑭ *il* ⑮ *le* croyait distrait et ⑯ *lui* demandait : «Répétez donc ce que ⑰ *je* viens de dire !» et Hergé répétait tout ce qu'avait dit son instituteur, car, dit-⑱ *il*, «si ⑲ *je* dessinais d'une main, eh bien, j'écoutais attentivement de ⑳ *l'autre* !…»

D'après Numa Sadoul, *Entretiens avec Hergé*, © Casterman, 1989.

b) À côté des pronoms sans antécédent, **INDIQUE** la personne que chacun désigne.

c) REPÈRE l'antécédent de chacun des autres pronoms, puis **INSCRIS**-le à côté du pronom.

d) Parmi les pronoms avec antécédent, **REPÈRE** les deux qui font référence à une partie de la réalité désignée par leur antécédent, puis **DONNE** leur numéro.

e) REPÈRE le pronom qui fait référence à une réalité différente de celle désignée par son antécédent, puis **DONNE** son numéro.

Employer correctement le pronom

5. a) TRANSCRIS, sur une colonne, les pronoms en gras précédés de leur numéro, **REPÈRE** l'antécédent de chacun des pronoms, puis **INSCRIS**-le à côté du pronom.

> Mariane a acheté un roman. ① *Elle* ② *le* montre à son ami Paulo. ③ *Celui-ci* ④ *lui* demande si ⑤ *elle* veut bien ⑥ *lui* prêter son roman. ⑦ *Elle* ⑧ *le* ⑨ *lui* prêtera quand ⑩ *elle* ⑪ *l'*aura lu et, en échange, Paulo ⑫ *lui* prêtera ⑬ *le sien*. Ainsi, ⑭ *ils* auront lu deux romans ⑮ *chacun*.

b) Selon toi, pourquoi, dans la première phrase, n'a-t-on pas remplacé les groupes du nom (GN) *Mariane* et *un roman* par des pronoms ?

c) **REPÈRE** les pronoms qui ont la fonction de sujet et **ENCERCLE**-les.

d) **REPÈRE** les pronoms qui pourraient avoir la fonction de sujet dans une autre phrase et **SOULIGNE**-les.

6. a) TRANSCRIS les pronoms ②, ④, ⑥, ⑧, ⑨, ⑪ et ⑫ du numéro 5, précédés de leur numéro. **CONSTRUIS** mentalement la partie de la phrase qui contient chacun de ces pronoms en mettant, à la place du pronom, le mot ou groupe de mots qu'il remplace. Puis, à côté du pronom, **INSCRIS** ce mot ou groupe de mots.

b) **OBSERVE** la construction du groupe de mots que chacun des pronoms remplace : qu'est-ce qui distingue les groupes de mots remplacés par le pronom *le (l')* des groupes de mots remplacés par le pronom *lui* ?

c) **INDIQUE** la fonction de chacun des groupes de mots que les pronoms remplacent, qui est aussi la fonction des pronoms.

7. Les phrases B de l'encadré sont non grammaticales.

> ① **A** *Elle aide son frère à choisir un roman.*
> → **B** **Elle lui aide à choisir un roman.*
> ② **A** *Elle a téléphoné à son frère.*
> → **B** **Elle l'a téléphoné.*

a) Pour chacune des paires de phrases, **COMPARE** la phrase A à la phrase B, puis **RELÈVE** dans la phrase A le groupe de mots que remplace le pronom en gras de la phrase B.

b) Pourquoi chacune des phrases B n'est-elle pas grammaticale ?

c) **RÉCRIS** les phrases B en employant le bon pronom dans chacune.

8. a) RÉCRIS les phrases ci-dessous en remplaçant chacun des pronoms en gras par un groupe ou un ensemble de mots.

> ① *Elle l'écoute très attentivement.* ② *Il le deviendra un jour.* ③ *Elle lui parle.* ④ *Il le pense.* ⑤ *Il le lui dit.*

b) Au-dessus de chacun des groupes ou ensembles de mots par lesquels tu as remplacé les pronoms, **INDIQUE** sa fonction.

9. a) APPLIQUE la consigne a) du numéro 7 aux paires de phrases suivantes.

> ① **A** *Je fais un sourire à mon ami.*
> → **B** *Je lui fais un sourire.*
> ② **A** *Je pense à mon avenir.*
> → **B** *J'y pense.*
> ③ **A** *Je réponds à ma mère.*
> → **B** *Je lui réponds.*
> ④ **A** *Je m'intéresse à la littérature.*
> → **B** *Je m'y intéresse.*

b) Au-dessus de chacun des groupes de mots relevés en a), **INDIQUE** si le nom qu'il comprend a le trait animé ou non animé.

c) Dans les phrases B, quel pronom est employé pour remplacer des groupes de mots ayant :
- le trait animé ?
- le trait non animé ?

10. Les phrases B de l'encadré sont non grammaticales.

> ① **A** *Elle a parlé très longtemps à son ami.*
> → **B** **Elle y a parlé très longtemps.*
> ② **A** *Ce livre appartient à ma petite soeur.*
> → **B** **Ce livre y appartient.*
> ③ **A** *Il a donné un rendez-vous à son frère.*
> → **B** **Il y a donné un rendez-vous.*

APPLIQUE les consignes a), b) et c) du numéro 7 aux paires de phrases ci-dessus.

11. ASSOCIE chacune des phrases de l'ensemble A à la phrase de l'ensemble B qui pourrait y correspondre.

A

① *Elles en parlent.*
② *Elles parlent d'elle.*
③ *Nous nous intéressons à lui.*
④ *Nous nous y intéressons.*
⑤ *Ils sont fiers d'eux.*
⑥ *Ils en sont fiers.*

B

⑦ *Ils sont fiers de leurs frères.*
⑧ *Elles parlent de leur jeunesse.*
⑨ *Elles parlent de leur soeur.*
⑩ *Ils sont fiers du succès de leurs frères.*
⑪ *Nous nous intéressons à la littérature.*
⑫ *Nous nous intéressons à l'auteur de ce roman.*

12. a) RÉCRIS les phrases ci-dessous à double interligne en remplaçant, dans chacune, un groupe de mots par l'un des pronoms suivants : *elle, le (l'), la (l'), lui, en* ou *y*.

① *Il est dans la cuisine.* ② *Elle aide sa mère.* ③ *Elle va à Québec.* ④ *Elle pense à sa mère.* ⑤ *Elles parlent de leur copine.* ⑥ *Elles parlent de leur copain.* ⑦ *Nous allons au cinéma.* ⑧ *Nous parlons à la directrice.* ⑨ *Elles parlent de leur aventure.* ⑩ *Elles regardent le tableau.*

b) Dans chacune des phrases que tu as récrites, **ENCADRE** le pronom que tu as choisi et, au-dessus, **INSCRIS** le groupe de mots qu'il remplace. Enfin, **VÉRIFIE** le choix du pronom encadré en suivant les étapes ci-après.

1. **OBSERVE** la construction du groupe de mots que le pronom remplace et, s'il est introduit par une préposition, **ENCERCLE**-la.

   ☞ Si le groupe est introduit par un déterminant contracté, **ENCERCLE**-le puis, au-dessus, **INDIQUE** la préposition et le déterminant qu'il représente.

2. Au besoin, **DÉTERMINE** la fonction du groupe de mots que le pronom remplace et **VÉRIFIE** s'il a le trait animé ou non animé.

3. **VÉRIFIE** le choix du pronom et, s'il y a lieu, **REMPLACE**-le.

13. a) Quelle est la fonction des groupes du nom (GN) en gras dans les phrases ci-dessous ?

① *Elle a vu **de la neige**.* ② *Elle a vu **la neige**.* ③ *Elle a vu **trois films**.* ④ *Elle a vu **plusieurs films**.* ⑤ *Elle a vu **du verglas**.* ⑥ *Elle a vu **le film**.* ⑦ *Elle a vu **ce film**.* ⑧ *Elle a vu **des films**.* ⑨ *Elle a vu **beaucoup de neige**.* ⑩ *Elle a vu **de l'eau**.*

b) OBSERVE la construction de ces groupes du nom (GN), puis **CLASSE**-les sur trois colonnes, selon qu'ils sont introduits :
- par un déterminant référent du type *le (le/l', la/l', les)*, du type *ce (cet, cette, ces)* ou du type *son (mon, ton, son...)* ;
- par un déterminant non référent comme *de l', de la, du, des* ;
- par un déterminant non référent comme *beaucoup de, plusieurs...* ou comme *un, deux...*

Dans les colonnes, **INSCRIS** le numéro de la phrase et le groupe du nom (GN).

c) À laquelle des phrases ci-dessous pourraient correspondre les phrases contenant les groupes du nom (GN) introduits par un déterminant référent ?

A *Elle l'a vue.*   **B** *Elle en a vu.*

d) À laquelle des phrases en c) pourraient correspondre les phrases contenant les groupes du nom (GN) introduits par un déterminant non référent comme *de l'*, *de la*, *du*, *des* ?

e) **RÉCRIS** chacune des phrases en a) dont le groupe du nom (GN) en gras est introduit par un déterminant non référent comme *beaucoup de*, *plusieurs…* ou *un*, *deux…* en suivant l'exemple ci-dessous.

EXEMPLE :

*Ils ont acheté **énormément de bandes dessinées**.* → *Ils **en** ont acheté **énormément**.*

Défi! **14.** a) **RÉCRIS** les phrases ci-dessous en remplaçant, s'il y a lieu, le ou les groupes compléments du verbe par un pronom.

① *Elle mange du matin au soir.* ② *Elle mange du gâteau au chocolat.* ③ *Elle pense à voix haute.* ④ *Elle pense à son anniversaire.* ⑤ *Elle pense à son amie.* ⑤ *Il vide le sac de son contenu.* ⑦ *Il vide le sac de papier.* ⑧ *Il sert le thé à la cliente.* ⑨ *Il sert le thé à la menthe.* ⑩ *Elle félicite le frère de son amie.* ⑪ *Elle félicite son amie de sa réussite.*

b) **APPLIQUE** la consigne b) du numéro 12.

15. a) **TRANSCRIS**, sur une colonne, les pronoms en gras précédés de leur numéro, puis **REPÈRE** l'antécédent de chacun des pronoms et **INSCRIS**-le à côté du pronom.

Les jumeaux Paul et Paulo ont acheté des bandes dessinées. ① ***Ils*** ② ***les*** *montrent à leurs amies Marie-Anne et Mariane.*

③ ***Celles-ci*** ④ ***leur*** *demandent s'*⑤ ***ils*** *veulent bien* ⑥ ***leur*** *prêter leurs bandes dessinées.* ⑦ ***Ils*** ⑧ ***les*** ⑨ ***leur*** *prêteront quand* ⑩ ***ils*** ⑪ ***les*** *auront lues et, en échange, Marie-Anne et Mariane* ⑫ ***leur*** *prêteront* ⑬ ***les leurs***.

b) **CONSTRUIS** mentalement la partie de la phrase qui contient un pronom en gras en mettant, à la place du pronom, le groupe de mots qu'il remplace. Puis, à côté du pronom, **INSCRIS** ce groupe de mots.

c) **INDIQUE** la fonction du groupe de mots que le pronom remplace.

d) **COMPARE** la forme des pronoms en gras dans le texte ci-dessus à celle des pronoms en gras contenus dans le texte du numéro 5, page 280, puis :

- **SOULIGNE** les pronoms dont la forme a varié en genre seulement ;

- **ENCERCLE** ceux dont la forme a varié en nombre seulement ;

- **SURLIGNE** ceux dont la forme a varié en genre et en nombre.

16. a) Afin d'éviter la répétition dans les phrases ci-dessous, **RÉCRIS**-les en remplaçant chaque groupe du nom (GN) en gras par un pronom du type *le mien*.

① *Ma réponse est pareille à **sa réponse**.* ② *Tes bandes dessinées sont plus rares que **mes bandes dessinées**.* ③ *Ses patins à roulettes sont comme **nos patins à roulettes**.* ④ *Ta mère est moins grande que **leur mère**.* ⑤ *Ma grammaire est en meilleur état que **leurs grammaires**.*

b) Au-dessus du pronom choisi, **INDIQUE** le genre (M ou F) et le nombre (S ou P) du groupe de mots qu'il remplace ainsi que la personne grammaticale (1S, 2S, 3S, 1P, 2P ou 3P) du déterminant qui introduit ce groupe de mots.

c) **OBSERVE** la forme de chacun des pronoms choisis en a), puis :

- **SOULIGNE**, s'il y a lieu, les marques du féminin du pronom;
- **ENCERCLE**, s'il y a lieu, les marques du pluriel du pronom;
- **SURLIGNE**, s'il y a lieu, les marques de pluriel qui ne s'entendent pas.

17. **RELÈVE** le numéro des phrases dans lesquelles on doit remplacer le pronom en gras par un pronom de type *le mien* et **CORRIGE** ces phrases.

Attention!
Erreurs

> ① *Je suis plus grand que **toi**.* ② *Ma chambre est plus grande que **toi**.* ③ *Tu es aussi bon que **moi**.* ④ *Ton sandwich était-il aussi bon que **moi**?* ⑤ *Ma bande dessinée est meilleure que **toi**.* ⑥ *Elle est meilleure que **toi** aux échecs.*

18. a) **TRANSCRIS** les phrases ci-dessous à double interligne, puis :

- **ENCADRE** le pronom en gras;
- **SOULIGNE** son antécédent et **RELIE**-le au pronom au moyen d'une flèche.

EXEMPLE :

J'ai reçu une lettre du gouvernement : [ils] *faisaient une publicité.*

> ① **Beaucoup de personnes aiment les bandes dessinées; on dit familièrement qu'**ils** sont des bédéphiles.* ② **Cet été, Léo a lu deux romans; **celle** qu'il a préféré est un roman d'aventures.* ③ **Toutes les classes font une exposition artistique; **ils** doivent présenter leurs oeuvres cette semaine.* ④ **Le daltonien ne perçoit pas toutes les couleurs; généralement, c'est le vert qu'**ils** perçoivent mal.* ⑤ **Les fillettes rentrent chez **eux** en courant.*

b) **CONSTRUIS** mentalement la phrase ou la partie de phrase qui contient le pronom encadré en mettant à la place du pronom le groupe de mots qu'il remplace puis, au-dessus du pronom, **INSCRIS** ce groupe de mots.

EXEMPLE :

le gouvernement

J'ai reçu une lettre du gouvernement : [ils] *faisaient une publicité.*

c) **INDIQUE**, au besoin, le genre (M ou F), le nombre (S ou P) ou la personne grammaticale (1S, 2S, 3S, 1P, 2P ou 3P) du groupe de mots que le pronom remplace.

d) **VÉRIFIE** si le genre, le nombre ou la personne de ce groupe de mots correspondent à ceux du pronom puis, s'il y a lieu, **CORRIGE** la forme du pronom et **FAIS** les accords appropriés dans la phrase.

EXEMPLE :

MS 3S
le gouvernement

J'ai reçu une lettre du gouvernement : [ils] *faisaient une publicité.*

19. Quelques-uns des mots en gras dans le texte ci-dessous se prononcent ou s'écrivent de la même façon que certains pronoms, mais n'appartiennent pas à cette classe de mots.

Défi!

> *J'ai rencontré Paul et Paulo. Pour* ① ***leur** anniversaire,* ② ***leurs** parents* ③ ***leur** ont offert un cours de dessin.* ④ ***On** dit qu'ils* ⑤ ***ont** beaucoup de talent. Très jeunes, ils aimaient déjà* ⑥ ***le** dessin. Cet art, ils* ⑦ ***le** pratiquent chaque jour. Ils font de grandes affiches qu'ils fixent sur tous* ⑧ ***les** murs de* ⑨ ***leur** chambre. Leurs affiches, ils* ⑩ ***les** remplacent régulièrement par de nouvelles.*

OBSERVE les mots en gras dans le phrases ci-dessus et **CLASSE**-les en trois catégories :

- ceux qui sont des pronoms;
- ceux qui sont des déterminants;
- ceux qui sont des verbes.

NOTE d'abord les trois catégories, puis **INSCRIS** chaque fois le numéro et le mot dans la bonne catégorie.

On ou *ont* ?

Les mots *on* et *ont* se prononcent de la même façon. Pour cette raison, il arrive qu'on les confonde à l'écrit.

- *On* est un **pronom** : il a la fonction de sujet dans une phrase :

    On *confond souvent ces deux mots.*

- *Ont* est un **verbe** : c'est le verbe *avoir* conjugué au présent, à la troisième personne du pluriel, qui peut être employé comme auxiliaire dans un temps composé.

    Elles **ont** *de la difficulté à orthographier ces deux mots. Elles les* **ont** *confondus.*

Dans tes phrases, lorsque tu emploies les mots *on* ou *ont*, utilise cette **stratégie de révision** pour en vérifier l'orthographe.

1. **ENCADRE** le mot *on* ou *ont*.

2. **VÉRIFIE** si le mot encadré peut être remplacé par le pronom *il* ou *elle*. Si le remplacement est possible, **INSCRIS** *SUJET* au-dessus du mot.

    Si le mot peut être remplacé par *il* ou *elle*, c'est qu'il s'agit du pronom *on*.

    Si le mot ne peut pas être remplacé par *il* ou *elle*, c'est qu'il s'agit du verbe *ont*.

3. **VÉRIFIE** l'orthographe du mot encadré et, s'il y a lieu, **CORRIGE**-la.

    SUJET

    EXEMPLE : ⬚On̶t̶⬚ *dit que certains mots* ⬚on⬚ᵗ *des origines grecques ou latines.*

Exercice

RÉCRIS ces phrases en remplaçant les points de suspension par *on* ou *ont*. **APPLIQUE** ensuite la stratégie de révision ci-dessus.

① *... étudie la géométrie dès la première année.* ② *Les octogones ... été choisis pour représenter un arrêt.* ③ *Les triangles n'... pas toujours trois côtés égaux.* ④ *Comment appelle-t-... un triangle qui a trois côtés égaux ?* ⑤ *Combien de faces ... les cubes ?* ⑥ *...-ils cinq ou six côtés, les hexagones ?* ⑦ *Les enfants ... dessiné des formes géométriques.* ⑧ *Ils en ... dessiné des triangles !* ⑨ *Peut-... dire que l'oeuf a une forme ovale ?* ⑩ *Ne devrait-... pas dire plutôt que les oeufs ... une forme ovoïde ?*

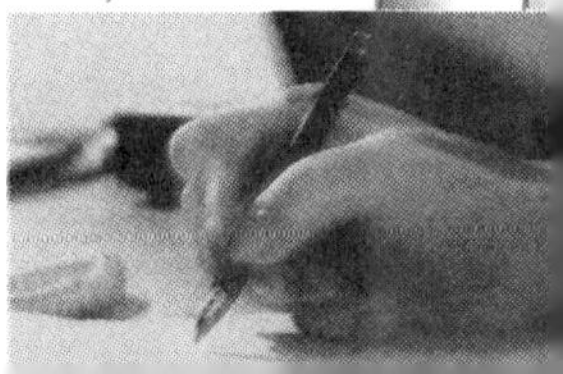

Leur ou *leurs*?

Le mot *leur* peut être un déterminant ou un pronom, ou faire partie d'un pronom.

- Si *leur* est **déterminant**, il prend un *s* si le nom qu'il introduit est pluriel :
  *Après le repas, les enfants essuient **leur** bouche et **leurs** mains.*

- Quand *leur* est un **pronom** employé pour remplacer un groupe prépositionnel (GPrép.) ayant la fonction de complément indirect du verbe, il ne prend jamais de *s* :
  J'écris à mes amis. → *Je **leur** écris. — J'écris à mon amie.* → *Je lui écris.*

- Quand *leur* fait partie d'un **pronom** du type *le mien*, c'est-à-dire **le leur**, **les leurs**, il prend un *s* quand il est précédé de *les*.
  *J'ai mon livre et mes amis ont **le leur**. — J'ai mes livres et mes amis ont **les leurs**.*

Voici une **stratégie de révision** pour vérifier l'orthographe du mot *leur* ou *leurs*.

1. **ENCADRE** le mot *leur* ou *leurs*.

2. **VÉRIFIE** si le mot encadré peut être remplacé par le pronom *lui*. Si le remplacement est possible, **INSCRIS** *lui* au-dessus du mot.

   Si le mot peut être remplacé par *lui*, il s'agit du pronom *leur*. Dans ce cas, **il ne prend jamais de *s*.**

3. Si le remplacement par *lui* n'est pas possible :
   - **VÉRIFIE** si le mot encadré fait partie des pronoms *le leur* ou *les leurs*. Si c'est le cas, **ENCADRE** tout le pronom puis, s'il y a lieu, **CORRIGE** l'orthographe de *leur(s)*.
   - Si le mot encadré n'est pas un pronom ou ne fait pas partie d'un pronom, c'est qu'il s'agit d'un déterminant :
     - **ENCADRE** le nom que *leur(s)* introduit;
     - **DÉTERMINE** si ce nom est ou doit être au singulier ou au pluriel puis, au-dessus, **INDIQUE** son nombre (S ou P);
     - **VÉRIFIE** l'orthographe de *leur(s)* (et au besoin du nom qu'il introduit) et, s'il y a lieu, **CORRIGE**-la.

   EXEMPLE : *Les enfants ont cueilli des fleurs pour* [leur] [parents]

   Ils les [leurs] *offriront au déjeuner.*

Exercice

RÉCRIS ces phrases en remplaçant les points de suspension par *leur* ou *leurs*. **APPLIQUE** ensuite la stratégie de révision ci-dessus.

① *Nous avons rencontré Anaïs et Julien et … avons demandé de venir au cinéma.*
② *Nous avions nos billets, mais ils n'avaient pas les … .* ③ *Nous … avons conseillé d'acheter … billets à l'avance.* ④ *Nous … avons aussi dit d'arriver à l'heure à la représentation.* ⑤ *Ils ont fait à … tête.* ⑥ *Ils ne sont pas arrivés à l'heure et n'avaient pas acheté … billets.* ⑦ *Ils ont demandé à des gens de … vendre les … .*

Applique tes connaissances
lorsque tu lis

Quelqu'un a trouvé un bout de papier sur lequel était écrit ce texte :

> « Allô, monsieur, allô, c'est vous ?...
> Je vous ai pourtant dit de ne plus jamais
> me téléphoner. Monsieur, vous m'ennuyez.
> Monsieur, je n'ai pas une seconde à perdre. »

1. a) Quand des personnes se parlent, elles savent qui est qui. Par exemple, les deux personnes qui sont en situation de communication dans le texte ci-dessus savent qui se cache derrière les pronoms *je*, *me (m')* et *vous*.

   En lisant le texte ci-dessus, sans en savoir davantage sur la situation de communication, peut-on savoir qui parle en employant les pronoms *je* et *me (m')* ?

   b) Voici le texte duquel a été extrait le passage ci-dessus.

   LIS le premier paragraphe du texte et **PRÉCISE** maintenant quelle est la personne qui parle en employant les pronoms *je* et *me (m')*.

LE TÉLÉPHONE

Alors, Josette va voir son papa dans le bureau. Le papa téléphone, et il fume et il parle au téléphone. Il dit : « Allô, monsieur, allô, c'est vous ?... Je vous avais pourtant dit de ne plus
jamais me téléphoner. Monsieur, vous m'ennuyez. Monsieur,
5 je n'ai pas une seconde à perdre. »

Josette demande à son papa :

– Tu parles au téléphone ?

Papa raccroche. Papa dit :

– Ceci n'est pas un téléphone.

10 Josette répond :

– Mais si, c'est un téléphone. C'est maman qui me l'a dit. C'est
Jacqueline qui me l'a dit.

Papa répond :

– Ta maman et Jacqueline se trompent. Ta maman et Jacqueline ne
15 savent pas comment cela s'appelle. Cela s'appelle un fromage.

– Ça s'appelle un fromage ? demande Josette. Alors on va croire que c'est du fromage.

– Non, dit papa, parce que le fromage ne s'appelle pas fromage, il s'appelle boîte à musique. La boîte à musique s'appelle tapis.
20 Le tapis s'appelle la lampe. Le plafond s'appelle le parquet. Le parquet s'appelle le plafond. Le mur s'appelle la porte.

Et papa apprend à Josette le sens juste des mots. La chaise c'est une fenêtre. La fenêtre c'est un porte-plume. L'oreiller c'est du pain. Le pain c'est la descente de lit. Les pieds sont des oreilles.
25 Les bras sont des pieds. La tête c'est le derrière. Le derrière c'est la tête. Les yeux sont des doigts. Les doigts sont des yeux. Alors Josette parle comme son papa lui apprend à parler. Elle dit :

– Je regarde par la chaise en mangeant mon oreiller. J'ouvre le
30 mur, je marche avec mes oreilles. J'ai dix yeux pour marcher, j'ai deux doigts pour regarder. Je m'assois avec ma tête sur le plancher. Je mets mon derrière sur le plafond. Quand j'ai mangé la boîte à musique, je mets de la confiture sur la descente de lit et j'ai un bon dessert. Prends la fenêtre, papa, et
35 dessine-moi des images.

Eugène Ionesco, *Conte numéro 2 pour enfants de moins de trois ans,*
© Éditions universitaires, 1970.

c) Le pronom *vous* dans le premier paragraphe fait-il référence à une ou à plusieurs personnes ?

d) Pourquoi a-t-on choisi ce pronom plutôt que le pronom *tu* ?

2. **LIS** la suite du texte et **RÉPONDS** aux questions qui suivent.

a) Comme se prénomme l'autre personne à qui parle la personne identifiée au numéro 1 b)?

b) Quel pronom la personne identifiée en a) emploie-t-elle pour désigner son père quand elle lui parle ?

c) Quel pronom la personne identifiée en a) emploie-t-elle pour se désigner elle-même quand elle parle ?

3. a) Quel objet de la situation de communication le pronom *cela* de la ligne 15 désigne-t-il ?

b) **RELÈVE** un pronom que Josette emploie par la suite pour désigner l'objet identifié en a).

4. Aux lignes 11 et 12, pourquoi l'auteur n'a-t-il pas employé le pronom *elle* à la place du nom *maman* et à la place du nom *Jacqueline* ?

5. a) Si l'auteur avait voulu éviter la répétition du mot *papa* dans la deuxième phrase de la ligne 8, quel pronom aurait-il pu employer ?

  b) Quel pronom aurait-il pu employer pour éviter la répétition de *Ta maman et Jacqueline* dans la deuxième phrase de la ligne 14 ?

  c) Le texte «Le téléphone» a été extrait d'un livre intitulé *Conte numéro 2 pour enfants de moins de trois ans*.

  Selon toi, pourquoi l'auteur a-t-il choisi de faire certaines **répétitions** au lieu d'employer des pronoms ?

6. a) **RELÈVE** l'antécédent du pronom *l'* de la ligne 11 et de la ligne 12.

  b) En tenant compte de ta réponse en a), **COMPLÈTE** la phrase suivante : *C'est maman et Jacqueline qui m'ont dit que...*

7. a) Le pronom *on* de la ligne 16 a-t-il un antécédent ?

  b) Est-il employé pour désigner une personne qui parle ou à qui l'on parle ?

  c) **RÉCRIS** la phrase en remplaçant le pronom *on* par un groupe du nom (GN) qui pourrait en expliquer le sens.

Applique tes connaissances
lorsque tu écris

Stratégie de révision de texte

Voici une stratégie de révision de texte qui t'aidera à vérifier :
- le choix du pronom avec antécédent ;
- et, s'il y a lieu, le genre et le nombre du pronom choisi.

Je révise et je corrige les pronoms avec antécédent

1. Dans la phrase :
   - **ENCADRE** le pronom avec antécédent.
   - **SOULIGNE** l'antécédent du pronom puis, à l'aide d'une flèche, **RELIE**-le à son antécédent.

2. **CONSTRUIS** mentalement la partie de phrase qui contient le pronom en mettant, à la place du pronom, le mot, groupe ou ensemble de mots qu'il remplace. Puis, au-dessus du pronom, **INSCRIS** ce mot, groupe ou ensemble de mots.

3. Si le pronom remplace un groupe du nom (GN) ou un groupe prépositionnel (GPrép.) :
   - **OBSERVE** la construction du groupe de mots que le pronom remplace et s'il est introduit par une préposition, **ENCERCLE**-la ;
     - ☞ Si le groupe est introduit par un déterminant contracté, **ENCERCLE**-le puis, au-dessus, **INDIQUE** la préposition et le déterminant qu'il représente.
   - au besoin, **DÉTERMINE** la fonction du groupe de mots que le pronom remplace et **VÉRIFIE** s'il a le trait animé ou non animé ;
   - **VÉRIFIE** le choix du pronom et, s'il y a lieu, **REMPLACE**-le.

4. *La forme du pronom est-elle variable en genre ou en nombre ?*

5. • **DÉTERMINE**, au besoin, le genre et le nombre du groupe de mots que le pronom remplace puis, au-dessus du pronom, **INDIQUE** son genre (M ou F) et son nombre (S ou P).
   - **VÉRIFIE** si le genre et le nombre du pronom correspondent au genre et au nombre du groupe de mots qu'il remplace puis, s'il y a lieu, **CORRIGE** la forme du pronom et des mots qui s'accordent avec lui.

1. Le paragraphe ci-dessous a été extrait d'un texte d'une élève de première secondaire. Chaque phrase a été révisée à l'aide de la stratégie *Je révise et je corrige les pronoms avec antécédent*. **LIS** le texte et **OBSERVE** les annotations qui l'accompagnent.

Je vais commencer par justifier le choix de mon sujet d'exposé oral.

Au départ, j'avais deux sujets en tête : le hockey et Jean Paul

Lemieux. ~~Celle~~ *MS Le sujet Celui le sujet* ~~que~~ j'ai choisi, Jean Paul Lemieux, me semblait plus

original. En plus, les élèves de ma classe ne connaissaient pas

ce peintre alors que je m'y intéressais depuis longtemps. *à ce peintre* *à lui* D'ailleurs, la

classe a très bien réagi : ~~ils~~ *la classe* *FS elle a* ont dit que mon sujet était très intéressant.

2. Voici un autre extrait du même texte. **TRANSCRIS**-le à double interligne en n'y apportant aucune correction.

Jean Paul Lemieux est un peintre québécois. J'ai choisi d'en parler parce

que j'aime beaucoup ce peintre. Je m'y intéresse depuis que j'ai reçu

un livre : celle de Marie Carani. Plusieurs toiles du peintre sont

reproduites dans ce livre. Ils proviennent des collections de différents

musées et de collectionneurs privés. Si vous avez la chance d'avoir une

exposition de Jean Paul Lemieux dans votre ville, allez le voir.

a) **APPLIQUE** la stratégie *Je révise et je corrige les pronoms avec antécédent* en respectant toutes les étapes.

b) **COMPARE** les erreurs que tu as repérées et les corrections que tu as apportées au texte à celles d'un ou d'une de tes camarades.

FAIS les modifications que tu juges nécessaires sur ta copie.

C'est l'occasion maintenant de vérifier dans quelle mesure tu maîtrises l'emploi des pronoms avec antécédent. Tu dois rédiger une devinette sous forme de texte tout en respectant certaines contraintes d'écriture, puis réviser et corriger ton texte à l'aide de la stratégie *Je révise et je corrige les pronoms avec antécédent*.

LIS d'abord ce texte-devinette en observant l'emploi des pronoms en gras, puis **CHOISIS** un objet, un animal, une saison, une personnalité, un métier, etc. que tu devras décrire au moyen d'un texte semblable.

QUEL EST SON NOM ?

C'est un petit objet fait de métal **qui** vous fait perdre patience quand **il** s'accroche à **l'un** ou à **plusieurs** de ses semblables.

On s'**en** sert généralement pour réunir des papiers. Mais si vous **en** joignez **plusieurs**, vous obtiendrez un joli bracelet à bon marché, et si vous en ajoutez **quelques-uns**, vous aurez un collier.

On **lui** a donné son nom à cause de sa forme : **elle** rappelle **celle** d'un instrument à vent.

Peux-tu répondre à la question que pose le titre du texte ?

Contraintes d'écriture

❏ **ÉCRIS** ton texte à double interligne.

❏ **COMMENCE** ton texte ainsi : *C'est…* ou *Ce sont…* . **POURSUIS** en donnant, à l'aide d'un groupe du nom (GN), une indication générale aux lecteurs (exemple : *Ce sont de minuscules bêtes…*). Tu peux enrichir ce groupe du nom (GN) de façon à fournir d'autres indices aux lecteurs (exemple : *Ce sont de minuscules bêtes **qui vivent tout près de vous, mais que vous ne voyez pas***).

❏ **RÉDIGE** au moins trois autres phrases en employant des pronoms avec antécédent.

❏ **FORMULE** une question qui tiendra lieu de titre à ton texte (exemple : *Quelles sont donc ces petites bêtes ?*), puis **INSCRIS** cette question au-dessus de ton texte.

Étape de révision et de correction

❏ **RÉVISE** et **CORRIGE** ton texte à l'aide de la stratégie *Je révise et je corrige les pronoms avec antécédent*.

❏ **ÉCHANGE** ton texte avec un ou une camarade.

❏ **LIS** le texte que tu as en main, **ÉVALUE** les corrections apportées par son auteur, puis, au besoin, **SUGGÈRE** d'autres modifications au texte.

❏ **RÉCUPÈRE** ton texte, puis **PRENDS CONNAISSANCE** des corrections que ton ou ta camarade te suggère et **ÉVALUE**-les.

❏ **RECOPIE** ton texte au propre.

14

Le loup

En rentrant à la maison, les parents reniflèrent sur le seuil de la cuisine.

«Nous sentons ici comme une odeur de loup, dirent-ils.»

Et les petites se crurent obligées de mentir et de se prendre un air étonné, ce qui ne manque jamais d'arriver quand on reçoit le loup en cachette de ses parents.

L'ACCORD DU PARTICIPE PASSÉ

- La forme du participe passé
- Son fonctionnement
- Son accord

ATELIER

Le loup

En rentrant à la maison, les parents reniflèrent sur le seuil de la cuisine.

«Nous sentons ici comme une odeur de loup, dirent-ils.»

① Et les petites se crurent **obligées** de mentir et de se prendre un air **étonné**, ce qui ne manque jamais d'arriver quand on reçoit le loup en cachette de ses parents.

«Comment pouvez-vous sentir une odeur de loup? protesta Delphine. ② Si le loup était **entré** dans la cuisine, nous serions **mangées** toutes les deux.

— ③ C'est vrai, accorda son père, je n'y avais pas **songé**. ④ Le loup vous aurait **mangées**.»

⑤ Mais la plus blonde, qui ne savait pas dire deux mensonges d'affilée, fut **indignée** qu'on osât parler du loup avec autant de perfidie. «Ce n'est pas vrai, dit-elle en tapant du pied, le loup ne mange pas les enfants, et ce n'est pas vrai non plus qu'il soit méchant. La preuve...»

Marcel Aymé, *Les contes du chat perché*,
© Gallimard.

Observe *et découvre*

➤ | *La forme du participe passé*

1. a) Les sept mots en gras dans le texte sont des **verbes au participe passé**. Par quel son se terminent-ils ?

b) **RELÈVE** les différentes terminaisons écrites des participes passés du texte. Quelle est la terminaison des participes passés qui n'ont aucune marque de féminin ou de pluriel ?

c) **TROUVE** l'infinitif de chaque participe passé, puis **ENCERCLE** sa terminaison.

d) **COMPARE** la terminaison des participes passés à celle de leur infinitif : à l'oral, qu'observes-tu ? Et à l'écrit ?

e) **VÉRIFIE** dans un dictionnaire ou dans un ouvrage de référence en conjugaison si le participe passé des verbes en *-er* se termine toujours par *-é* au masculin singulier.

2. a) **TROUVE** l'infinitif des participes passés suivants, qui sont au masculin singulier : *vendu, reçu, lu, revu, couru, fini, suivi, sorti, acquis, appris, dit, déduit.*

b) **CLASSE** les participes passés énumérés en a) dans un tableau semblable à celui ci-dessous, selon les lettres qui terminent leur infinitif.

-ir	*-re*	*-oir*
…	…	…

c) Par quel(s) son(s) se terminent les participes passés des verbes dont l'infinitif est en *-ir* ? en *-re* ? en *-oir* ?

d) Ce que tu as observé en c) s'applique-t-il aux participes passés des verbes suivants ?
mourir → **mort** ; *teindre* → **teint** ; *faire* → **fait** ; *asseoir* → **assis**.

3. **Les participes passés finissant par le son «i» au masculin singulier peuvent se terminer à l'écrit par *-i*, *-is* ou *-it*; ils n'ont donc pas tous la même terminaison.**

a) **PRONONCE** les paires de participes passés ci-après, puis **CLASSE** le participe passé au masculin de chaque paire selon qu'il se termine au féminin par:
   - le son «i»;
   - le son «iz»;
   - le son «it».

> ① *écrit / écrite* ② *assis / assise* ③ *pourri / pourrie* ④ *réussi / réussie* ⑤ *acquis / acquise* ⑥ *déduit / déduite*

b) **OBSERVE** la terminaison écrite des participes passés que tu as classés en a): dans quel cas le participe passé au masculin se termine-t-il par la lettre *-i*? par les lettres *-is*? par les lettres *-it*?

c) En tenant compte des observations que tu viens de faire, **TROUVE** le participe passé masculin singulier des verbes suivants: *apprendre*, *dire*, *suivre* et *sortir*.

J'ai découvert...

> ### LA FORME
> ### DU PARTICIPE PASSÉ
>
> La majorité des participes passés se terminent par le son « ✎ » , le son « ✎ » ou le son « ✎ » :
> - tous les verbes en *-er* ont un participe passé qui se termine par le son « ✎ » et, à l'écrit, par la voyelle ✎ au masculin singulier;
> - la majorité des verbes en *-ir* ont un participe passé qui se termine par le son « ✎ »;
> - la majorité des verbes en *-re* ont un participe passé qui se termine par le son « ✎ » ou le son « ✎ »;
> - la majorité des verbes en *-oir* ont un participe passé qui se termine par le son « ✎ ».
>
> ———
>
> Les participes passés dont le son final est «i» peuvent se terminer au masculin singulier par la lettre ✎ , les lettres ✎ ou les lettres ✎ :
> - ceux qui finissent par le son «i» au féminin se terminent au masculin singulier par la lettre ✎ ;
> - ceux qui finissent par le son «iz» au féminin se terminent au masculin par les lettres ✎ ;
> - ceux qui finissent par le son «it» au féminin se terminent au masculin singulier par les lettres ✎ .

J'observe...

Le fonctionnement du participe passé

4. a) À quel temps sont conjugués les verbes en gras dans ces phrases ?

> **A** *Le loup **entrait** dans la cuisine.*   **B** *Je n'y **songeais** pas.*

b) **Compare** les verbes des phrases en a) aux verbes correspondants dans les phrases ② et ③ du texte (page 294) : lesquels sont conjugués à un temps composé ?

c) Quels auxiliaires sont employés pour conjuguer ces verbes à un temps composé ?

5. a) Dans les phrases ci-dessous, les participes passés en gras servent-ils à former un temps composé ?

> *Le loup est **affamé**.*   *Le loup semble **affamé**.*

b) À quel temps sont conjugués les verbes dans les phrases en a)?

c) De quelle sorte de verbes s'agit-il ?

d) Quelle est la fonction des participes passés dans les phrases en a)?

6. a) Dans le texte (page 294), **repère** le participe passé qui n'est précédé ni d'un auxiliaire ni d'un verbe attributif, puis **relève** le mot dont dépend ce participe passé.

b) À quelle classe appartient ce mot ?

c) **Relève** le groupe de mots le plus court dont fait partie le participe passé relevé en a), puis **indique** comment on appelle ce groupe de mots.

J'ai découvert...

> ### LE FONCTIONNEMENT
> #### DU PARTICIPE PASSÉ
>
> Lorsque le participe passé est employé avec l'**auxiliaire** *avoir*, il sert à former un temps ✎ . *Être* peut être un ✎ ou un verbe ✎ . Lorsque le participe passé est employé avec ✎ *être*, il sert à former un temps composé. Lorsque le participe passé est introduit par un verbe ✎ (par exemple : *être*, *sembler*, *paraître*…), il a la fonction d' ✎ .
>
> ———
>
> Le participe passé peut dépendre d'un ✎ dans la phrase. Dans ce cas, il fait partie d'un groupe du ✎ et a la fonction de complément du nom.

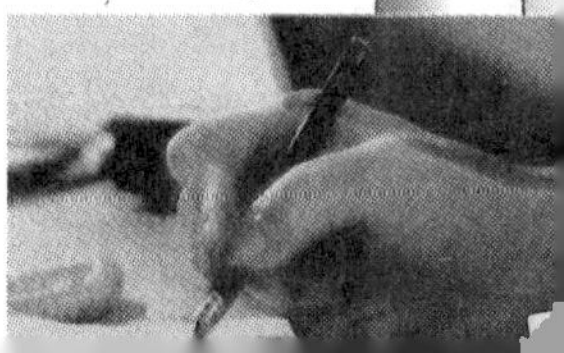

J'observe...

L'accord du participe passé employé avec l'auxiliaire **être** *ou avec un verbe attributif*

7. a) Dans le texte (page 294), **REPÈRE** les participes passés employés avec l'auxiliaire *être* ou avec un verbe attributif. **TRANSCRIS** ces participes passés précédés de l'auxiliaire *être* ou du verbe attributif et du groupe du nom sujet (GNs) des verbes.

b) S'il y a lieu, **SURLIGNE** les marques de féminin et de pluriel dans chacun des participes passés.

c) **DÉTERMINE** le genre et le nombre du noyau de chaque groupe du nom sujet (GNs) des verbes, puis, au-dessus de chacun, **INDIQUE** son genre (M ou F) et son nombre (S ou P).

d) **OBSERVE** la forme des participes passés : sont-ils du même genre et du même nombre que le noyau du groupe du nom sujet (GNs) ?

e) Quelle conclusion peux-tu tirer à propos de l'accord du participe passé employé avec l'auxiliaire *être* ou avec un verbe attributif ?

J'ai découvert...

> **L'ACCORD DU PARTICIPE PASSÉ**
> **EMPLOYÉ AVEC L'AUXILIAIRE *ÊTRE* OU AVEC UN VERBE ATTRIBUTIF**
>
> Le participe passé employé avec l'auxiliaire *être* ou avec un verbe attributif s'accorde en ✎ et en ✎ avec le noyau du ✎ du verbe.

J'observe...

L'accord du participe passé employé comme un adjectif dans un groupe du nom

8. a) Dans les phrases ci-dessous, **REPÈRE** les participes passés, puis **TRANSCRIS** le groupe du nom (GN) dont chacun fait partie.

> ① *Delphine, effrayée, retint sa soeur par les cheveux.*
> ② *Déjà rassurée, elle fit un signe d'amitié.*
> ③ *Après des gifles données et des gifles rendues, les fillettes se sourirent.*
> ④ *Le loup avait des crocs très aiguisés.*

b) S'il y a lieu, **SURLIGNE** les marques de féminin et de pluriel dans chacun des participes passés.

c) **Détermine** le genre et le nombre du noyau de chaque groupe du nom (GN) puis, au-dessus de chacun, **indique** son genre (M ou F) et son nombre (S ou P).

d) **Observe** la forme du participe passé : est-il du même genre et du même nombre que le noyau du groupe du nom (GN) dont il fait partie ?

e) Quelle conclusion peux-tu tirer à propos de l'accord du participe passé employé comme un adjectif dans un groupe du nom (GN) ?

J'ai découvert...

> **L'accord du participe passé**
> **employé comme un adjectif dans un groupe du nom**
>
> Le participe passé employé comme un adjectif à l'intérieur d'un groupe du nom (GN) s'accorde en ✎ et en ✎ avec le ✎ du groupe du nom (GN).

J'observe...

L'accord du participe passé employé avec l'auxiliaire **avoir**

9. a) Dans le texte (page 294), **repère** les deux verbes conjugués à un temps composé formé avec l'auxiliaire *avoir*.

   b) Les participes passés dans ces verbes sont-ils du même genre et du même nombre que le noyau du groupe du nom sujet (GNs) du verbe ?

   c) Pour accorder les participes passés employés avec l'auxiliaire *avoir*, peut-on suivre la règle d'accord du participe passé employé avec l'auxiliaire *être* ou avec un verbe attributif ?

10. a) **Les participes passés employés avec l'auxiliaire *avoir* servent toujours à former des verbes à un temps composé.**

   Chacune des phrases ci-dessous contient un verbe conjugué à un temps composé formé avec l'auxiliaire *avoir*. Parmi ces phrases, **relève** celles dont le verbe est complété par un groupe du nom (GN) complément direct du verbe.

   > ① *Le loup a mangé ces petits cochons.*
   > ② *Le Petit Chaperon rouge a mangé une galette.*
   > ③ *Ces loups ont mangé toutes les brebis de mon voisin.*
   > ④ *Le loup a parlé à ses prochaines victimes.*
   > ⑤ *Ces loups ont mangé avec appétit.*

b) Dans les phrases relevées en a), OBSERVE la place qu'occupent les groupes du nom (GN) compléments directs dans le groupe du verbe (GV): sont-ils placés avant ou après le verbe?

c) Les participes passés des phrases en a) contiennent-ils des marques de féminin ou de pluriel?

d) TRANSCRIS les phrases ci-dessous à double interligne puis, s'il y a lieu, SURLIGNE les marques de féminin et de pluriel dans chacun des participes passés.

> ① *Le loup les a mangés.*
> ② *Le Petit Chaperon rouge l'a mangée.*
> ③ *Ces loups les ont mangées.*
> ④ *Le loup leur a parlé.*
> ⑤ *Ces loups ont mangé avec appétit.*

e) COMPARE les phrases que tu as transcrites en d) aux phrases en a), puis ENCADRE les pronoms qui remplacent un groupe du nom (GN) complément direct du verbe. Sont-ils placés avant ou après le verbe?

f) DÉTERMINE le genre et le nombre du noyau de chaque groupe du nom (GN) complément direct dans les phrases en a) puis, au-dessus des pronoms que tu as encadrés, INDIQUE le genre (M ou F) et le nombre (S ou P) du groupe du nom (GN) qu'ils remplacent.

g) Dans les phrases ①, ② et ③ que tu as transcrites, le genre et le nombre des participes passés correspondent-ils au genre et au nombre du groupe du nom (GN) que remplacent les pronoms encadrés?

h) Dans la phrase ④ que tu as transcrite, le participe passé employé avec l'auxilaire *avoir* porte-t-il une marque de genre ou de nombre? Et le participe passé de la phrase ⑤?

i) En tenant compte des observations que tu as faites, DIS:
- quelle est la fonction de l'élément avec lequel peut s'accorder un participe passé employé avec l'auxiliaire avoir;
- quelle est la condition pour que le participe passé employé avec l'auxiliaire *avoir* s'accorde avec cet élément.

---

11. a) TRANSCRIS à double interligne les groupes du nom (GN) en gras dans les phrases ci-après puis, dans chacun d'eux:
- METS entre crochets la subordonnée relative;
- ENCADRE le pronom relatif qui l'introduit;
- SOULIGNE l'antécédent du pronom relatif puis, à l'aide d'une flèche, RELIE le pronom relatif à son antécédent;
- SURLIGNE, s'il y a lieu, les marques de féminin ou de pluriel dans les participes passés.

① **Les petits cochons que le loup a mangés** étaient bien dodus.

② **La galette que le Petit Chaperon rouge a mangée** avait l'air délicieuse.

③ **Les brebis que ces loups ont mangées** appartenaient à mon voisin.

④ **Les loups dont j'ai parlé** rôdent toujours.

b) À partir de chacune des subordonnées relatives, **CONSTRUIS** une phrase qui peut fonctionner seule, puis **ENCADRE**, s'il y a lieu, le groupe du nom (GN) que le pronom relatif remplace dans la subordonnée relative.

c) Dans les phrases ①, ② et ③, **DÉTERMINE** le genre et le nombre du noyau de chaque groupe du nom (GN) que tu as encadré puis, au-dessus, **INDIQUE** son genre (M ou F) et son nombre (S ou P).

d) Dans les phrases correspondant aux subordonnées relatives, quelle est la fonction de chacun des groupes de mots que tu as encadrés ?

e) Le pronom relatif a la même fonction que le groupe de mots qu'il remplace. Quelle est la fonction du pronom relatif *que* ?

f) Dans les subordonnées relatives en *que*, le participe passé employé avec l'auxiliaire *avoir* a-t-il une marque de genre ou de nombre ? Et dans la subordonnée relative en *dont* ?

g) En tenant compte des observations que tu as faites, **DIS** avec quel élément de la subordonnée relative en *que* s'accorde un participe passé employé avec l'auxiliaire *avoir*.

h) Dans la subordonnée relative, *que* porte le même genre et le même nombre qu'un autre élément de la phrase. De quel élément s'agit-il ?

i) Les réponses que tu as notées au numéro 10 a) valent-elles pour l'accord du participe passé dans les subordonnées relatives en *que* ?

J'ai découvert...

**L'ACCORD DU PARTICIPE PASSÉ
EMPLOYÉ AVEC L'AUXILIAIRE *AVOIR***

Le participe passé employé avec l'auxiliaire *avoir* ne s'accorde pas avec le ✎ du verbe.

Le participe passé employé avec l'auxiliaire *avoir* s'accorde en genre et en nombre avec le ✎ du verbe si ce ✎ est placé ✎ le verbe.

Le pronom relatif *que* a la fonction de ✎ dans la subordonnée relative. Le participe passé employé avec l'auxiliaire *avoir* dans une subordonnée relative en *que* s'accorde donc avec ✎, puisque celui-ci le précède.

Que porte le même genre et le même nombre que son ✎ .

Ma grammaire

1 LA FORME DU PARTICIPE PASSÉ

1.1 LA FORMATION DES PARTICIPES PASSÉS

La majorité des participes passés sont formés à l'aide du **radical d'un verbe à l'infinitif** et des **voyelles** *é*, *i* ou *u* :

- le participe passé de tous les **verbes en -*er*** finit par le **son «é»** et se forme à l'aide de la **voyelle *é*** ;

> EXEMPLE : *aimer / aimé*

- le participe passé de la plupart des **verbes en -*ir*** finit par le **son «i»** et se forme à l'aide de la **voyelle *i*** ;

> EXEMPLES : *pourrir / pourri* ; *acquérir / acquis*

- le participe passé de la plupart des **verbes en -*re*** finit par le **son «i»** ou le **son «u»** et se forme à l'aide de la **voyelle *i*** ou de la **voyelle *u***, selon le cas ;

> EXEMPLES : *suivre / suivi* ; *apprendre / appris* ; *écrire / écrit*
>
> *vendre / vendu* ; *inclure / inclus*

- le participe passé de la plupart des **verbes en -*oir*** finit par le **son «u»** et se forme à l'aide de la **voyelle *u***.

> EXEMPLE : *voir / vu*

Certains verbes en -*ir*, en -*re* ou en -*oir* ont des **formations exceptionnelles**.

> EXEMPLES : *offrir / offert* ; *ouvrir / ouvert* ; *mourir / mort*
>
> *faire / fait* ; *clore / clos* ; *teindre / teint* ; *craindre / craint* ; *joindre / joint*
>
> *asseoir / assis*

➤ Tous les participes passés qui finissent au féminin par le **son «t»** se terminent par la **lettre *t*** au masculin singulier.

EXEMPLE : *une fenêtre ouverte / un livre ouvert*

1.2 L'ORTHOGRAPHE DES PARTICIPES PASSÉS FINISSANT PAR LES SONS «I» OU «U»

Les participes passés formés à l'aide de la voyelle *i* peuvent se terminer au masculin singulier par les **lettres -*i*, -*is* ou -*it*** :

- ceux qui finissent au féminin par le **son «i»**, se terminent au masculin singulier par la **lettre -*i*** ;

> **EXEMPLE :** *L'histoire est fin**ie**. / Le récit est fin**i**.*

- ceux qui finissent au féminin par le **son «iz»**, se terminent au masculin par les **lettres -*is*** ;

> **EXEMPLE :** *une femme ass**ise** / un homme ass**is***

- ceux qui finissent au féminin par le **son «it»**, se terminent au masculin singulier par les **lettres -*it***.

> **EXEMPLE :** *une tarte trop c**uite** / un gâteau trop c**uit***

La plupart des participes passés formés à l'aide de la voyelle *u* se terminent par la **lettre -*u*** au masculin singulier. Quelques-uns seulement se terminent au masculin par les **lettres -*us*** : ce sont ceux qui finissent au féminin par le **son «uz»**.

> **EXEMPLES :** *une adresse conn**ue** / un nom conn**u***
> *La taxe est incl**use** dans le prix. / Le pourboire est incl**us** dans le prix.*

2 LE FONCTIONNEMENT DU PARTICIPE PASSÉ

Le participe passé peut <u>servir à former un temps composé</u>, ou <u>être l'équivalent d'un adjectif</u> :

- <u>le participe passé sert à former un temps composé</u> lorsqu'il est accompagné des **auxiliaires de conjugaison** *avoir* ou *être* ;

>   V au présent   V au présent
> **EXEMPLES :** *Hector <u>saute</u> si haut qu'il <u>retombe</u> à côté de son bocal.*
>   V au passé composé   V au passé composé
> *Hector <u>**a sauté**</u> si haut qu'il <u>**est retombé**</u> à côté de son bocal.*

> ➤ Attention ! *Être*, même s'il est suivi d'un participe passé, n'est pas toujours un auxiliaire de conjugaison : il peut être un **verbe attributif**.
>   V attributif au présent
> EXEMPLE : *La double vrille d'Hector <u>est</u> **réussie**.*

- le participe passé est l'équivalent d'un adjectif lorsqu'il est introduit par un **verbe attributif** ou lorsqu'il dépend d'un nom ou d'un pronom dans un **groupe du nom** (GN). Dans ces cas, le participe passé peut avoir les mêmes fonctions que l'adjectif:

  – la fonction d'**attribut du sujet**, s'il est introduit par un verbe attributif;

	GNs	+	GV
EXEMPLE :	*La double vrille d'Hector*		*semble* ***réussie***.

  – la fonction de **complément du nom**, s'il dépend d'un nom ou d'un pronom dans un groupe du nom (GN).

	GNs	+	GV
			GN
EXEMPLE :	*Hector*		*a fait une double vrille très **réussie**.*

3 L'ACCORD DU PARTICIPE PASSÉ

3.1 L'ACCORD DU PARTICIPE PASSÉ EMPLOYÉ AVEC L'AUXILIAIRE *ÊTRE* OU AVEC UN VERBE ATTRIBUTIF

Lorsqu'il est employé avec l'auxiliaire *être* ou avec un verbe attributif, le participe passé s'accorde en genre et en nombre avec le noyau du groupe du nom sujet (GNs) du verbe.

EXEMPLES :

FS

*Ma voisine est **tombée** à la renverse en voyant la double vrille d'Hector.*

FS

*La double vrille d'Hector semble très **réussie**.*

3.2 L'ACCORD DU PARTICIPE PASSÉ EMPLOYÉ COMME UN ADJECTIF DANS UN GROUPE DU NOM

Lorsqu'il dépend d'un nom ou d'un pronom dans un groupe du nom (GN), le participe passé s'accorde en genre et en nombre avec le nom ou le pronom dont il est le complément.

EXEMPLES :

FS

*Hector a fait une double vrille très **réussie**.*

FS

***Épatée** par la performance d'Hector, elle est tombée à la renverse.*

3.3 L'ACCORD DU PARTICIPE PASSÉ EMPLOYÉ AVEC L'AUXILIAIRE *AVOIR*

Lorsqu'il est employé avec l'auxiliaire *avoir*, le participe passé reste invariable s'il n'est pas accompagné d'un groupe du nom (GN) complément direct ou si celui-ci est placé après le verbe.

> **EXEMPLES:**
>
> Ø GN compl. direct du V
> *La concentration lui a **manqué**.*
>
> GN compl. direct du V
> *Hector a **raté** sa double vrille.*

Le participe passé employé avec l'auxiliaire *avoir* s'accorde en genre et en nombre avec le noyau du groupe du nom (GN) complément direct du verbe si ce complément direct est placé avant le verbe.

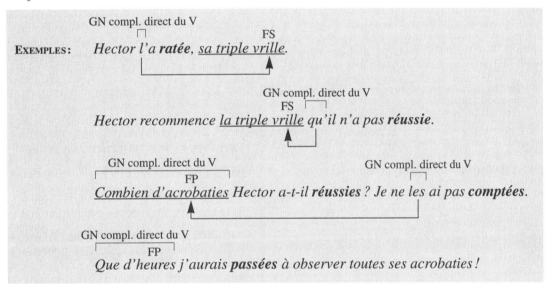

> **EXEMPLES:**
>
> GN compl. direct du V   FS
> *Hector l'a **ratée**, <u>sa triple vrille</u>.*
>
> GN compl. direct du V
> FS
> *Hector recommence <u>la triple vrille</u> qu'il n'a pas **réussie**.*
>
> GN compl. direct du V   GN compl. direct du V
> FP
> *<u>Combien d'acrobaties</u> Hector a-t-il **réussies** ? Je ne les ai pas **comptées**.*
>
> GN compl. direct du V
> FP
> *Que d'heures j'aurais **passées** à observer toutes ses acrobaties !*

> ➤ Pour déterminer le genre et le nombre d'un pronom complément direct du verbe, il faut repérer son antécédent.

Exerce-*toi*

Former des participes passés

1. a) Parmi les mots entre parenthèses, **CHOISIS** ceux qui pourraient être insérés dans la phrase.

> ① Charles Perrault a (*créer / créé; écrire / écrit*) Le Petit Chaperon rouge. ② C'est en 1697 qu'il a (*publier / publié; sortir / sorti*) ce conte. ③ Le Petit Chaperon rouge a été (*acheter / acheté; vendre / vendu*) à plusieurs millions d'exemplaires. ④ Plusieurs auteures et auteurs ont (*adapter / adapté; reprendre / repris*) ce conte, dont Marcel Aymé. ⑤ Plusieurs cinéastes aimeraient (*adapter / adapté; reprendre / repris*) ce conte.

b) **INDIQUE**, pour chaque réponse, si tu as choisi deux participes passés ou deux verbes à l'infinitif.

c) On t'a sûrement déjà conseillé de vérifier, lorsque tu écris, si les verbes qui se terminent par le son «é» peuvent être remplacés par un verbe en *-ir*, en *-re* ou en *-oir*. **EXPLIQUE** pourquoi ce remplacement peut être utile.

2. Dans les phrases ci-après, les participes passés en gras doivent être au masculin singulier. **VÉRIFIE** s'ils sont correctement orthographiés:

- **PRONONCE** chaque participe passé au féminin;
- en tenant compte du son par lequel le participe passé finit, **RÉCRIS**-le en ajoutant, s'il y a lieu, un *s* ou un *t* après les voyelles *i* ou *u*.

> Le loup a ① **entendu**... une histoire de loup-garou. — Cette histoire lui a beaucoup ② **plu**..., mais l'a beaucoup ③ **surpri**.... — Nous lui avons ④ **di**... que les loups-garous existaient vraiment. — Nous avons ⑤ **réussi**... à lui faire peur. — Il a ⑥ **eu**... beaucoup de frissons. — Pour éloigner les loups-garous, nous lui avons suggéré de manger du navet non ⑦ **cui**.... — Nous lui avons ⑧ **promi**... de lui en apporter. — À voir ses grimaces, nous avons ⑨ **cru**... mourir de rire. — Nous avons tant ⑩ **ri**...!

Accorder les participes passés employés avec l'auxiliaire être *ou avec un verbe attributif*

3. Dans les phrases ci-dessous, les participes passés en gras sont précédés du verbe *être* (employé comme auxiliaire ou comme verbe attributif).

a) Dans certains de ces participes passés, les marques de féminin et de pluriel ont été effacées. **TRANSCRIS** à double interligne ces participes passés précédés du verbe *être* et du ou des groupes du nom sujets (GNs) du verbe.

> ① Certaines personnes sont **fasciné** par les loups. ② Plusieurs mots et expressions sont **formé** avec le mot «loup»: quand on veut dire que quelqu'un est très **connu**, on peut dire que cette personne est «**connu** comme le loup blanc»; quand on veut dire d'un marin qu'il est très **expérimenté**, on peut employer l'expression «c'est un vieux loup de mer». ③ Connais-tu la fleur qui

Attention Erreurs

est **appelé** «muflier»? ④ *Cette fleur est également* **désigné** *sous le nom de* «gueule-de-loup». ⑤ *Le nom composé* «gueule-de-loup» *est aussi* **employé** *par les marins pour nommer une sorte de noeud.*

b) **VÉRIFIE** l'accord des participes passés en gras en suivant les étapes ci-dessous:

● **DÉTERMINE** le genre et le nombre du noyau du groupe du nom sujet (GNs) ou de l'ensemble des groupes du nom sujets (GNs) puis, au-dessus, **INDIQUE** son genre (M ou F) et son nombre (S ou P);

● **RELIE** par une flèche le participe passé et le noyau du groupe du nom sujet (GNs) ou l'ensemble des groupes du nom sujets (GNs);

● **VÉRIFIE** l'accord du participe passé et, s'il y a lieu, **CORRIGE**-le.

Accorder les participes passés employés comme des adjectifs dans un groupe du nom

4. a) Dans ces phrases, chacun des noms en gras est le noyau d'un groupe du nom (GN) dans lequel certaines marques de féminin et de pluriel ont été effacées. **DÉLIMITE** le groupe du nom (GN) dont chacun de ces noms est le noyau, puis **TRANSCRIS** ce groupe du nom (GN).

tention!
Erreurs.

① *Les* **loups-garous**, *issu des superstitions du Moyen Âge, sont* ② *des* **personnages** *légendaire encore redouté. Il s'agit de gens (autrefois de sorciers) qui, une fois* ③ *la* **nuit** *tombé, à la pleine lune de préférence, prennent l'apparence de loups. Ainsi métamorphosé,* ④ *ces* **gens** *terrorisent le voisinage, et même* ⑤ *les* **enfants** *discipliné.*

b) Dans les groupes du nom (GN) que tu as transcrits, **REPÈRE** les mots qui fonctionnent comme des adjectifs, puis **ENCERCLE**-les.

c) Parmi les mots que tu as encerclés, **SOULIGNE** d'un trait ondulé ceux qui sont des participes passés.

d) **VÉRIFIE** l'accord des adjectifs et des participes passés dans les groupes du nom (GN) en suivant les étapes ci-dessous:

● **DÉTERMINE** le genre et le nombre du noyau du groupe du nom (GN) puis, au-dessus, **INDIQUE** son genre (M ou F) et son nombre (S ou P);

● **RELIE** par une flèche le participe passé ou l'adjectif et le noyau du groupe du nom (GN);

● **VÉRIFIE** l'accord du participe passé ou de l'adjectif et, s'il y a lieu, **CORRIGE**-le.

Accorder les participes passés employés avec l'auxiliaire **avoir**

5. a) Quelle est la fonction du groupe de mots qui suit le verbe en gras dans les phrases ci-dessous?

① *De nombreux peuples* **ont créé** *des légendes mystérieuses.* ② *Plusieurs de ces légendes* **ont introduit** *des êtres mi-humains mi-animaux.* ③ *Les Grecs* **ont imaginé** *un être à corps d'homme et à tête de taureau: le Minotaure.*

b) Dans chaque phrase, aurait-on dû accorder le participe passé? Pourquoi?

6. a) Dans les phrases ci-après, **REPÈRE** l'antécédent de chacun des pronoms en gras, puis **RÉCRIS** les phrases numérotées en remplaçant le pronom en gras par un groupe de mots qui reprend le nom de son antécédent. Au-dessus de ce groupe de mots, **INDIQUE** son genre (M ou F) et son nombre (S ou P).

Mon professeur me raconte ces légendes.

> *De nombreux peuples ont créé des légendes mystérieuses.*
> ① *Mon professeur me **les** raconte.*
> *Plusieurs de ces légendes ont introduit des êtres mi-humains mi-animaux.*
> ② *Ma mère **les** dessine.*
> *Les Grecs ont imaginé un être à corps d'homme et à tête de taureau: le Minotaure.*
> ③ *Je **le** vois dans un ouvrage sur la mythologie.*
> *Je connais bien l'histoire de Thésée et du Minotaure.*
> ④ *Mon frère me **la** raconte souvent.*
> *Mes soeurs ont offert un livre sur la mythologie à ma mère.*
> ⑤ *Elle **les** remercie.*
> *Le livre que nous avons offert à ma mère contient plusieurs illustrations.*
> ⑥ ***Lesquelles** préfère-t-elle ?*

b) Dans les phrases que tu as récrites, quelle est la fonction des groupes de mots que les pronoms en gras des phrases numérotées remplacent ?

c) Quelle est la fonction des pronoms en gras dans les phrases numérotées ?

d) Où ces pronoms sont-ils placés dans les groupes du verbe (GV): avant ou après le verbe ?

e) **RÉCRIS** les phrases numérotées en mettant les verbes au passé composé et en accordant correctement les participes passés.

7. a) En suivant l'exemple ci-après, **INSÈRE** les phrases B dans les phrases A de façon à supprimer le groupe de mots en gras dans les phrases B et à obtenir une phrase avec une subordonnée relative en *que*.

ÉCRIS tes phrases à double interligne.

EXEMPLE:

A *L'histoire est celle de Thésée et du Minotaure.*

B *Elle nous a raconté **cette histoire**.*

→ *L'histoire qu'elle nous a racontée est celle de Thésée et du Minotaure.*

> ① **A** *Les images sont impressionnantes.* **B** *Vous avez vu **ces images**.* ② **A** *Quelle est l'apparence de la créature ?* **B** *Nous avons évoqué **cette créature**.* ③ **A** *Ce monstre a une tête de taureau et un corps d'homme.* **B** *Nous n'avons pas encore vu **ce monstre**.* ④ **A** *Les livres contiennent de nombreuses images du Minotaure.* **B** *J'ai apporté **ces livres**.* ⑤ **A** *Les autres créatures mi-humaines mi-animales sont les Centaures.* **B** *Je vous ai montré **ces créatures mi-humaines mi-animales**.*

b) Dans les subordonnées relatives en *que*, **VÉRIFIE** l'accord des participes passés employés avec l'auxiliaire *avoir* en suivant les étapes ci-dessous :

- **METS** entre crochets la subordonnée relative en *que*;
- **ENCADRE** le pronom relatif qui l'introduit;
- **SOULIGNE** l'antécédent du pronom relatif puis, à l'aide d'une flèche, **RELIE** le pronom relatif à son antécédent;
- au-dessus de l'antécédent de *que*, **INDIQUE** son genre (M ou F) et son nombre (S ou P);
- à l'aide d'une flèche, **RELIE** le pronom relatif *que* et le participe passé qui s'accorde avec le complément direct du verbe;
- **VÉRIFIE** l'accord du participe passé puis, s'il y a lieu, **CORRIGE**-le.

EXEMPLE:

FS

L'histoire [qu' elle nous a raconté] est celle de Thésée et du Minotaure.

Applique tes connaissances
lorsque tu écris

➤ | *Stratégie de révision de texte*

Voici une stratégie de révision qui t'aidera à vérifier l'accord des participes passés que tu emploies dans tes textes.

Je révise et je corrige les participes passés

---

1. **SOULIGNE** d'un trait ondulé le ou les participes passés.

---

2. **DÉTERMINE** s'il s'agit d'un participe passé…
   - employé comme un adjectif dans un groupe du nom (GN);
   - employé avec l'auxiliaire *être* ou avec un verbe attributif;
   - employé avec l'auxiliaire *avoir*.

---

*S'il s'agit d'un participe passé **employé comme un adjectif dans un groupe du nom (GN)**:*	*S'il s'agit d'un participe passé **employé avec l'auxiliaire être** ou avec **un verbe attributif** :*	*S'il s'agit d'un participe passé **employé avec l'auxiliaire avoir** :*
3. **ENCADRE** le groupe du nom (GN) dont fait partie le participe passé.	3. **ENCERCLE** le ou les groupes du nom sujets (GNs) du verbe.	3. *Le participe passé fait-il partie d'un groupe du verbe (GV) qui contient un groupe du nom (GN) complément direct ?*

Pour la troisième colonne :

(OUI)   (NON)

NON : *Le participe passé est invariable.*

| 4. **DÉTERMINE** le genre et le nombre du noyau du groupe du nom (GN) puis, au-dessus du noyau, **INDIQUE** son genre (M ou F) et son nombre (S ou P). | 4. **DÉTERMINE** le genre et le nombre du noyau du groupe du nom sujet (GNs) ou le genre et le nombre de l'ensemble des groupes du nom sujets (GNs) puis, au-dessus du noyau ou de l'ensemble, **INDIQUE** son genre (M ou F) et son nombre (S ou P). | 4. **ENCADRE** le groupe du nom (GN) complément direct du verbe. |

5. **RELIE** par une flèche le participe passé et le noyau du groupe du nom (GN).

6. **VÉRIFIE** l'accord du participe passé et, s'il y a lieu, **CORRIGE**-le.

5. **RELIE** par une flèche le participe passé et le noyau du groupe du nom sujet (GNs) ou l'ensemble des groupes du nom sujets (GNs).

6. **VÉRIFIE** l'accord du participe passé et, s'il y a lieu, **CORRIGE**-le.

5. *Dans la phrase, le groupe du nom (GN) complément direct est-il placé avant le verbe ?*

OUI   NON

Le participe passé est invariable.

6. **DÉTERMINE** le genre et le nombre du noyau du groupe du nom (GN) complément direct du verbe puis, au-dessus du noyau, **INDIQUE** son genre (M ou F) et son nombre (S ou P).

7. **RELIE** par une flèche le participe passé et le noyau du groupe du nom (GN) complément direct du verbe.

8. **VÉRIFIE** l'accord du participe passé et, s'il y a lieu, **CORRIGE**-le.

Activité de révision de texte

1. Le texte de l'encadré ci-après, qui contenait quelques erreurs d'orthographe liées à l'accord des participes passés, a été extrait de la rédaction d'une élève de première secondaire.

   Chaque phrase a été révisée à l'aide de la stratégie *Je révise et je corrige les participes passés*. **LIS** le texte et **OBSERVE** les annotations qui l'accompagnent.

Mon nom est Andréa et je vais vous parler des choses qui m'ont

MS
faite̶s̶ le plus peur. L'été passée̶, *FS* je suis allé̶ᵉ dans un camp de

vacances et, un soir, mes copines et moi avons dormi̶s̶ en pleine

FP
forêt. Ce ne sont pas les bruits des animaux qui nous ont effrayé̶ᵉˢ,

FS
mais l'histoire raconté̶ᵉ par la monitrice. Elle a raconté̶s̶ une histoire

MP
captivante, celle de deux hommes que personne n'avait vu̶ˢ depuis très

MP
longtemps et qui étaient devenu̶ˢ des loups-garous.

---

2. Voici un autre extrait du même texte. **TRANSCRIS**-le à double interligne en n'y apportant aucune correction.

J'aimerais aussi vous raconter la soirée vidéo que j'ai passé chez

mes cousines. Elles avaient louées des films d'horreur qu'on a

regardé toutes les trois bien installé dans le sous-sol. Toutes les

lumières étaient fermé, il n'y avait que la télévision pour nous

éclairer. Nous étions rendu au deuxième film d'horreur quand un

bruit nous a faites sursauter...

---

a) **APPLIQUE** la stratégie *Je révise et je corrige les participes passés* en respectant toutes les étapes.

b) **COMPARE** les erreurs que tu as repérées et les corrections que tu as apportées au texte à celles d'un ou d'une de tes camarades. **FAIS** les modifications que tu juges nécessaires sur ta copie.

Activité d'écriture

C'est l'occasion maintenant de vérifier dans quelle mesure tu maîtrises l'accord des participes passés. Tu dois écrire un texte tout en respectant certaines contraintes d'écriture, puis réviser et corriger ce texte à l'aide de la stratégie *Je révise et je corrige les participes passés*.

La situation

FOUILLE dans tes souvenirs et RAPPELLE-toi une légende, un conte que tu as déjà lu ou que l'on t'a déjà raconté, ou encore un film que tu as déjà visionné, qui mettait en scène cet animal craint de certains et adulé par d'autres : le loup. Ton loup peut être très féroce ou fort sympathique, c'est ton histoire qui en décidera. Dans un court paragraphe, RACONTE à ta manière cette histoire que tu pourras ensuite partager avec d'autres.

Contraintes d'écriture

❑ ÉCRIS (à double interligne) au moins dix phrases contenant des verbes au passé composé ou au plus-que-parfait.

❑ EMPLOIE au moins deux participes passés :
- comme un adjectif dans un groupe du nom (GN);
- avec l'auxiliaire *être* ou avec un verbe attributif;
- avec l'auxiliaire *avoir*.

Étape de révision et de correction

❑ RÉVISE et CORRIGE tes phrases à l'aide de la stratégie *Je révise et je corrige les participes passés*.

❑ ÉCHANGE ton texte avec un ou une camarade.

❑ LIS le texte que tu as en main, ÉVALUE les corrections apportées par son auteur, puis, au besoin, SUGGÈRE d'autres modifications au texte.

❑ RÉCUPÈRE ton texte, puis PRENDS CONNAISSANCE des corrections que ton ou ta camarade te suggère et ÉVALUE-les.

❑ RECOPIE ton texte au propre.

**Est-ce qu'un poisson rouge peut voir
à travers son bocal?**

— Je suis prêt! déclare Zénon en admirant dans
la glace son nouveau costume de magicien.

Il jette un coup d'oeil à Gontran, son poisson
rouge.

— Comment me trouves-tu, Gontran? Si tu savais
comme j'ai la trouille.

MOI, JE SAIS
QU'HECTOR ME VOIT!

GONTRAN,
QUEL NOM ÉTRANGE
POUR UN POISSON ROUGE!

L'ORTHOGRAPHE D'USAGE

- L'apostrophe
- Le trait d'union

Est-ce qu'un poisson rouge peut voir
à travers son bocal?

① — Je suis prêt! déclare Zénon en admirant dans la glace son nouveau costume de magicien.

② Il jette un coup d'oeil à Gontran, son poisson rouge.

③ — Comment me trouves-tu, Gontran? Si tu savais comme j'ai la trouille.

④ Zénon colle son nez au bocal et observe son petit protégé.

⑤ — Je vois mon poisson à travers mon bocal... Mai lui, me voit-il?

Christiane Duchesne, Carmen Marois, *Cyrus, l'encyclopédie qui raconte*,
(volume 2), © Québec/Amérique, 1995.

Observe *et découvre*

J'observe...

Des signes qui servent à bien orthographier

1. **RELÈVE** les différents signes de ponctuation utilisés dans le texte et dans la référence qui le suit. Tu devrais en trouver sept en tout.

2. Dans la première phrase, les auteures ont utilisé d'autres signes que des signes de ponctuation pour bien orthographier trois des mots. Quels sont ces signes ?

3. **OBSERVE** bien les quatre ensembles de mots soulignés dans le titre, le texte et la référence. Qu'ont-ils en commun ? Peux-tu expliquer pourquoi ?

4. a) Un autre signe est utilisé à quatre reprises dans les phrases ②, ③ et ⑤. Quel est ce signe ?

   b) Dans quels cas ce signe sert-il à **relier** des mots ?

   c) Dans quels cas ce signe sert-il à **couper** un mot ?

J'ai découvert...

> ### DES SIGNES QUI SERVENT
> ### À BIEN ORTHOGRAPHIER
>
> Lorsqu'on écrit, on a à notre disposition des **signes de ponctuation** comme ✎ , ✎ , ✎ , ✎ , ✎ , ✎ et ✎ .
> _____
>
> Les **accents** sont des **signes graphiques** qu'on doit utiliser pour bien orthographier les mots. Les trois accents du français sont ✎ , ✎ et ✎ .
> _____
>
> À l'écrit, le signe qui sert à marquer la disparition d'une voyelle que l'on tait à l'oral est ✎ .
> _____
>
> Le ✎ est un signe qui permet de lier des mots ou de couper un mot.

LES SIGNES DU FRANÇAIS

Lorsqu'on écrit, on dispose de différents signes indispensables pour rendre un texte compréhensible et pour orthographier correctement les mots. Ces signes peuvent être regroupés en quatre catégories :

- les **signes de ponctuation** comme le point (**.**), le point d'interrogation (**?**), le point d'exclamation (**!**), les points de suspension (**…**), le point-virgule (**;**), le deux-points (**:**) et la virgule (**,**);

- les **signes typographiques** comme l'astérisque (*****), la barre oblique (**/**), les crochets (**[ ]**), les parenthèses (**( )**), les guillemets (**« »**) et le tiret (**–**);

- les **signes graphiques** comme l'accent aigu (é), l'accent grave (è, à, ù) et l'accent circonflexe (ê, â, ô, û);

- les **signes auxiliaires** comme le tréma (ë, ï, ü), la cédille (ç), l'apostrophe (**'**) et le trait d'union (**-**).

L'apostrophe et le trait d'union sont les signes qui font l'objet d'un apprentissage systématique en première secondaire.

1 L'APOSTROPHE

L'apostrophe sert à marquer à l'écrit l'élision de la voyelle finale d'un mot devant un autre mot commençant aussi par une voyelle ou un *h* muet. Voici différents cas d'élision marquée par l'apostrophe :

- l'élision de la voyelle *a* ;

> **EXEMPLES :** **l*a *aimable dame* → *l'aimable dame*
> **l*a *horloge* → *l'horloge*

- l'élision de la voyelle *e* ;

> **EXEMPLES :** **l*e *autobus* → *l'autobus*
> **j*e *arrive* → *j'arrive*
> **jusqu*e *au bout* → *jusqu'au bout*
> **lorsqu*e *il pleut* → *lorsqu'il pleut*
> **puisqu*e *il le faut* → *puisqu'il le faut*
> **quoiqu*e *on dise* → *quoiqu'on dise*

- l'élision de la voyelle *i* de *si* devant ***il*** et ***ils***.

> **EXEMPLE :** *si̶ il chante → s'il chante*
>
> mais *si on chante — si elle chante*

2 LE TRAIT D'UNION

Le trait d'union sert à :

- lier des mots ;

- couper un mot en fin de ligne lorsqu'on manque d'espace pour l'écrire au long sur cette ligne.

Le trait d'union sert à lier des mots

On utilise le trait d'union pour lier plusieurs mots dans les cas suivants :

- dans les déterminants numéraux complexes, entre deux nombres plus petits que *cent* ;

> **EXEMPLES :** *Il a obtenu **quatre-vingt-cinq** points. — Elle a parcouru **cent trente-cinq** kilomètres.*

- dans les mots composés formés par addition ;

> **EXEMPLES :** *laissez-passer — procès-verbal — arc-en-ciel — avant-midi*

- entre le verbe et le pronom personnel sujet lorsque celui-ci est inversé, comme dans les phrases de type interrogatif ;

> **EXEMPLES :** *Arriveront-**ils** à temps pour le début de la soirée ?*
>
> *Est-**ce** ton ami qui a appelé hier ?*
>
> *Pourrait-**on** faire silence ?*

> ➤ On doit aussi placer un trait d'union avant et après le *t* lorsque cette lettre est nécessaire pour lier le pronom inversé et le verbe.
> **EXEMPLES :** *Arrivera-**t-elle** à temps ? — répliqua-**t-il** — demanda-**t-elle***

- entre le verbe et le pronom complément, comme dans certaines phrases de type impératif ;

> **EXEMPLES :** *Donne-le-moi. — Prenez-en. — Parlons-lui.*

- entre le pronom personnel et l'adjectif *même*.

> **EXEMPLES :** *Je vous ai **moi-même** téléphoné. — Elles l'ont fait **elles-mêmes**.*

Le trait d'union sert à couper un mot

Lorsqu'on écrit, il arrive qu'on n'ait pas suffisamment d'espace en bout de ligne pour y placer un mot entier. Il faut alors couper le mot et signaler cette coupure par un trait d'union.

- La division d'un mot en bout de ligne est **autorisée** dans les cas suivants:

  1er cas:
  - entre deux syllabes écrites;

EXEMPLES:	*ga-*	*di-*	*divi-*
	rage	*vision*	*sion*

  2e cas:
  - entre deux consonnes jumelles;

EXEMPLES:	*ac-*	*ac-*	*bal-*
	cent	*croc*	*lon*

  3e cas:
  - entre deux mots qui font partie d'un mot composé.

EXEMPLES:	*laissez-*	*croc-*	*croc-en-*
	passer	*en-jambe*	*jambe*

- La division d'un mot en bout de ligne est **interdite** dans les cas suivants:

  4e cas:
  - après une apostrophe;

EXEMPLES:	* *aujourd'-*	* *presqu'-*	* *l'-*
	hui	*île*	*automobile*

  5e cas:
  - avant ou après un *x* ou un *y* quand ces lettres sont placées entre deux voyelles;

EXEMPLES:	* *jo-*	* *joy-*	* *le-*	* *lex-*
	yeux	*eux*	*xique*	*ique*

  6e cas:
  - dans un mot d'une syllabe;

EXEMPLES:	* *ch-*	* *pl-*
	amp	*at*

7e cas :

– dans les nombres en chiffres arabes ou romains ;

EXEMPLES :	* XV-	* en 19-
	IIIe siècle	25

8e cas :

– dans une abréviation ou un sigle ;

EXEMPLE :	* UNI-
	CEF

9e cas :

– entre deux voyelles ;

EXEMPLES :	* su-	* avi-	* famili-
	ivante	ation	ale

• La division d'un mot en bout de ligne est **à éviter** dans les cas suivants :

10e cas :

– dans les mots de quatre lettres ;

EXEMPLES :	* pa-	* si-
	ri	lo

11e cas :

– dans le cas où elle laisse sur la ligne suivante une syllabe qui se termine par un *e* muet ;

EXEMPLES :	* sylla-	* plasti-
	be	que

Exerce-*toi*

Employer le trait d'union et l'apostrophe

1. a) **RELÈVE** les mots en gras dans le texte ci-après en indiquant toutes les coupures possibles.

RÉFÈRE-toi aux cas énumérés dans les pages 318 et 319.

EXEMPLES :

① *ma-gi-cien*
② *rouge*

> **EST-CE QU'UN POISSON ROUGE PEUT VOIR À TRAVERS SON BOCAL ?**
>
> — *Je suis prêt ! déclare Zénon en admirant dans la glace son nouveau costume de* ① **magicien**.
>
> *Il jette un coup d'oeil à Gontran, son poisson* ② **rouge**.
>
> — ③ **Comment** *me trouves-tu, Gontran ? Si tu savais comme j'ai la* ④ **trouille**.
>
> *Zénon* ⑤ **colle** *son nez au bocal et observe son petit protégé.*
>
> — *Je vois mon poisson à travers le bocal... mais lui, me voit-il ?*
>
> ⑥ **Inquiet** *à la pensée que le poisson ne voit* ⑦ **peut-être** *pas, le gamin décide d'* ⑧ **aller** *poser la question à Cyrus. Il n'a aucune peine à trouver le savant* ⑨ **occupé** *à ramasser des vers de terre dans un* ⑩ **champ** *bordant la rivière.*
>
> — *Que me vaut la visite du plus grand magicien de la ville ? lance Cyrus.*
>
> — *J'éprouve un horrible doute, Cyrus. Je me demande si Gontran, mon poisson rouge, peut me voir à travers son bocal.*

> — *La vue, répond l'érudit, n'est certes pas le sens le plus développé chez le poisson. Mais, oui, Gontran voit.*
>
> — ⑪ **Ouf !** *soupire Zénon.*
>
> — *Il te voit* ⑫ **probablement** *mieux lorsque tu es placé devant lui plutôt que sur le* ⑬ **côté**.
>
> — *Mais,* ⑭ **objecte** *le garçon, ses yeux sont pourtant placés sur le côté de sa tête !*
>
> — *Oui, mais malgré tout il te voit mieux de face. Cependant il te voit flou, à cause de la forme* ⑮ **ronde** *de son cristallin.*
>
> Christiane Duchesne, Carmen Marois,
> *Cyrus, l'encyclopédie qui raconte*,
> © Québec/Amérique, 1995.

b) **JUSTIFIE** chacune de tes réponses en a) en indiquant à côté du mot le ou les cas qui s'appliquent parmi ceux énumérés dans les pages 318 et 319.

EXEMPLES :

① *ma-gi-cien : 1ᵉʳ cas*
② *rouge : 10ᵉ cas*

2. a) Dans le texte ci-après, **RELÈVE** tous les cas d'utilisation de l'apostrophe en les transcrivant à double interligne.

EXEMPLE :

qu'à

> **EST-CE QU'UN POISSON ROUGE PEUT VOIR À TRAVERS SON BOCAL ? (SUITE)**
>
> — *[...] Mais Gontran te reconnaît plus aux vibrations que font tes pas sur le plancher qu'à ta silhouette.*
>
> — *Voulez-vous dire qu'il me sent plus qu'il ne me voit ?*

— Tout à fait, et cela grâce à un organe qu'on appelle la ligne latérale.

— Qu'est-ce que c'est ? demande Zénon.

— C'est l'organe le plus caractéristique du poisson. Située de chaque côté du corps, elle est constituée par de petits canaux qui se trouvent près de la tête et sur les flancs. Elle abrite de petites cellules sensorielles qui sont en relation avec le nerf latéral. Grâce à ces cellules, le poisson peut détecter les vibrations produites à l'intérieur et à l'extérieur de son bocal, ainsi que les corps solides, mobiles et immobiles, qui se trouvent dans l'eau.

Ibid.

— Je crois en effet que Gontran, comme tous les poissons d'ailleurs, demeure insensible aux tours de magie et (③ **AJOUTE** une partie de phrase contenant la réponse de Cyrus à la nouvelle question de Zénon.) *. Par contre, il reconnaît probablement tes vibrations, qui sont différentes de celles des autres membres de ta famille.*

— Vous voulez dire que Gontran me reconnaît lorsque j'entre (④ **REMPLACE** le verbe *entrer* par le verbe *arriver*.) *dans ma chambre ?*

— Très probablement. [...]

Ibid.

b) Pour chacun des cas relevés en a), **INDIQUE** la voyelle qui a été remplacée par l'apostrophe en écrivant, au-dessus du mot élidé, la forme non élidée correspondante.

EXEMPLE :
que
qu'à

3. RÉCRIS le texte et **COMPLÈTE**-le en y insérant les éléments indiqués dans les parenthèses.

SURVEILLE particulièrement l'emploi du trait d'union, les divisions de mots en bout de ligne et l'utilisation de l'apostrophe.

EST-CE QU'UN POISSON ROUGE PEUT VOIR À TRAVERS SON BOCAL ? (SUITE)

— [...] C'est donc inutile de répéter mon numéro (① **INSÈRE** un nombre, écrit en lettres, entre vingt et un et quatre-vingts.) *fois devant Gontran ?* (② **AJOUTE** une question de Zénon : il veut savoir si Gontran peut voir les arcs-en-ciel.)

Applique tes connaissances
lorsque tu écris

Stratégie de révision de texte

Tu dois maintenant prouver que, lorsque tu écris un texte, tu es capable d'utiliser les connaissances en orthographe d'usage que tu as acquises pendant tout ton cours primaire et dans cet atelier. Voici une stratégie de révision de texte qui t'aidera à vérifier si les mots que tu écris sont bien orthographiés. Cette stratégie te sera utile dans toutes tes activités d'écriture.

Je révise et je corrige l'orthographe des mots

1. Pendant que tu écris, chaque fois que tu doutes de l'orthographe d'un mot, PLACE un point d'interrogation au-dessus.

   On peut douter de l'orthographe d'un mot parce que:
   - c'est un mot nouveau qu'on n'emploie pas souvent;
   - le mot pourrait contenir un doublement des consonnes *c*, *f*, *l*, *m*, *n*, *p*, *r*, *s* ou *t*;
   - le mot se termine par le son «é», le son «i» ou le son «u»;
   - le mot pourrait s'écrire avec un trait d'union;
   - le mot pourrait commencer par une lettre majuscule ou une lettre minuscule;
   - le mot doit être coupé en bout de ligne;
   - etc.

2. VÉRIFIE l'orthographe de chacun des mots au-dessus desquels tu as mis un point d'interrogation. Au besoin, CONSULTE une grammaire ou un dictionnaire. FAIS ensuite les corrections nécessaires.

Activité de révision de texte

1. Voici le début d'un texte d'un élève de première secondaire. Ce texte a été révisé à l'aide de la stratégie *Je révise et je corrige l'orthographe des mots*. LIS le texte et OBSERVE les annotations qui l'accompagnent.

Nous étions en octobre 1992. Près de la ville de Beauceville était

situé**e** une ime**n**se forè**t** aux reflets des multiples couleurs d'automne.
immense forêt

Dans cette magnifique forè**t**, habitait une biche nomé**e** Doucette.
forêt   nommée

Doucette avait un petit. Ils vivaient heureux avec leurs amis les

animaux jusqu**e**'au jour où un chasseur vint habiter dans leur paisible

forè**t**. Des dizaines d'animaux se faisaient tuer chaque jour. Doucette
forêt

ne voulait plus voir ses amis disparaitr**e** un à un.
disparaître

2. Voici la suite du texte qui raconte les mésaventures de Doucette. **TRANSCRIS**-le d'abord à double interligne en n'y apportant aucune correction, y compris dans les coupures de mots.

Elle ne voulait pas que son petit finisse entre les mains de ce chasseur. Alors, elle décida d'agir le plus tôt possible.

Elle réunit le plus d'animaux possible pour leur parler de la situation.
Quand ses amis firent silence, Doucette pris la parolle:

— Nos familles se font masacrer chaque jour. Ça ne peut pas continu-
er ainsi. Quels sont ceux et celles qui sont prêts à m'aider à chasser
cet homme?

Seuls les cerfs voulurent aider Doucette.

a) **APPLIQUE** la stratégie *Je révise et je corrige l'orthographe des mots* en respectant toutes les étapes.

b) **COMPARE** les erreurs que tu as repérées et les corrections que tu as apportées à celles d'un ou d'une de tes camarades. **FAIS** les modifications que tu juges nécessaires sur ta copie.

Activité d'écriture

Contraintes d'écriture

❏ **ÉCRIS** un troisième paragraphe qui décrira comment Doucette et les cerfs s'y sont pris pour venir à bout du chasseur.

❏ Ton paragraphe doit contenir au moins cinq phrases.

❏ Ton paragraphe doit tenir compte du début de l'histoire.

Étape de révision et de correction

❏ **ÉCHANGE** ton texte avec un ou une camarade.

❏ **RÉVISE** et **CORRIGE** le texte à l'aide de la stratégie *Je révise et je corrige l'orthographe des mots*.

❏ **RÉCUPÈRE** ton texte, puis **PRENDS CONNAISSANCE** des corrections que ton ou ta camarade te suggère et **ÉVALUE**-les.

❏ **RECOPIE** ton texte au propre.

Annexes

1 LA FORMATION DU FÉMININ DES NOMS ET DES ADJECTIFS

Le symbole ✍ signifie que, dans certains cas, la marque du féminin de l'écrit ne s'entend pas.

FORMATION DU FÉMININ	EXEMPLES		EXCEPTIONS
	MASCULIN	FÉMININ	
+ e Formation générale du féminin des noms et des adjectifs.	un am*i* un auteur un idiot un Américain cru pourri subtil	✍ une am*ie* une auteure une idiote une Américaine crue pourrie subtile	
changement des dernières lettres			
• **doublement du *n* + e** Dans les noms et adjectifs en *-(i)en* et en *-on + paysan*.	un Canadien un lion ancien bon	une Canadienne une lionne ancienne bonne	
• **doublement du *t* + e** Dans les noms et adjectifs en *-et + chat, sot*.	un muet un chat un sot coquet	une muette une chatte une sotte coquette	désuet / désuète complet / complète discret / discrète concret / concrète inquiet / inquiète secret / secrète
• **doublement du *l* + e** Dans les noms et adjectifs en *-l*.	un criminel gentil	✍ une criminelle gentille	
• **doublement du *s* + e**	un métis bas	✍ une métisse basse	
• **-eau → -elle**	un nouveau beau (bel)	une nouvelle belle	
• **-(i)er → -(i)ère**	un écolier cher léger	✍ une écolière chère légère	
• **-teur → -trice**	un acteur protecteur	une actrice protectrice	

FORMATION DU FÉMININ	EXEMPLES		EXCEPTIONS
	MASCULIN	FÉMININ	
• -eur → -euse	un danseur rieur	une danseuse rieuse	
• -eux → -euse	un amoureux joyeux	une amoureuse joyeuse	
• -f → -ve	un sportif bref	une sportive brève	
• -c → -que	un Turc public	✍ une Turque publique	un Grec / une Grecque
→ -che	un Blanc sec	une Blanche sèche	
autres formations	aigu / ambigu exigu favori fou (fol) vieux (vieil) un fils long frais malin bénin un pécheur faux roux doux	✍ aiguë / ambiguë exiguë favorite folle vieille une fille longue fraîche maligne bénigne une pécheresse fausse rousse douce	
aucune marque Certains noms terminés par **-e** au masculin (et quelques autres noms) et tous les adjectifs terminés par **-e** au masculin (et quelques autres adjectifs).	un adulte un enfant facile chic	une adulte une enfant facile chic	un maître / une maîtresse un prince / une princesse un traître / une traîtresse

2 LA FORMATION DU PLURIEL DES NOMS ET DES ADJECTIFS

Le symbole ✐ signifie que, dans certains cas, la marque du pluriel de l'écrit ne s'entend pas.

FORMATION DU PLURIEL	EXEMPLES		EXCEPTIONS
	SINGULIER	PLURIEL	
+ s Formation générale du pluriel des noms et des adjectifs.	un chandail un clou un oeuf un boeuf facile vieille	✐ des chandails des clous des oeufs des boeufs faciles vieilles	un oeil / des **yeux** un bail / des baux un corail / des coraux un émail / des émaux un soupirail / des soupiraux un travail / des travaux un vitrail / des vitraux ✐ un bijou / des bijoux un caillou / des cailloux un chou / des choux un genou / des genoux un hibou / des hiboux un joujou / des joujoux un pou / des poux
+ x Les noms et les adjectifs en **-eau**, en **-au** et en **-eu**.	un gâteau un tuyau beau hébreu	✐ des gâteaux des tuyaux beaux hébreux	✐ un landau / des landaus un pneu / des pneus bleu / bleus
changement des dernières lettres Les noms et les adjectifs en **-al**.	un journal familial normal	des journaux familiaux normaux	✐ un bal / des bals un carnaval / des carnavals un chacal / des chacals un choral / des chorals un festival / des festivals un récital / des récitals un régal / des régals banal / banals bancal / bancals fatal / fatals naval / navals
aucune marque Tous les noms terminés par **-z**, et les noms et les adjectifs terminés par **-s** ou **-x**.	un héros une voix un nez gros peureux	des héros des voix des nez gros peureux	

3 GUIDE DE PONCTUATION

Les points

Les points sont généralement utilisés à la fin d'une phrase complète et doivent alors être suivis d'une lettre majuscule. Une phrase peut se terminer par un point (**.**), un point d'interrogation (**?**), un point d'exclamation (**!**) ou des points de suspension (**...**).

> *Ces musiciens et ces musiciennes ont obtenu un grand succès.* *Ils ont interprété des oeuvres de Bach toute la soirée.*
>
> *Est-ce vous qui avez interrompu le maître ?* *Vous êtes bien indiscipliné !*
>
> *Quelle honte ! Que me dites-vous là !*
>
> *L'élève, inquiet, ne répondit pas au maître ...*

La virgule

On utilise la virgule pour :

- détacher des groupes de l'adjectif (GAdj.), des groupes de nom (GN), des subordonnées relatives, etc.;

> *Mon chat, âgé de 8 ans, est encore en très bonne santé.*
>
> *Montréal, la ville aux cent clochers, est la métropole du Québec.*
>
> *Son professeur, qui le connaît depuis longtemps, a ignoré son retard.*

- séparer les termes d'une énumération;

> *Le vent, la pluie, la neige et le tonnerre sont des phénomènes météorologiques.*

- marquer le déplacement d'un groupe complément de phrase (Gcompl. P) en début ou en milieu de phrase;

> *(Parce qu'il a raté son autobus), Paulin est en retard.*
>
> *Paulin, (parce qu'il a raté son autobus), est en retard.*

- rattacher des constructions GNs + GV + (Gcompl. P).

> *Paulin est en retard, il a flâné au dépanneur.*
>
> *Paulin est en retard, car il flâné au dépanneur.*

➤ Ces cas d'utilisation de la virgule sont les plus fréquents; on peut utiliser la virgule dans de nombreuses autres circonstances.

Le point-virgule

On utilise le point-virgule pour rattacher des constructions GNs + GV + (Gcompl. P).

> *La tempête se lève*(;) *les vacanciers quittent la plage.*

> *Les chalets se remplissent*(;) *on s'active dans les restaurants*(;) *la vie continue.*

Le deux-points

Le deux-points sert à présenter ou à insérer dans un texte les éléments suivants :

- une énumération;

> *Les vacances d'été donnent lieu à une foule d'activités*(:) *baignade, excursion en montagne, ski nautique, promenade au bord de la mer, etc.*

- une conclusion;

> *Ma décision est prise*(:) *je passerai mes vacances d'été à la mer.*

- une citation de paroles, de phrases, de témoignages.

> *La mère déclara à toute la famille*(:) *« Cet été, nous devrons sacrifier nos vacances à la mer. »*

Ponctuation, guillemets et tirets dans les paroles rapportées

DIALOGUE

Si les paroles rapportées constituent un échange, un dialogue entre deux ou plusieurs personnages, on commence la première réplique par un guillemet ouvrant («). On change de ligne et on utilise un tiret (–) pour annoncer chaque changement d'interlocuteur. On termine le dialogue par un guillemet fermant (»).

> *L'homme lui dit :*
> («) *Vous voyez, chère collègue, vous devrez vous rendre en Asie.*
> (–) *Mais je ne peux pas partir demain.*
> (–) *Bien sûr, je vous ai acheté un billet pour la Thaïlande.* (»)

MONOLOGUE

Si les paroles rapportées constituent un monologue prononcé par un seul personnage, on les place entre guillemets à l'intérieur du paragraphe.

> *La détective entra chez elle et se dirigea vers le salon où son époux l'attendait.* («)*Chéri, je dois partir pour la Thaïlande demain. M. Gadbois ne m'a pas laissé le choix.* (»)

Index

LE GROUPE DU NOM

1 Les constructions minimales du groupe du nom

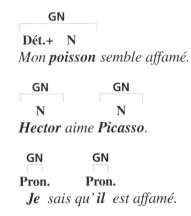

GN

Dét.+ N

*Mon **poisson** semble affamé.*

GN   **GN**

N   **N**

***Hector** aime **Picasso**.*

GN   **GN**

Pron.   **Pron.**

***Je** sais qu'**il** est affamé.*

NOTE : Les mots en caractères gras constituent le noyau du groupe du nom (GN).

2 Les constructions étendues du groupe du nom

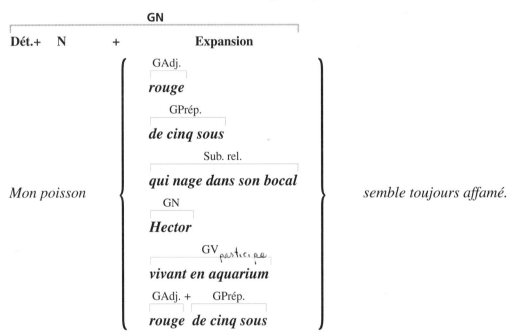

GN

Dét.+ N   +   Expansion

GAdj.

rouge

GPrép.

de cinq sous

Sub. rel.

qui nage dans son bocal

GN

Hector

GV participe

vivant en aquarium

GAdj. + GPrép.

rouge de cinq sous

Mon poisson   *semble toujours affamé.*

NOTE : Toutes les expansions du nom remplissent la fonction de complément du nom.